T0284871

Las edades brillantes

Las edades brillantes

Una nueva historia de la Europa medieval

Matthew Gabriele
y David M. Perry

MADRID — MÉXICO — BUENOS AIRES — SANTIAGO
2022

© 2021, *The Bright Ages: A new History of Medieval Europe*, por Matthew Gabriele y David M. Perry

© 2022. De la traducción, José Antonio Alvaro Garrido

© 2022. De esta edición, Editorial EDAF, S. L. U., por acuerdo con InkWell Management, LLC, 521 Fifth Avenue, 26 Floor, 10175 New York (NY), United States, representados por MB Agencia Literaria S.L., Ronda Sant Pere, 62, 1°,2ª, 08010 Barcelona, España

Todos los derechos reservados

Diseño de cubierta e interiores: Manuel García Pallarés

Editorial EDAF, S. L. U.
Jorge Juan, 68. 28009 Madrid
Tfno: (34) 914358260. http://www.edaf.net
edaf@edaf.net

Ediciones Algaba, S.A. de C.V.
Calle 21, Poniente 3323. Entre la 33 sur y la 35 sur
Puebla, 72180, México. Tfno.: 52 22 22 11 13 87
jaime.breton@edaf.com.mx

Edaf del Plata, S. A.
Chile, 2222
1227 Buenos Aires, Argentina
edaf4@speedy.com.ar

Editorial Edaf Chile, S.A.
Avda. Charles Aranguiz Sandoval, 0367
Ex. Circunvalación, Puente Alto. Santiago, Chile
Tfno.: +56227078100/ +56999999855.
comercialedafchile@edafchile.cl

Noviembre de 2022

ISBN: 978-84-414-4184-2
Depósito legal: M-19164-2022

Impreso en España / Printed in Spain
Gráficas Cofás. Pol. Ind. Prado Regordoño. Móstoles (Madrid)

A Raquel, Uly, Shannon, Nico y Elli.

Y a todos los que trabajaron en el exorcismo de los fantasmas de los estudios medievales que aún nos persiguen, que insistieron en desarrollar el análisis del pasado para convertirlo en un campo de estudio más acogedor y abierto a nuevas teorías.

Índice

Introducción 11

Capítulo 1. Estrellas resplandecientes en el Adriático 23

Capítulo 2. Las relucientes baldosas de la nueva Roma 39

Capítulo 3. Amanecer en Jerusalén 59

Capítulo 4. La gallina de oro y las murallas de Roma 75

Capítulo 5. La luz del sol en un campo nórdico 91

Capítulo 6. Un imponente colmillo de marfil 107

Capítulo 7. Un barco en llamas en el Volga 123

Capítulo 8. Una chica de oro en Francia 141

Capítulo 9. Las brillantes joyas de la Jerusalén celestial 157

Capítulo 10. Las torres moteadas por el sol en una
ciudad de tres religiones 169

Capítulo 11. La luz divina reflejada en el Nilo 185

Capítulo 12. Una cierva blanca y radiante
con la cornamenta de un macho 201

Capítulo 13. Ciudades en llamas 217

Capítulo 14. Vidrieras emplomadas y olor a libro quemado 233

Capítulo 15. Nieve resplandeciente en la estepa oriental 251

Capítulo 16. Velas silentes y estrellas fugaces 267

Capítulo 17. Estrellas sobre una cúpula octogonal 283

Epílogo. Las Edades Oscuras 295

Las Edades Oscuras hoy en día 301

Agradecimientos 309

Lecturas complementarias 311

Índice temático 333

Introducción

Nuestra historia comienza en la costa oriental de Italia, en un día soleado, hacia el año 430 de nuestra era, cuando unos artesanos entran en una pequeña capilla y convierten el cielo en azul. Esos artesanos trabajaban en la ciudad de Rávena bajo el patronazgo, creemos, de una mujer llamada Gala Placidia, que fue hermana de un emperador romano, reina de los visigodos y, al cabo del tiempo, regente ella misma del Imperio romano de Occidente. Cristiana devota, construyó o restauró iglesias en Jerusalén, Roma y allí mismo, en Rávena. Tal vez fue ella la que encargó y ordenó que decorasen aquella pequeña capilla para convertirla en un relicario. Tal vez la diseñó para que, llegado el momento, fuera su tumba, o para acoger el cuerpo de su hijo que había muerto en la infancia. Disponemos de teorías al respecto, pero no de respuestas seguras. Lo que sí tenemos es un edificio donde, en algún momento, los artistas incrustaron teselas de vidrio en el mortero fresco: pequeñas formas trapezoidales impregnadas del azul del lapislázuli, para convertir el techo en el más rico de los cielos azules. Luego, recurrieron al cristal coloreado en oro y llenaron esos cielos de estrellas. Añadieron otras teselas de color blanco y amarillo a esa mescolanza en la pared azul, reproduciendo así las flores del Jardín del Edén. Las tecnologías que hicieron posible esos mosaicos eran antiguas, pero las personas retratadas en aquel mundo de cielo azul y estrellas doradas surgieron a partir de una combinación muy específica de tiempo y lugar, como parte de una transición complicada —que no catastrófica— que cambiaría los equilibrios de poder, las pautas culturales y las concepciones más profundas sobre la existencia humana.

Al amparo de la luz del sol o de las velas, todavía hoy, cada pieza de mosaico, vista desde ángulos diversos, puede captar la luz y reflejarla hacia las demás o hacia el ojo del espectador. Casi 1600 años después, ese espacio sigue brillando como las propias estrellas.

En una de las paredes del interior del edificio, Jesús ocupa un lugar destacado como el bondadoso Buen Pastor sentado entre su rebaño. Otras representaciones de esta figura habían enfatizado la cruda humanidad de Cristo, mostrándonoslo con un cordero sobre los hombros. Pero aquí las ovejas están aparte, miran a Jesús y una de ellas roza su mano. Con los brillantes ropajes de oro que luce, el artista o los artistas tal vez trataron de subrayar su divinidad, buscando transmitir un tipo de verdad diferente a la del arte más humanizado del mundo clásico tardío. En otro de los muros, un santo se enfrenta a una parrilla de hierro ardiente. Tal vez se trate de san Lorenzo, ahora patrón de los cocineros, célebre en el santoral por la historia de su martirio: quemado hasta la muerte, se mantuvo lo suficientemente sereno como para decirle al centurión, antes del final, que le diera la vuelta, pues por uno de los lados ya estaba bien cocinado. O podría ser san Vicente, un santo popular en Hispania, donde la mencionada Gala Placidia pasó cierto tiempo como reina visigoda, obligado a contemplar cómo los paganos quemaban sus libros y luego lo torturaban a él con el mismo fuego. En cualquier caso, las historias que se cuentan en estos muros —y a través de las representaciones que aparecen a lo largo de todo el Mediterráneo del siglo v— son sintéticas, y entrelazan hilos temporales, culturales y geográficos que afirman la continuidad, al tiempo que apuntan un cambio significativo.

Los principios y los finales son siempre arbitrarios; enmarcan el relato que el narrador quiere transmitir. Nuestra historia escapa al mito de las Edades Oscuras, una concepción centenaria sobre el mundo medieval en virtud de la cual este sería algo sombrío, solo entendido vagamente, fijo e inmutable, y, en definitiva, lo contrario de todo aquello que queremos que nuestra modernidad encarne. Así pues, olvidemos por ahora los tradicionales puntos de transición entre el mundo antiguo y el medieval, tales como el Concilio de Nicea en 325 d. C., el saqueo de Roma en 410 o el derrocamiento, en 476, de Rómulo Augústulo como «último» emperador romano en Occidente. Si decidimos que la Edad Media, como cultura, existió, y tuvo un principio y un final, no necesitamos empezar hablando de decadencia, oscuridad o muerte. Podemos introducirnos en un espacio brillante, sagrado y tranquilo. Por supuesto, la propuesta no pretende borrar el componente de violencia del pasado para sustituirla por una nostalgia ingenua. Simplemente, nos muestra que los caminos por los que transcurrieron las cosas no estaban predestinados. Este cambio de perspectiva hará posible que personalidades tradicionalmente marginadas en otros relatos salgan aquí a la luz.

Empezar en un lugar distinto pone a nuestro alcance otros mundos posibles.

Y, casi mil años más tarde, en 1321, podríamos señalar la conclusión de la Edad Media en el mismo lugar, en la misma ciudad, en el mismo edificio mencionado al inicio de estas líneas. Aquí, una vez más, estaríamos en condiciones de afirmar los elementos de continuidad sin dejar de marcar, al mismo tiempo, el cambio:

caminando con el poeta medieval Dante Alighieri mientras se entretiene en las iglesias de Rávena, en cuyos mosaicos se inspira para componer su gran visión, esa que abarcará todo el universo. Dante fue un exiliado de su Florencia natal que terminó su vida en la corte del príncipe de Rávena. Viajó a Venecia, donde contempló el arsenal industrial construido a principios del siglo XII, que ubicó en el Infierno. A su lado, enfrentándose al tormento eterno, se encuentran pontífices y florentinos sin distinción. El poeta, disgustado con la política de facciones del papado, así como con la democracia medieval de la ciudad donde había nacido, condenó a ambas. Pero parece que en Rávena quedó conmovido por la tranquilidad del mausoleo de Gala Placidia y la majestuosidad de los vecinos mosaicos imperiales de Justiniano y Teodora, en la iglesia de San Vitale. Fue allí, en Rávena, quizá entre los cielos resplandecientes de un templo construido casi un milenio antes, donde encontró la inspiración para terminar el Paraíso, el último libro de su *Divina comedia*.

La de Dante es una de las grandes obras de arte de la Edad Media, de cualquier época en realidad, firmemente anclada en su momento político e intelectual, inspirada en toda esa corriente milenaria de arte, cultura y religión que había atravesado Italia. La *Divina comedia* se alimenta de la muerte y la oscuridad incluso cuando capta la belleza y la luz; el ascenso de Dante a través del Infierno, el Purgatorio y, por último, el Cielo se completa con su visión de Dios como resplandor puro. Es el mismo viaje, tal vez, que los espectadores devotos imaginarían al contemplar las estrellas y el cielo del mosaico del mausoleo, al tiempo que elevaban sus pensamientos a los cielos deslumbrantes. Las Edades Brillantes enmarcan su inicio y su final entre paréntesis con la esperanza de inundarnos con su luz.

La belleza medieval no es del todo sagrada, por supuesto; al menos, no solo sagrada. Los retratos de los emperadores bizantinos junto al mausoleo de Gala Placidia también pertenecen a la Edad Media, no solo porque cientos de miles de ojos medievales se posaron sobre ellos cuando los residentes de las ciudades italianas o los viajeros del Adriático deambularon por la urbe imperial, sino también gracias a los múltiples significados que encierran. Los mosaicos con las efigies de esos emperadores son símbolo de un mundo mediterráneo, un mundo medieval, siempre en movimiento, con fronteras permeables y signos de transformación y mezcla cultural allá donde se mire.

Y así los vemos. Escuchamos la mezcla de lenguas en la jerga de los marineros y constatamos el hábito del multilingüismo en Europa, Asia y el norte de África. Encontramos mercados en los que los judíos hablaban en latín, los cristianos en griego y todos en árabe. Cocos, jengibre y loros que llegan en los barcos venecianos acabarán arribando a los puertos de la Inglaterra medieval. Nos fijamos en la piel morena de los rostros de los norteafricanos que siempre vivieron en Gran Bretaña, así como en los campesinos mediterráneos franceses que contaban historias obscenas sobre curas lujuriosos, mujeres impúdicas y maridos fáciles de engañar.

Pero las cosas que empiezan necesitan terminar o, de lo contrario, no hay *medium aevum*; no hay 'edad media' ni 'medieval'. Así que seleccionamos un posible final con Dante, en el siglo XIV. Los humanistas italianos que vinieron después rechazaron explícitamente lo medieval, proclamando su actividad como representativa ya de una nueva era, anunciaron una renovación, un así llamado *renacimiento*. No obstante, podríamos decir que el medievo termina un poco más tarde, en ese mismo siglo XIV, cuando la peste asola Asia, Europa, el norte de África y Oriente Medio. O afirmar, tal vez, que concluye ya en el XV, cuando los turcos otomanos arrasan

15

el Mediterráneo oriental y crean un nuevo imperio que se extenderá desde el océano Índico hasta, en determinado momento, las murallas de Viena. Un imperio que luchará contra los venecianos, cristianos, pero que también será aliado de los franceses de la misma confesión. Algunos, finalmente, han llegado a afirmar que el mundo medieval solo llega a su fin con la Revolución francesa y la caída de la monarquía a finales del siglo XVIII.

Pero ninguno de estos límites es satisfactorio en última instancia. Cuando observamos más de cerca, vemos cómo esos italianos —Dante incluido— eran, en gran medida, producto de los siglos anteriores, ellos mismos tenían mucho de medievales. La peste llegó gracias a las conexiones entre Asia y Europa que se habían establecido a lo largo de los siglos. Los turcos otomanos surgieron de la interacción que durante generaciones se dio entre la estepa y la ciudad; un pueblo totalmente impregnado de una cultura intelectual que llevó interpretaciones opuestas tanto de las escrituras como de Aristóteles, desde Persia hasta la península ibérica; un pueblo que transportaba los mismos artículos de lujo y las mismas bacterias a través de distintas regiones. La Revolución francesa solo fue posible porque los pueblos medievales experimentaron con la representación democrática, a menudo a pequeña escala, y porque tenían una larga historia de revueltas antiautoritarias. Los pueblos, la peste, el arte, los gobiernos y las guerras pertenecen al mundo medieval.

Ahora bien, si no hay finales concluyentes, si todos los momentos se acercan a lo que ya hubo antes, ¿por qué imaginamos que hubo una Edad Media? De hecho, la historia no tiene un punto de partida ni un final. Lo que está claro es que los habitantes de la Italia de los siglos XIV y XV, frustrados por el caos político y las guerras de una época poco agradable, decidieron establecer vínculos nostálgicos con los mundos de la Roma y la Grecia antiguas, utilizando el pasado lejano para cortar su conexión con mil años de historia. Más tarde, a lo largo de los siglos XVIII y XIX, las potencias imperialistas europeas y sus intelectuales —¡a menudo precursores o ellos mismos eruditos de los estudios medievales!— buscaron una historia para su nuevo orden mundial que justificara y explicara por qué la piel blanca —una idea moderna, aunque con raíces medievales— avalaba su dominación del mundo. Así, encontramos que las protonaciones de la Edad Media resultaron útiles como pasado para afirmar unos orígenes modernos, al remarcar tanto las conexiones del medievo con Grecia y Roma como la independencia y las distintas tradiciones de los Estados medievales. Estos pensadores de los siglos XVIII y XIX utilizaron la ficción de Europa y el concepto inventado de «civilización occidental» como espina dorsal del mundo moderno. Observaron más allá de sí mismos y vieron barbarie. Se volvieron al pasado europeo, tanto medieval como clásico, e imaginaron encontrar rostros blancos, como los suyos, que les devolvían la mirada. Se equivocaron en todo ello.

Hoy, la Edad Media es una especie de paradoja. Cuando la gente quiere imputar un problema actual al pasado —ya sea el terrorismo islámico, las respuestas chapuceras a la Covid-19 o incluso los trámites para obtener el permiso de conducir, que implican mucha burocracia— lo catalogan de «medieval». Sin embargo, cuando los supremacistas blancos quieren reclamar una historia de origen para la blancura, también miran a la Edad Media, con la intención de aprovecharse de esas construcciones grandilocuentes y gloriosas, que, como los grandes castillos o las catedrales, estarían ofreciendo una simplificación del militarismo patriarcal racialmente puro y legitimando su fanatismo. El periodo es bueno y malo, transparente y opaco a un tiempo. El mito de la Edad Media, que sobrevive con bastante habilidad en la cultura popular, permite suficiente margen como para acabar siendo lo que la creencia general quiera hacer de él. Si no es posible ver en la oscuridad, la imaginación puede desbocarse, centrando la atención en las pequeñas cosas que sí pueden percibirse, que alcanzan así una importancia desmesurada. Tal vez nos hallemos ante un espacio para mitos aparentemente limpios y útiles, pero solo para personas con intenciones peligrosas.

Nuestra historia es mucho más desordenada.

Las Edades Brillantes contienen la belleza y la luz de las vidrieras en los altos techos de las catedrales, la sangre y el sudor de quienes las construyeron, las reliquias doradas de la Iglesia, los actos de caridad y devoción de personas de profunda fe, pero también las guerras libradas por la concepción de lo sagrado, la carne calcinada de los herejes quemados en nombre de la intolerancia y el miedo. Las Edades Brillantes revelan la naturaleza permeable de las culturas entrelazadas en Europa durante los mil años previos a Dante. Se vertieron hacia el exterior del continente, sin constreñirse en sí mismas. Eran conscientes —como medievales— de la existencia de un mundo mucho más grande y redondo.

Había personas que hablaban diferentes lenguas y se adscribían a diferentes tradiciones religiosas o a distintas versiones de una misma tradición. Había, por ejemplo, muchas cristiandades y una Iglesia católica —con *c* minúscula—, que significa 'universal'. Pero por toda Europa y a través de todo el Mediterráneo había también musulmanes, judíos y politeístas. Cada uno de estos pueblos amaba y deseaba y odiaba y entablaba amistad, recurriendo a todas las fórmulas que sirven a los seres humanos; a menudo, escribían sobre sus vidas, o producían arte, dejaban rastros materiales, desenterrados pasado un milenio y a los que todavía podemos acceder.

Durante esas Edades Brillantes, los científicos miraron al cielo y midieron las estrellas, crearon la universidad, sentaron las bases de la contribución europea a la revolución científica mundial, y lo hicieron sin renunciar a sus creencias en un poder superior. También hubo, al igual que ahora, individuos que limitaron el debate, persiguieron los delitos de pensamiento, reprimieron la libertad y mataron a quienes eran diferentes a ellos. Las Edades Brillantes se perfilan como un lugar y una época cruciales en la historia, porque contienen la multitud de posibilidades inherentes a la humanidad. Sin embargo, hasta ahora, esa luminosidad se ha ocultado a menudo bajo el peso de una forma errónea de contar la historia —bajo una persistente fabulación popular que nos habla de Edades Oscuras—, con excesiva frecuencia creada y reforzada por los propios historiadores del periodo. A veces, podemos deleitarnos con la rareza de lo medieval y olvidarnos de mostrar sus puntos de continuidad con otras épocas; al mismo tiempo, en ocasiones se insiste tanto en esas conexiones que llegamos a olvidar lo mucho que han cambiado las cosas con el paso del tiempo.

LOS DOS AUTORES DE ESTE LIBRO, HISTORIADORES DE LA EUROPA MEDIEVAL, hemos pasado años trabajando sobre fuentes primarias, realizando nuestra propia investigación. Pero también, y quizá más importante, hemos sido bendecidos por el trabajo de cientos de estudiosos que han agitado los viejos relatos sobre la Edad Media para revelar una imagen mucho más complicada e interesante de ese periodo. Nuestros colegas y mentores han contribuido a situar a Europa en el marco de sistemas globales más amplios en lo relativo al comercio, las creencias religiosas, los desplazamientos demográficos o las enfermedades. Hemos conocido las ideas medievales sobre la tolerancia, pero también acerca de las diferencias y las categorías raciales. Hemos asistido a momentos de increíble belleza y a otros de impactante ignorancia. Los medievalistas han tramado y luego derribado el constructo del feudalismo como sistema, y lo han sustituido por planteamientos que hablan sobre complejas redes de afinidad y jerarquía que se transformaban y fluían junto con las grandes ideas y la tradición, que iban más allá de lo local. Ahora sabemos mucho más sobre el sexo medieval, la violencia, el género, la belleza, la lectura, el odio, la tolerancia, la política, la economía y todo lo que los humanos hacen y son. Los medievalistas han sido cómplices de la creación de la idea de la Edad Media y de cómo el mundo de aquel tiempo se pone, incluso hoy en día, al servicio de ideologías detestables, pero al mismo tiempo reconocen los errores e intentan derribar toda esa tramoya artificial.

Ahora, en la tercera década del siglo XXI, la Edad Media parece inmiscuirse de forma persistente en la sociedad moderna; no obstante, ese estereotipo sobre lo medieval que se presenta con tanta frecuencia en la cultura popular resulta irreconocible para historiadores como nosotros. En parte, el interés se debe a la explosión de fantasías tales como *Juego de tronos* y *Vikingos* —en canales televisivos de historia o entretenimiento— o videojuegos como las series *Crusader Kings* o *Assassin's Creed*. A veces, sin embargo, viene provocado por acontecimientos de la actualidad o comentarios que realizan los gobernantes; así sucede, por ejemplo, cuando los políticos utilizan el término «medieval» para describir un muro o recurren a la expresión «civilización occidental» como coartada para el nacionalismo blanco. En ocasiones, los símbolos de la Edad Media son empleados con fruición por la extrema derecha, se estampan en los escudos del estado de Virginia, ondean en banderas o son exhibidos en el asalto al Capitolio de Estados Unidos; quedan imbricados en el discurso de un asesino de masas en Nueva Zelanda. Por su parte, la izquierda adopta también ese lenguaje, por ejemplo al calificar de medieval determinado acto violento especialmente horrible. En tales casos, el adjetivo se utiliza como un epíteto: un término que significa atraso, algo que ya hemos superado, que la modernidad ha dejado atrás. Parece que esa alusión a las Edades Oscuras va a seguir incorporada al lenguaje durante mucho tiempo. Lo que todo esto revela es que tanto la izquierda como la derecha política están de acuerdo, en última instancia, con los parámetros generales de la visión sobre el pasado. Ambas pueden afirmar que una acción es «medieval», dado que ambas invocan las Edades Oscuras: la derecha por nostalgia de algo perdido, la izquierda como desprecio hacia un pasado que es mejor olvidar. En las clases de historia medieval, los estudiantes llegan buscando la oscuridad y la crudeza, en parte porque los programas de televisión y las ficciones reivindican la «autenticidad» de lo medieval como defensa de sus representaciones del sexismo, la violación o la tortura. Pero no hacen lo mismo con las representaciones de la tolerancia, la belleza y el amor. Y sin embargo, la Edad Media, y por lo tanto las Edades Brillantes, contiene todas estas cosas: luz y oscuridad, humanidad y horror (aunque, por desgracia, no muchos dragones).

Esta es una nueva historia de la Edad Media europea. Empezaremos por seguir la estela de los viajes, las astucias, las victorias y las tragedias de Gala Placidia para ofrecer un contexto sencillo del siglo v bajo una premisa fundamental: Roma no cayó.

Las cosas continúan y las cosas cambian. El poder se reorientó en torno a la gran ciudad de Constantinopla y luego alrededor de los centros urbanos de los nuevos imperios islámicos, con Jerusalén siempre presente en el imaginario de estos pueblos altomedievales, si bien nunca fue un lugar tan disputado como las narraciones posteriores sostendrían. En el lejano norte, los hombres y mujeres soñarán y se preocuparán por la misma naturaleza del tiempo, mientras un elefante atraviesa Alemania. Las ciudades nunca desaparecen, pero sí se reducen, tanto en población como en importancia, ya que la gente, en busca de estabilidad, encuentra nuevas modalidades para organizar la vida política, económica y cultural. Una estabilidad que viene acompañada de formas también innovadoras de pensar en Dios y en la propia religión, que encenderán el fuego que alimentará el florecimiento de la vida intelectual y literaria. Con todo, esos mismos fuegos, avivados por individuos con los ojos llenos de odio, consumirán a cualquiera que se perciba como ajeno a la verdad. Y es entonces cuando las ruedas vuelven a girar. Las ciudades crecen. Las torres ascienden hacia el cielo. Conexiones entre regiones que nunca se interrumpieron se elongan y se reducen a lo largo de los siglos, transportando junto con ellas ideas y enfermedades, pero también creando las condiciones para que un poeta italiano medieval siga los pasos de una emperatriz romana tardía. Bienvenidos a *Las Edades Brillantes*.

Capítulo 1

Estrellas resplandecientes
en el Adriático

D irijámonos a la capilla de la emperatriz Gala Placidia en Rávena, que fue construida en el siglo v y se recuerda hoy como un mausoleo, aunque lo cierto es que nunca la enterraron allí. Pese a que algo está cambiando en este sentido, la emperatriz no siempre figura en las historias que se cuentan sobre el periodo —excepto a veces para hablar del momento en que ejerció el poder como regente de su hijo—, centradas a menudo en los hombres, la sangre y las batallas. Si nos replanteáramos nuestra percepción respecto a esta mujer y este espacio, nos encontraríamos frente a un «comienzo» muy distinto de la Edad Media europea, uno en el que Roma no cae.

El pequeño espacio cerrado del mausoleo encarna la continuación de la cultura sagrada, artística, política y técnica romana, en el momento en que el Imperio se adentra en una nueva —y desde luego diferente— era cristiana. La persona a la que se dedicó había viajado por todo el mundo mediterráneo: nació en Constantinopla, se trasladó a Italia de joven y, desde allí, a Francia y España; volvió a Italia, a Constantinopla de nuevo y, finalmente, recaló otra vez en Italia. En la ciudad de Rávena, tomó las riendas del Imperio romano de Occidente, en el año 423, ejerciendo la autoridad en nombre de su hijo. Al hacerlo, fue tan gobernante de Roma como cualquier otra persona de los cinco siglos previos, hombre o mujer (las mujeres, por supuesto, siempre habían participado en los juegos de facciones, en las intrigas relacionadas con la ocupación de los tronos romanos). Cuando murió, en 450, lo hizo en un imperio en peligro y en transición, pero ese peligro no era necesariamente distinto, ni en cualidad ni en cantidad, de otros padecidos antes. En Roma siempre hubo luchas entre bandos. El Imperio siempre sufrió amenazas externas. Siempre había existido un mundo permeable que abarcaba miles de kilómetros, que engendraba belleza, que revelaba ternura y que, al mismo tiempo, demostraba una capacidad de violencia casi ilimitada.

¿Por qué las estrellas del mausoleo de Gala Placidia brillan tanto en este espacio tranquilo y apacible de Rávena? La respuesta refleja el genio de los artistas del siglo v. Un campo de estrellas doradas y apiñadas adorna la parte más alta de la cubierta (la bóveda); más abajo, un segundo conjunto de astros, semejantes a flores, flota en otro ámbito celestial de vidrio azul lapislázuli. Para el espectador, los brillantes patrones rojos, dorados y blancos juegan ante su mirada como un caleidoscopio. Bandas de colores más oscuros engañan al ojo para que aprecie movimiento en el cristal estático. Las paredes de alabastro brillante intensifican la luz, ya sea del sol o de las velas parpadeantes, haciendo que el propio oro parezca la fuente de esa luminosidad radiante. El suelo se eleva artificialmente, acercando al espectador hacia lo alto e intensificando el efecto mágico. Los antiguos espacios sagrados característicos del mundo mediterráneo —tanto politeístas como judíos— habían recurrido durante mucho tiempo a la manipulación de la luz y a las representaciones del firmamento para unir la tierra y el cielo ante los ojos y en la mente del espectador. Es algo que continuó haciéndose en los siglos cristianos de Gala. Para los devotos, esta yuxtaposición podía convertirse en conjunción, la unión entre el cielo y la tierra, haciendo que el espectador los percibiera como reales y accesibles.

Ahora bien, ¿qué hay de Roma y el Imperio? Desde al menos el siglo XIV, aunque también podría decirse que desde la época de la propia Gala Placidia, la agitación política, social y religiosa del año 400 ha servido como argumento para justificar la caída de Roma. Es cierto que en 410 un nutrido grupo de soldados, muchos de los cuales entroncaban su linaje con el de los pueblos germánicos que habían cruzado poco antes a territorio romano, al mando del general y jefe tribal godo Alarico, saquearon Roma. Asimismo, en el año 476, el jefe militar Odoacro depondría a Rómulo Augústulo, el emperador romano de Occidente en ese momento, sin molestarse en asumir para sí mismo el título. Se supone que fue entonces cuando se acabó el Imperio de Occidente.

Estos dos momentos se han presentado a menudo como marcas temporales del fin de una era y el comienzo de otra. El célebre obispo Agustín de Hipona, contemporáneo de Gala Placidia, dedicó todo el primer libro de su titánica *Ciudad de Dios* a explicar la violencia ejercida contra la ciudad de Roma en el año 410. Estaba seguro de dos cosas: por un lado, lo ocurrido no era en absoluto culpa de los cristianos; de otra parte, algo había cambiado definitivamente. En la Edad Moderna, esa narrativa se retomó de forma célebre en la *Historia de la decadencia y caída del Imperio romano*, de Edward Gibbon, obra del siglo XVIII, y se repite (por supuesto, con algunos matices) hasta nuestros días. Son momentos capitales de la llamada caída de Roma y del comienzo de las Edades Oscuras.

Pero la cosa es más complicada.

En el año 476, Odoacro depuso, en efecto, a un emperador romano, pero, cuando lo hizo, fue para declararse cliente del otro emperador romano, el de Constantinopla, reuniendo así una vez más, en cierto sentido, los imperios romanos de Oriente y Occidente bajo un único gobernante, esta vez residente en Asia Menor. Y ese precedente tuvo continuación. Durante los siglos posteriores, los líderes de Europa occidental encontrarían la manera de afirmar su legitimidad política a través de los vínculos con el Imperio romano, aún muy vivo, en el Mediterráneo oriental. No hubo ningún momento en los siguientes mil años en que al menos un gobernante europeo o mediterráneo no reclamara legitimidad política a través de una conexión creíble con el imperio de los romanos, remontándose hasta Augusto. Por lo general, más de un mandatario hacía afirmaciones igualmente creíbles de «romanidad» (romanitas), aunque la naturaleza precisa de esas conexiones pudiera variar en gran medida. Por otra parte, incluso los pueblos medievales que no se consideraban bajo la autoridad de un emperador romano estaban envueltos en normas culturales y sociales (especialmente a través del cristianismo) que dependían de la herencia imperial romana.

A lo anterior hemos de sumar que la propia Roma, como ciudad, seguía siendo importante para las élites regionales, a pesar de que los centros de poder se habían trasladado a Rávena y Constantinopla. En parte, se trataba de una conexión ideológica, potenciada por la nostalgia y la necesidad de legitimidad política, que se remontaba a los legendarios fundadores de Roma, Rómulo y Remo. Pero también tenía que ver con una conexión temporal, ya que la urbe siguió siendo un lugar de intensa actividad social y cultural durante todo este periodo, en el que las mujeres romanas de la élite, en particular, desempeñaron un papel fundamental en las estructuras de gobierno y poder de la ciudad. Y esto nos lleva de nuevo a Gala Placidia y su dosel de estrellas brillantes.

Gala gobernó el Imperio romano de Occidente en nombre de su joven hijo Valentiniano desde 425 hasta 437, momento en que este cumplió los dieciocho años y se convirtió en emperador por derecho propio. La sede de su poder estuvo en Rávena, una ciudad que se había convertido en capital del Imperio romano de Occidente tan tarde como en 402, cuando el hermanastro de Gala, el emperador Honorio (que reinó de 393 a 423), la trasladó allí desde Milán. El motivo del cambio era la creencia de que el fácil acceso al Mediterráneo oriental desde la costa adriática permitiría una mayor coordinación entre los gobernantes del Imperio, además de que el terreno pantanoso que rodeaba la ciudad la protegería de las invasiones. Al parecer, durante su etapa de regencia, Gala mandó construir un magnífico complejo sagrado del que solo queda en pie la pequeña capilla en forma de cruz que la tradición, más que las pruebas, ha identificado con su mausoleo. No obstante, aunque dirigía un imperio desde esta ciudad de la costa oriental de Italia, nunca perdió su convicción sobre la primacía de Roma, sobre su continuidad.

Hacia el final de su vida, en torno al año 450, Gala escribió cartas a sus sobrinos en Constantinopla, el emperador Teodosio II (que reinó entre 416 y 450) y su hermana Pulcheria. Gala se comportaba como una tía severa, reprendiéndolos por el descuido en el que tenían su religión e instándolos a ponerse manos a la obra de inmediato, pues —sostenía— la Iglesia cristiana en el Mediterráneo oriental estaba destrozada. Por otro lado, afirmaba que tanto su hijo, el emperador Valentiniano III (que ejerció su mandato entre los años 425 y 455), como ella misma, habían sido tratados muy bien por el obispo de Roma, el papa León I (440-461). El propio pontífice había recibido a Gala y a su grupo «a nuestra llegada a la antigua ciudad» y les había informado de que las disputas eclesiásticas en Oriente amenazaban el apoyo imperial al cristianismo, un asunto que se remontaba a los tiempos de Constantino. Había que hacer algo. Así que escribió su carta, una misiva que, en el fondo, afirmaba su estatus, al referirse a sí misma como «piadosísima y próspera, perpetua Augusta y madre», contraponiendo el orden y la antigüedad de Roma a los caóticos acontecimientos de la recién estrenada Constantinopla.

La solución estaba en escuchar al obispo de Roma —el mencionado León—, ya que san Pedro «fue el primero adornado por la primacía [y] fue considerado digno de recibir las llaves del cielo». Así reprendía sin dudar a sus augustos parientes:

> Nos corresponde, en todo, mantener el respeto debido a esta gran ciudad, que es la señora de toda la tierra; y esto también debemos proveerlo con el mayor cuidado para que, lo que en tiempos anteriores nuestra casa protegía, no parezca que en nuestros días se vulnera.

En otras palabras, incluso en ese tiempo, a mediados del siglo V, aún décadas después del «saqueo» de la ciudad por los godos, Gala aseveraba sin reparo que Roma era el centro de la religión cristiana. Roma era el centro del Imperio. Oriente estaba obligado a mostrar deferencia con sus mayores de Occidente.

LA VISITA DE GALA PLACIDIA A ROMA, ALREDEDOR DEL AÑO 450, no fue la primera; ya había estado allí muchas veces a lo largo de sus seis décadas de vida. En una ocasión, hacia 410, los visigodos asediaron la ciudad, la saquearon, se marcharon, volvieron, quizá la saquearon de nuevo y, por último, se llevaron a la propia Gala como prisionera de guerra.

Sus correligionarios tenían dos opiniones sobre el destino de la urbe. El Padre de la Iglesia Jerónimo lo auguraba muy malo. En las cartas a sus corresponsales en Italia desde los alrededores de Jerusalén, en la provincia romana de Palestina, describió los acontecimientos del año 410 —desde su posición ventajosa a más de mil kilómetros de distancia— como una calamidad, afirmando: «La capital del Imperio romano ha sido engullida en un tremendo incendio; y no hay parte de la tierra donde los romanos no estén exiliados».

Pero otros eran más optimistas. Agustín, en su citada *Ciudad de Dios*, señaló que aquella no era la primera vez que Roma sufría violencia interna o externa. Él tenía su propia *hoja de ruta*, por supuesto. Quería exonerar al cristianismo porque los politeístas estaban culpando a esa religión de la violencia del año 410. Así que no dudó en señalar que aquel saqueo no constituía una calamidad inusual en la larga historia de la ciudad —y, desde luego, tampoco un cataclismo que pudiera poner fin al Imperio—. Agustín, y más tarde su influyente alumno Orosio, escribió que toda una «pléyade de divinidades» había protegido a Roma durante la época pagana, aunque tanto los incendios como los combates habían asolado la urbe con frecuencia. La ciudad del hombre era una ciudad de discordia y lucha. Roma —ni la ciudad ni el Imperio— era algo diferente.

Pero los cronistas se suelen ver limitados por su propio contexto, y ni Jerónimo ni Agustín fueron excepciones. En sus casos, necesitamos estudiar ese entorno para entender lo que realmente pudo haber sucedido —o quizá mejor, lo que significó—. Para los contemporáneos, Jerónimo se posicionó como un monje; como alguien que había renunciado al mundo para preocuparse más por los asuntos espirituales. Su clamor sobre la devastación causada por el ataque a Roma quedó plasmado en una de sus cartas, en la que respondía acerca de la pertinencia del matrimonio de la hija de su corresponsal. Su descripción de la situación de la urbe tenía la intención de asustar a su amigo (el destinatario de la misiva) para que permitiese a la muchacha convertirse en monja, con el fin de preservarla de la violencia sexual (y para enlazar con los ideales ascéticos de Jerónimo). Agustín era obispo, una función que en la Edad Media era tanto administrativa como espiritual. Como tal, asumía una visión mucho más amplia, situando un acontecimiento dentro del gran espectro de la historia sagrada que se extendía hasta la eternidad. Pero al mismo tiempo, quería asegurarse de que su rebaño, sus compatriotas romanos, no se sumieran en el pánico. Aunque nada de esto significa, por supuesto, que debamos descartar de manera sumaria su trabajo, sin duda hemos de ir más allá de los escritos de estos Padres de la Iglesia y de sus objetivos teológicos para evaluar el ascenso y la caída de los imperios. Conviene considerar otras pruebas.

Empecemos por los godos. ¿Quiénes eran estos pueblos que saquearon Roma en el año 410? La historia de invasiones de «bárbaros» surgidos de la nada, como tantos otros relatos de colapso atribuidos a fuerzas externas, debe redirigirse con cuidado hacia una aproximación más compleja, que tenga en cuenta los conceptos de migración masiva, acomodación y cambio. Los germanos —un término poco preciso que engloba muchos grupos diferentes de personas conectadas por similitudes lingüísticas, religiosas y culturales— y otros pueblos del norte y el este de Europa, así como del noroeste y el centro de Asia, habían estado traspasando las fronteras romanas de un lado a otro durante siglos. A veces llegaban como asaltantes, otras se convertían en tropas aliadas, a menudo acudían como socios comerciales y, sobre todo a partir de finales del año 300, se presentaban como refugiados. En 370, como resultado de una devastadora hambruna, un nutrido grupo de godos cruzó a Europa oriental (sobre todo a la provincia romana de Tracia, en los Balcanes). Los funcionarios romanos, que en principio debían ayudar a estos refugiados, los recluyeron en campamentos en los que morían de hambre. En algunos casos, se vieron obligados a vender a sus hijos como esclavos a cambio de carne de perro para sobrevivir (así lo relata el historiador Amiano Marcelino). Si tales relatos son ciertos, no es de extrañar que los godos aprovecharan la primera oportunidad que se les presentó para contraatacar.

Es fácil y comprensible centrarse en la brutal guerra que siguió, escenario de la célebre batalla de Adrianópolis (378), donde, para sorpresa de todos, se alzaron con la victoria los godos, que incluso mataron al emperador romano Valente. Pero la paz posterior fue igualmente significativa. Los vencedores llegaron a un acuerdo con el sucesor de Valente, el emperador Teodosio I, y se asentaron en masa en el sureste de Europa, convirtiéndose en romanos en el transcurso de una o dos generaciones e incluso sirviendo en legiones a lo largo del territorio imperial. Pero las luchas internas del poder romano volvieron a inmiscuirse y llevaron a estos grupos de población, ahora conocidos como godos «occidentales» o «visi», bajo el liderazgo de Alarico, a lanzarse al campo de batalla en Italia, contra el Imperio romano en el oeste.

Las hazañas militares y diplomáticas, los errores, las alianzas, las traiciones, los rescates de última hora y la obstinación de estrechas miras que condujeron a tres asedios y, en última instancia, a la conquista y el saqueo de Roma en el año 410 son materia para la leyenda. Alarico luchó contra el general Estilicón, un germano medio vándalo que dirigía otras fuerzas germanas integradas en el grueso del ejército romano. Más tarde, Alarico se alió con este último. Después, el emperador Honorio I (hermano de Gala Placidia) ejecutó a Estilicón, a su hijo y a las familias de muchos de sus soldados. Las tropas huyeron para unirse a Alarico, dejándole de esa forma con un ejército invicto en el campo de batalla. Y aun así, mientras aquel general visigodo asediaba Roma, seguía pidiendo la paz.

La clave no estaba en que Alarico dudara de su victoria si marchaba sobre la ciudad de Roma; tal vez temía todo lo contrario: llegar a vencer. No deseaba llevar necesariamente la guerra a ese punto. Él, un godo al frente de un ejército compuesto principalmente por otros pueblos germanos romanizados, bien pudo sentirse a la sombra de los viejos generales del pasado que se enfrentaron al poderoso tabú —incluso en medio de las innumerables guerras civiles que plagaron la historia imperial— de introducir tropas en la ciudad sagrada. En otras palabras, Alarico se consideraba un romano y, puesto que Roma había sobrevivido, quiso restablecer su alianza —aunque con él mismo en posición dominante— con el gran Imperio.

Pero la campaña militar siguió adelante y Alarico saqueó Roma. Allí, los godos encontraron la residencia de Gala Placidia, en cuyo interior había permanecido ella durante toda la guerra, desempeñando un papel central en la defensa de la ciudad. Gala fue la cuña que rompió la alianza entre su hermano, el emperador Honorio, y su general Estilicón, cuando probablemente con falsos argumentos acusó a Serena, esposa de este último y prima de la propia Gala, de conspirar con los godos, y acabó por hacer que la mujer muriera estrangulada. Gala fue en todo momento un agente de su propia historia, un poder de gran relevancia por derecho propio.

Sobrevivió al saqueo inicial de la ciudad en el año 410 pero, cuando Alarico murió poco después por causas naturales, parece ser que el nuevo líder, Ataúlfo (411-415), regresó a Roma y la tomó como prisionera de guerra (nuestras fuentes son un poco confusas respecto a cómo se desarrollaron los acontecimientos, pero lo cierto es que Gala acabó vinculada al caudillo godo). Pero Ataúlfo no tardó en abandonar Italia: se dirigió al sur de Francia y luego, a través de los Pirineos, pasó a la península ibérica. Sabemos que en el año 414, Gala y Ataúlfo se casaron. Ella vestía de seda. Él, como regalo de boda, le ofreció un botín tomado de Roma. Es fácil distraerse con la relación de Gala Placidia con los hombres poderosos y verla como un mero objeto en el juego de tronos. No podemos saber, por ejemplo, si se casó voluntariamente con Ataúlfo, pero los matrimonios diplomáticos eran habituales en la élite romana de todos los géneros, de modo que, dada su influencia a la hora de subvertir la posición de Estilicón en el enfrentamiento del emperador contra los godos, no sería descabellado sugerir que trabajara con su hermano para zanjar la guerra de una vez por todas. De hecho, lo que sí sabemos es que su matrimonio no fue un signo de la destrucción del Imperio, sino que más bien señala el deseo de los godos de ser romanos y la disposición de estos a casarse con los «invasores» germanos, al objeto de fusionar un régimen legitimado por la conquista con el legado del gobierno imperial.

Jordanes, un burócrata de Constantinopla de origen godo (porque, de nuevo, era normal que los pueblos germánicos trabajaran para el Imperio), escribió una historia de los godos en el año 550 en la que describe el matrimonio en estos términos:

> Ataúlfo se sintió atraído [por Gala Placidia] por su nobleza, belleza y casta pureza, y por eso la tomó por esposa en legítimo matrimonio en *Forum Julii*, una ciudad de Emilia. Cuando los bárbaros supieron de tal alianza, se aterrorizaron aún más, ya que el Imperio y los godos parecían ahora ser uno solo.

Quizá Jordanes se excedió al declarar la unidad godoromana basándose en este único matrimonio, ya que la península itálica sería escenario de guerras durante los siglos venideros, pero el mero hecho de la existencia de esta declaración demuestra con claridad que él y sus colegas funcionarios del Mediterráneo oriental romano no veían el movimiento de los pueblos germánicos como una prueba de colapso. Grupos de personas iban y venían por el Imperio romano en busca de cargos y estatus. A menudo, conservaban elementos de sus propias identidades sin cuestionar el mismo sentido de ser romano.

En cualquier caso, el matrimonio de Gala duró poco. Ella y su marido se trasladaron a Hispania, se aplicaron a la tarea de crear un nuevo Estado alineado con Roma y tuvieron un hijo al que llamaron Teodosio, dando así un nombre imperial, propio de Roma, al hijo de un rey godo. Sin embargo, el niño murió al año por causas naturales. Fue enterrado en un ataúd de plata, en una iglesia situada en el exterior de las murallas de Barcelona. Al año siguiente, Ataúlfo fue asesinado mientras tomaba un baño por un servidor ofendido. El hermano de Ataúlfo, Sigerico, deseoso de limpiar la zona de rivales, ordenó a Gala que saliera de Barcelona, y de Hispania, pero, antes de que eso ocurriera, él también fue asesinado por otro visigodo llamado Valia. Valia negoció entonces una tregua con Roma que incluía el regreso de Gala a Italia. Esta última retornó y, en el año 417, ya se había casado con el principal general del Imperio de Occidente, Constancio. Enseguida nacieron más hijos: Honoria y Valentiniano. Hacia 421, cuando la fortuna parecía sonreír a Gala una vez más, Constancio fue elevado a coemperador por el hermano de Gala, Honorio.

Pero aquello tampoco iba a durar. Constancio III murió ese mismo año por causas naturales.

Fallecido el esposo de Gala, el emperador Honorio recuperó el poder y sospechó enseguida de la influencia de su hermana, lo que la obligó a huir de Italia con sus hijos. Se dirigió entonces al este y se refugió en Constantinopla durante unos años. Pero una vez más, la fortuna giró con rapidez, devolviéndola triunfante a Rávena en 425, con su hermano muerto y sus enemigos derrotados por las fuerzas de su protector, su sobrino el emperador romano de Oriente, Teodosio II. Valentiniano, su hijo, que entonces tenía solo seis años, fue proclamado Augusto del Imperio romano de Occidente ante el Senado de Roma, en gran parte porque Gala pudo negociar un acuerdo con Flavio Aecio (popular entre los pueblos germánicos del Imperio), al que nombró general en jefe de Occidente (*magister militum*). Gala se instaló entonces en Rávena y gobernó como regente durante los doce años siguientes.

En el transcurso de ese tiempo, dio pruebas de su capacidad para negociar la complicada política imperial, tanto en Oriente como en Occidente. Cayeron reyes, emperadores, generales, hermanos y primos y, sin embargo, Gala Placidia se mantuvo en pie para llegar a ver, al final, a su hijo convertido en el emperador Valentiniano III. Se podría decir que, a principios del siglo v, ella encarnaba la continuidad de Roma. Tampoco sus dotes eran meramente políticas; nuestros registros indican que se dedicó en persona al diseño de los mosaicos de sus edificios sagrados. Asimismo, sus pocas cartas conservadas delatan una rica educación en teología que otorgaba a su poseedora la confianza y el conocimiento suficientes como para debatir con obispos, monjes y emperadores sobre la naturaleza misma de la divinidad y la humanidad de Jesús, así como acerca del papel de la Virgen María.

En el año 450, cuando se acercaba a los sesenta años, Gala y su hijo el emperador viajaron a Roma y se reunieron con el papa León. Un trayecto rutinario y sin incidentes en el transcurso del cual, no obstante, ella enfermó; fallecería en la urbe ese mismo año y sería enterrada en San Pedro de Roma. Pero antes de morir logró una cosa más: previo a su deceso, volvió para enterrar en la citada basílica a su hijo Teodosio, aquel bebé muerto tanto tiempo atrás, durante sus años en Hispania. Cómo llegó a Roma es un misterio. ¿Envió a alguien a buscar el pequeño ataúd de plata? ¿O fue este el último acto de una mujer que lloraba tanto a su hijo muerto que lo había conservado con ella todos esos años? Tal vez encargó la pequeña capilla de Rávena no para ella ni para las reliquias de los santos, sino con la intención de que el techo azul del mausoleo albergara y reconfortara a su hijo perdido. Quizá solo cambió de opinión cuando ella misma enfermó en Roma.

La vida de Gala nos cuenta la historia de un imperio romano todavía muy vivo, aunque desde luego en plena transición. Es una historia compleja en la que las nuevas religiones y pueblos se fusionan con las ideas y costumbres ya existentes, preparando el terreno para la era que se avecina. Una nueva forma de poder imperial, en la que gobernantes de todo tipo afirmaban su legitimidad a través de estrechos vínculos con diversos grupos de cristianos y líderes religiosos, se convirtió en la norma dentro del mundo mediterráneo y en gran parte de la Galia (las tierras que más tarde constituirían el reino de los francos y, por último, Francia). Los pueblos recién llegados trataron de aliarse con la soberanía romana, las familias de la élite, y adoptaron sus tradiciones romanas. El cristianismo, a medida que se extendía, dividía el territorio en regiones administrativas basadas en las normas burocráticas de Roma. Las nuevas órdenes religiosas, los monjes cuyas historias contaremos con más detalle en capítulos posteriores, leyeron y copiaron textos latinos y crearon los suyos propios. El Imperio romano evolucionó pero, aun así, perduró tanto en la práctica como en el corazón y la mente de los gobernantes de la Europa occidental y mediterránea.

Si bien es cierto que Roma como «imperio» cambió, no lo es menos el hecho de que siempre había estado en proceso de transformación. El cambio formó parte de su historia desde el principio. Sus centros de poder se desplazaron. Sus esferas de influencia se fragmentaron, se unieron y volvieron a fragmentarse. La idea de que Roma «cayó», por el contrario, se basa en una concepción presidida por los conceptos de homogeneidad e inmovilidad histórica. Esa hipótesis milenaria sugiere un Estado nacional centralizado y protomoderno que, en su idealización, se asemeja mucho más al Imperio británico del siglo XVIII de Gibbon que a cualquier realidad de la Antigüedad. Para este autor, la cruda pasión del cristianismo primitivo, tal y como él lo concebía, arruinó las glorias de Roma y llevó a un imperio limpio y estable a desmoronarse. No hay que perder de vista que en aquel entonces Gibbon estaba afectado por las turbulencias de la Revolución francesa. La exaltación, pensaba, era peligrosa. Añoraba una Italia más pura, la que imaginó al contemplar las ruinas de Roma y Rávena en su condición de viajero diletante. Para él, cuando Roma se adaptó a las nuevas realidades de un mundo europeo y mediterráneo cambiante, «dejó de existir». Los alemanes no podían ser auténticos romanos; las mujeres no podían ejercer realmente el poder, etcétera. Pero, como hemos visto, los propios romanos del periodo no solían plantearse ese problema a la hora de afrontar las circunstancias.

Nuevos grupos entraban a formar parte de su población de buen grado o bien, como había ocurrido durante siglos, las guerras terminaban con la esclavización masiva de grandes comunidades que eran conducidas a los mercados de esclavos y dispersadas por todo el territorio imperial. Aun así, tanto el Imperio como la idea de imperio perduraron, tal como había puesto de manifiesto el año 69 de la era cristiana, el de los cuatro emperadores, el caos de principios del siglo III, la división entre Oriente y Occidente en la década de 280 o el ascenso de Constantinopla en el siglo IV y, finalmente, la tumultuosa vida de Gala Placidia. Las cosas cambiaron, pero lo cierto es que las cosas siempre cambian.

Es difícil plantarse en la pequeña capilla de Gala en Rávena y entender el cristianismo tardorromano como generador solo de pasiones peligrosas. Los cristianos desencadenaron, sin lugar a dudas, destrozos y asesinatos. La propia Gala fue probablemente responsable de miles de muertes. Pero también construyeron lugares de resplandeciente luz estelar. Según una inscripción registrada siglos después, Gala Placidia encargó para su apacible capilla de Rávena un enorme candelabro de oro, con su retrato impreso en el centro, enmarcado con estas palabras: «Prepararé una lámpara para mi Cristo». Encontraremos una luz similar en los espacios sagrados a lo largo de los siguientes mil años, resplandeciendo en los magníficos muros de Bagdad o fluyendo a través del gran rosetón de Chartres. Incendios como los de Roma en el año 410 se producen una y otra vez, pero los artesanos siguen colgando nuevas estrellas en el firmamento, en lugares donde el ser humano puede hallar un poco de tranquilidad.

Cuarenta años después del saqueo de la ciudad por Alarico y su ejército, Gala seguía llamando a Roma «señora de la tierra» y volvía a la ciudad con frecuencia, incluso mientras ejercía su poder imperial en todo el Mediterráneo. La presencia de campesinos o extranjeros ocupando las sedes del poder romano en ese siglo —o en los siglos siguientes— no significó el colapso. Gala Placidia permaneció durante al menos otros mil años en una tumba sin adornos, en San Pedro, con el ataúd de plata de su primer hijo a su lado. Había llevado a su pequeño, muerto hacía tiempo, a su casa, a Roma, para que descansara.

Capítulo 2

Las relucientes baldosas
de la nueva Roma

Unos noventa años después de que Gala Placidia fuera enterrada junto a su pequeño, los romanos volvieron a Rávena. Pero estos romanos ya eran diferentes a Gala y a su hijo, el emperador; formaban un ejército que había llegado desde una nueva Roma situada en Oriente, Constantinopla, y estaba asediando la capital occidental. Un general llamado Belisario había dirigido la conquista del norte de África para el emperador Justiniano (que gobernó entre los años 527 y 565) y, con el asedio de Rávena, estaba ahora a punto de completar su reconquista de gran parte de Italia para el Imperio romano de Oriente. Las décadas no habían sido benévolas con Italia desde la época de Gala Placidia, ya que los distintos gobernantes romanos luchaban entre sí y nuevas oleadas de invasiones mermaban el control imperial efectivo. Roma fue saqueada de nuevo por los vándalos en 455. A continuación, otro grupo de invasores, los ostrogodos (una comunidad goda diferente de la mencionada en el capítulo anterior), se hizo con el control de la mayor parte de la península y consolidó su dominio bajo el rey Teodorico, a principios de la década de los años noventa del siglo v.

Al igual que otros forasteros romanizados, Teodorico descubrió el valor de establecer una conexión entre su régimen y el pasado imperial. Por lo general, mantuvo buenas relaciones con Constantinopla y sirvió como un eficaz «cliente» del emperador de Oriente. De hecho, la Italia de los ostrogodos de principios del siglo VI mantenía obedientemente las instituciones gubernamentales tradicionales, por lo que podría decirse que era más «romana» —en lo que respecta al arte, la burocracia, el ritual político, etcétera— que otras zonas que se hallaban bajo el control directo del emperador oriental. Cabría pensar que la continuidad era más característica de principios del siglo VI que el cambio. Sin embargo, tras la muerte de Teodorico estallaron las disputas dinásticas entre los ostrogodos (aunque, para ser justos, hay que reconocer que las sucesiones casi nunca eran tranquilas en la Alta Edad Media), hasta el punto de que la hija del mandatario fue ejecutada por el rey que había tomado el poder. En la década de los años treinta de la citada centuria, el emperador Justiniano tomaría esta ejecución como pretexto para enviar a su general a «liberar» Italia. Roma perduró tanto en sus actos como en la cultura, pero la nueva realidad política había dejado la península descentralizada, y el poder residía ahora en una nueva Roma, muy al este, en un palacio con vistas al Bósforo.

Para cuando Belisario se presentó ante las murallas de Rávena, Italia había sido recuperada casi por completo. La población que se encontraba en el interior del recinto urbano se hallaba desmoralizada. Un incendio provocado por una traición, por las maquinaciones de Belisario o por un rayo producto del azar había destruido los almacenes de grano, por lo que las gentes intuían la inminencia del hambre y eran conscientes de que no podrían resistir mucho más. Un ejército godo de refuerzo que cruzase los Alpes no llegaría a tiempo. Además, y tal vez eso era más importante todavía, el común de los habitantes de la ciudad adriática se sentía afín a los romanos orientales y parecía dispuesto a revolverse contra su gobernante, el rey ostrogodo Vitiges.

Pero la rendición no se dio tal como estaba prevista. Dos senadores de Constantinopla, enviados como emisarios imperiales, habían negociado un acuerdo por el que Vitiges abandonaría Rávena pero mantendría las tierras al norte del Po (que recorre de oeste a este la zona septentrional de Italia). Sin embargo, Belisario se negó a ratificar la tregua, ya que deseaba una victoria decisiva y pretendía llevar en triunfo a un Vitiges cautivo de vuelta a la capital.

Luego, la cosa se complicó todavía más. Las élites de Rávena trataron de rendirse a Belisario directamente, pasando por encima de los senadores de Constantinopla y ofreciendo al propio general el título de emperador romano de Occidente.

El militar debió de sentirse tentado, aunque Procopio —su secretario y cronista de los trabajos de Justiniano en la gran ciudad de Constantinopla, autor asimismo de un libro infamante en el que acusaba al emperador, a Belisario y a sus esposas de todo tipo de actos inicuos— afirmó que el general nunca tuvo en mente pretender el trono para sí mismo. Es posible que Procopio estuviera en lo cierto, al menos en este caso, ya que, cuando la ciudad abrió sus puertas, Belisario se apoderó de ella en nombre del emperador Justiniano y del Imperio romano. Procopio, maravillado ante aquella victoria, escribió en su *Historia de la guerra de Italia* que la entrada del ejército en la urbe sin necesidad de librar una batalla habría sido el resultado de la acción de un «poder divino» más que de la «sabiduría de los hombres u otro tipo de excelencia».

Imaginemos que Belisario hubiera aceptado la oferta de los ciudadanos de Rávena. ¿Qué habría significado para el devenir del siglo VI y, consecuentemente, para el mito moderno sobre el declive y la caída del Imperio romano? Con Belisario asumiendo en este supuesto hipotético el título de emperador romano de Occidente, el año 540 habría sido testigo de un regreso total al *statu quo* del Imperio romano bajo Gala Placidia, con emperadores tanto en el este como en el oeste, colaborando, luchando y compitiendo por el poder en todo el Mediterráneo. Como emperador, Belisario, que ya era un general de éxito, podría haber aprovechado al máximo estas circunstancias para establecer una nueva dinastía en Italia que hubiese durado años, décadas o quizá generaciones. No hay nada inevitable en la historia. El más mínimo cambio de los vientos políticos podría habernos obligado a contar un relato muy diferente.

Pero, como es sabido, Belisario no aceptó la oferta. Permaneció leal a su emperador y a Roma. De hecho, probablemente, la realidad del mundo romano de principios del siglo VI y las estrategias empleadas por los líderes religiosos y políticos de Constantinopla para centrar la geografía imaginaria de ese mundo en el Bósforo mantuvieron a Belisario leal. Debió su ascenso a lo más alto al favor directo del emperador, tras sus victorias sobre los persas para Justiniano y luego masacrando a miles de personas para salvarlo durante los disturbios de Nika en 532 (nos referiremos a este episodio un poco más adelante). Con todo, lo más importante es preguntarnos si un verdadero romano del siglo VI querría gobernar desde un pantanoso puesto de avanzada en el Adriático cuando la nueva Roma brillaba bajo el cálido sol del Bósforo. Oriente y Occidente seguían conectados, pero Roma y Rávena habían sido ya superadas por Constantinopla.

La ciudad que en su día fuera un puerto pesquero atrasado y marginal llamado Byzantion, en la provincia romana de Asia, había sido transformada por el emperador Constantino I (que ejerció su mandato entre los años 306 y 337) cuando la convirtió en su sede de poder, y fue rebautizada como Constantinopla (Constantinópolis, o 'ciudad de Constantino') en su honor, en 330. Durante las siguientes centurias pasó a ser una urbe de grandes obras públicas, enorme riqueza, dominio cultural y política tumultuosa. Constantino comenzó el proceso saqueando otros lugares de su imperio, llevando tesoros a su nueva ciudad y construyendo (o al menos patrocinando) la erección de nuevas iglesias. Los gobernantes que le sucedieron levantaron otras a su vez, y la ciudad creció tan rápidamente en las pocas generaciones posteriores a su refundación que hubo que elevar nuevas murallas —que aún se mantienen en gran parte, y son magníficas— para ampliar el contorno urbano y dar cabida a los aproximadamente quinientos mil habitantes con que contó en el momento de máximo apogeo. Dentro de esas murallas creció una típica ciudad romana con baños, foros, acueductos y monumentos en honor de sus gobernantes y habitantes más prominentes. También era un enclave típico romano por su diversidad, generada a medida que crecía, ya que albergaba a gentes que procedían de tres continentes, hablaban muchos idiomas y practicaban muchas religiones distintas (y versiones de la misma religión, algo especialmente importante cuando se trataba de los cristianos de Constantinopla).

Los romanos que gobernaban desde Constantinopla nunca se llamaron a sí mismos «bizantinos», un término que solo hallaría fortuna en el siglo XVI. Aunque utilizaremos el vocablo cuando sea necesario, para distinguir el imperio romano de habla griega que orbitaba en torno a la ciudad de todos los demás imperios romanos que existieron, debemos recordar que los habitantes de este territorio regido desde las orillas del Bósforo se llamaban a sí mismos romanos. Aunque los cristianos latinos de la posterior Edad Media se mofaran de ellos despectivamente con el apelativo de «griegos», sus aliados y enemigos a menudo también los llamaban sencillamente romanos. A la tierra que gobernaban la llamaban Roma, Rumanía, Rumeli y con otros términos que indican más continuidad que cambio. Sin embargo, a finales del siglo V y en el VI, culminando con el gobierno de Justiniano y Teodora, esos romanos orientales se afanaron lo indecible para reorientar el mundo alrededor de su ciudad, completando un cambio dentro del Imperio, del centro a la periferia, que había estado en marcha durante siglos. Intentaban mantener una relación conceptual con su herencia romana precristiana y construir algo nuevo al mismo tiempo.

El dominio bizantino sobre Italia fue efímero y fracturado. La nueva Roma y la vieja Roma seguían conectadas, pero la primera tenía que responder a las realidades emergentes en el Mediterráneo, por lo que a lo largo del siglo VI la atención de los emperadores se desplazó de Occidente a Oriente. El poder naval romano de Constantinopla mantendría el dominio bizantino sobre la costa adriática y el sur de la península, incluso cuando otro grupo, los conocidos como lombardos, aprovechó las convulsiones de la guerra para apoderarse de gran parte del norte de Italia. Pero el recuerdo de Belisario y sus conquistas perduró. En la basílica de San Vitale, una iglesia de la citada centuria, entonces recién terminada, se instalaron nuevos mosaicos que representaban al emperador y a la emperatriz Teodora, apenas a un tiro de piedra del tranquilo mausoleo de Gala Placidia y su manto de estrellas. Estos nuevos mosaicos imperiales se unieron a las representaciones de escenas del Antiguo y Nuevo Testamento para contar una historia de triunfo cristiano y restauración del Imperio. Junto con otros símbolos romanos de la ciudad, inspirarían siglos de pretensiones imperiales en Europa, al menos hasta el año 1300, con gobernantes famosos como Carlomagno y Federico I Barbarroja contemplando el reflejo de su esplendor y dando forma a sus propias actuaciones políticas para establecer vínculos con el pasado. Los mosaicos de Rávena, al parecer, cumplieron su objetivo —recordar a su público la continuidad permanente entre las dos mitades del Imperio romano—, pero lo más importante era que el poder ahora irradiaba desde un nuevo centro, Constantinopla.

¿Cómo pudo convertirse en realidad un «nuevo centro» como Constantinopla? ¿Cómo fue posible convencer a las masas para que asumieran una concepción diferente sobre el mundo? Los mitógrafos medievales se enfrentaron a este reto una y otra vez, al tratar de afirmar la legitimidad de la apropiación por parte de su ciudad, su iglesia o su gobernante del legado secular y religioso del Imperio romano. En el caso de Constantinopla, la conquista de la ciudad de Roma era un objetivo, pero necesitaban hacer mucho más que eso para remodelar el imaginario de sus súbditos.

Entonces, ¿cómo se reescribe el mapa imaginario del mundo? En ocasiones hay símbolos físicos y tangibles de poder que nos obligan a desplazar la mirada —por ejemplo, templos y palacios, objetos sagrados o joyas de la corona—, mientras que otras veces esa realidad mental es más etérea, un reenfoque nebuloso que solo se hace evidente al cabo de algún tiempo. Como núcleo del Imperio bizantino, Constantinopla se convirtió en el centro simbólico del mundo mediterráneo, con una relevancia tan marcada que, durante algún tiempo, atrajo hacia ella casi todas las expresiones del poder religioso, cultural y político. Parte de esa labor se llevó a cabo mediante la erección de enormes edificios y la celebración de concilios eclesiásticos. Pero nunca hay que subestimar el poder de un buen relato, sobre todo de uno que se cuenta durante generaciones. Retrocedamos en el tiempo, hasta antes de Belisario, Justiniano y Teodora, y consideremos, como ejemplo, el caso de Daniel, un monje del siglo V, elevado a los altares de la santidad posteriormente, a quien un ángel le anunció que Constantinopla sería el centro del mundo.

En algún momento de la última mitad de esa centuria, este Daniel renunció a su cargo de abad de un pequeño monasterio cerca de la ciudad de Samosata, en el Éufrates, y se dirigió a Alepo. Quería visitar a un hombre santo conocido como Simeón el Estilita, llamado así porque vivía en lo alto de un gran pilar del que nunca descendía, soportando todo tipo de inclemencias y aislado (hasta donde podía estarlo en un entorno urbano) de otras personas. Tanto Daniel como Simeón eran monjes, una modalidad de devoción cristiana relativamente nueva que había comenzado en el siglo IV en Egipto, se extendió a la Palestina romana, al norte de África y, finalmente, a Europa. En el fondo, los monjes trataban de apartarse del mundo para poder centrarse en asuntos espirituales —para salvar sus almas— y evitar las distracciones y tentaciones terrenales. Al principio, eran ermitaños que vivían «en soledad» en el desierto pero, poco a poco, se fueron formando comunidades de ascetas bajo la dirección de un guía, un líder, un padre (un «abad», del griego *abbas*, que significa precisamente 'padre'). Simeón pertenecía al primer tipo de monje; Daniel había abrazado la devoción siguiendo la modalidad comunitaria, pero buscaba algo más estricto y por eso acudió a la guía de aquel.

Cuando se conocieron, Simeón instó a Daniel a permanecer con él en Alepo, sin embargo, este tenía la firme idea de seguir adelante para conocer Jerusalén, contemplar los escenarios de la resurrección de Cristo y luego retirarse al desierto como ermitaño. Según uno de los seguidores del antiguo abad, el mismo que escribió su hagiografía, Dios tenía otros planes para Daniel. Mientras se dirigía a Jerusalén, un día un anciano, un «hombre muy peludo», al parecer otro monje, lo alcanzó en el camino; cuando el hombre se enteró de su destino, le habló así: «En verdad, en verdad, en verdad, he aquí que tres veces te conjuro por el Señor, no vayas a esos lugares, sino a Bizancio, y verás una segunda Jerusalén, a saber, Constantinopla». Es comprensible que Daniel no quedara del todo convencido con la sugerencia.

Los dos siguieron caminando hasta que cayó la tarde; Daniel pensaba descansar en un monasterio cercano. Pero cuando volvió a mirar a sus espaldas, el misterioso anciano velludo ya no estaba. Esa noche, el hombre —más bien el ángel, pues como tal sería identificado ahora— se le presentó a Daniel en una visión y le conminó de nuevo a dirigirse a Constantinopla y no a Jerusalén. Esta vez, quedó convencido. En lugar de desobedecer al mensajero divino, dio la espalda a la ciudad de la crucifixión de Jesús y se dirigió a la nueva Jerusalén, la capital del Imperio romano en el siglo v y el nuevo centro del mundo cristiano. Una vez que llegó a Constantinopla, emulando a Simeón, Daniel buscaría una vía de escape incluso en medio de una bulliciosa metrópolis: se subió a una columna y se convirtió él mismo en punto de atracción para visitantes y admiradores a los que ofrecía consejos, sirviendo como modelo público de cristianismo heroico.

Al igual que Constantinopla ejerce su potente influjo sobre la política y la cultura en el siglo vi, arrastrando a Rávena y a la totalidad de Italia hasta su órbita, de idéntica manera en la centuria anterior la historia de Daniel el Estilita anunció que el propio Dios (a través de un ángel) había reconocido una nueva realidad religiosa. Constantinopla era entonces no solo una nueva Roma, sino también una nueva Jerusalén: el hogar del emperador y, pronto, el lugar de un nuevo templo que eclipsaría a todos los demás.

Ni la transformación física de Constantinopla ni la intelectual se produjeron de la noche a la mañana. La ciudad y el Imperio fueron creciendo lentamente en relación con ambos aspectos. Pero fue una suerte que la situación política se mantuviera relativamente estable a finales del siglo v y principios del vi. A diferencia de lo sucedido en la parte occidental del Imperio, que se enfrentó a una rápida sucesión de gobernantes tras el asesinato de Valentiniano III, los bizantinos contaron con varios líderes de larga duración: Zenón (que visitó a Daniel el Estilita y ejerció el poder hasta el año 491), luego Anastasio I (que gobernó entre 491 y 518) y después Justino I (en el trono entre los años 518 y 527).

Justino I, como tantos otros emperadores romanos, fue un talentoso líder militar de origen humilde (probablemente un campesino) que se había abierto camino hasta los puestos más altos de la guardia de palacio. Tras la muerte de Anastasio I, una noche de verano del año 518, con casi setenta años, el anciano superó con holgura a sus rivales y fue aclamado como emperador en el hipódromo, alzado en el corazón de la cultura cívica de la ciudad. Entonces, comenzaron los asesinatos.

A lo largo de las siguientes semanas, Justino ordenó la muerte de sus antiguos rivales por el trono, dejando así su gobierno asegurado. Se rodeó de hombres en los que podía confiar, incluyendo a los miembros de su familia. Uno de ellos fue su sobrino Justiniano, igualmente de origen humilde y también un político de talento. A lo largo de ese proceso, Justiniano apoyó la ascensión de su tío y en pocos años, al parecer, dirigía ya gran parte del Imperio. En 527, Justino murió de viejo y Justiniano no desperdició el momento.

Justiniano alcanzó el trono de los césares desde la relativa pobreza de la campiña tracia, tras la muerte de su tío. Pero igual de significativa para nuestro relato es la historia de su esposa, Teodora. Se habían casado hacia el final del reinado de Justino, probablemente en la época en la que Justiniano estaba asumiendo ya el control de facto del Imperio; ella también había ascendido desde unos orígenes modestos. En su caso, eso significaba que procedía de la clase baja de los artistas de la capital. En aquella época, las carreras de carros constituían el principal entretenimiento del pueblo; existían dos grandes facciones: los Azules y los Verdes. Durante los días de competición, cada uno de estos bandos, además de encargarse del mantenimiento de caballos, carros y corredores, proporcionaba entretenimiento a los asistentes, con actividades diversas que incluían desde espectáculos con animales hasta bailes. Teodora había nacido hacia el año 495, en el seno de una de estas familias de artistas; su padre era cuidador de osos y su madre, actriz, y ambos trabajaban al servicio de los Verdes. Al parecer, la muchacha, que también tenía un hermano cantante, actuaba en los escenarios como miembro de un importante grupo de mimos. Tal vez algunas de sus actuaciones fueran eróticas —de hecho, es incluso probable—, aunque el cúmulo de depravación que sus críticos le atribuirían con el tiempo bien pudiera ser resultado del desprecio sexista y clasista de que fue objeto, y no tanto de los datos objetivos. Teodora se convirtió en concubina de un gobernador provincial; la suya era una situación cercana al matrimonio formalizado, si bien ofrecía poca estabilidad a largo plazo, a pesar de que la convertía en algo más que en mera amante o prostituta. Fruto de esta relación, que terminaría en ruptura, nació, quizá, una hija. Aun así, de alguna manera conservó el acceso a la élite social, lo que le habría permitido conocer a Justiniano, aunque desconocemos las circunstancias exactas de ese contacto inicial. Lo que sí sabemos es que Justiniano, *casualmente*, facilitó la aprobación de una ley que legalizaba el matrimonio entre antiguos artistas y las capas más altas de la sociedad romana, y que, en el año 523, ambos estaban casados.

¿Qué debemos pensar de esta pareja? Parece que Justiniano y Teodora se enamoraron de verdad, pues es indudable que a alguien como él, con un futuro prometedor, le costaría contraer matrimonio con alguien de clase baja, por más que supiera leer y escribir y fuera muy inteligente. No obstante, debemos reconocer que nuestro retrato se ve perturbado por la complejidad de sus representaciones en las obras del historiador Procopio, el mismo secretario de Belisario que conocimos al principio del capítulo y nuestra principal fuente para este periodo. Escribió bastante. Y en la mayoría de sus textos elogió a Justiniano y Teodora como receptores de un mandato divino para gobernar. No obstante, en otros textos, en concreto en una obra que tituló *Anécdotas*, Procopio tachó a Justiniano de demoniaco y de tonto lujurioso, al tiempo que infamaba a Teodora calificándola de prostituta (ahondaremos enseguida en este asunto). La tentación reside en descartar las historias oficiales como propaganda e identificar sus *Anécdotas* (también conocida como *La historia secreta*) como la obra que estaría recogiendo las verdaderas opiniones de Procopio, al afirmar que la extracción de clase baja de los gobernantes era un signo de inestabilidad que presagiaba problemas para el futuro de Bizancio.

Con todo, hay otra forma de entender la relación, al margen esta vez de las concepciones actuales de clase. Se trataría de dos individuos de talento y empuje claramente fuera de lo común que, gracias a la flexibilidad de una gran sociedad, próximos a alcanzar un punto culminante de sus trayectorias, ya habrían logrado convertirse en dos de las personas más poderosas del mundo. Como hemos visto, una de las constantes del Imperio fue la existencia de seres humanos extraordinarios que fueron más allá de su posición social. Contemplada la cuestión desde esta óptica, un rasgo de debilidad se transforma en síntoma de vitalidad, en signo representativo del resplandor de una civilización que alcanza una nueva cima. Las Edades Oscuras se vuelven así un poco más brillantes.

Y ese brillo no fue solo metafórico. En el año 532, Justiniano y Teodora se enfrentaron a una rebelión que culminó con una manifestación masiva en el hipódromo. Los alborotadores, que formaban parte de las dos facciones de la carrera, generaron momentos casi inauditos de peligro —tan medieval como moderno— cuando los aficionados antes rivales coincidieron en un enemigo común. Al parecer, al grito de «¡Nika!» o «¡Victoria!», tomaron el control de determinados sectores de la ciudad y, en un momento dado, nombraron a uno de los suyos como nuevo emperador. Según Procopio, Justiniano y sus consejeros sopesaban la posibilidad de huir, cuando Teodora afirmó su intención de no hacerlo, pues la púrpura, el color radiante del gobierno imperial, «convierte una mortaja en algo más noble». Tales palabras dejaron bien clara su decisión. Justiniano se quedó. Encomendó a Belisario y a otro general reunir a sus hombres, para luego descargar toda la fuerza militar sobre los alborotadores del hipódromo, exigiendo una matanza despiadada. En ese momento, el brillo de la época procedía de los incendios que ardían sin control alguno, tal vez provocados por los rebeldes, tal vez causados por los soldados, pero que, en todo caso, consumieron tanto los cuerpos de los ciudadanos de Constantinopla como la iglesia de Santa Sofía, adyacente al hipódromo y al palacio imperial, cuyas maderas crepitaban entre los gritos de la matanza.

Más tarde, Justiniano se ocuparía de reconstruir la ciudad. Durante el proceso quedó patente la dificultad de intentar definir y controlar la romanidad en esa tierra brillante y al tiempo tan compleja. Una de sus máximas prioridades fue la recuperación del templo de la Santa Sabiduría, para lo cual recurrió a dos hombres, Anthemios e Isidoro, brillantes científicos, inventores y urbanistas. Pertenecían a una clase de profesionales consagrados tanto al estudio de la sabiduría de los antiguos —especialmente las matemáticas y la ingeniería de la Grecia clásica— como a impulsar el conocimiento humano. Se dice que Anthemios causó un terremoto artificial, utilizando la energía del vapor, para estudiar los seísmos (un problema persistente en la ciudad), algo que quizá estuvo relacionado con sus esfuerzos por desarrollar mejores técnicas para el control de las inundaciones. Trasladaron esa sensibilidad suya a la nueva iglesia, Santa Sofía —*sophia* significa 'sabiduría' en griego—, como se la conoce popularmente, erigiendo una enorme cúpula que flotaba majestuosa sobre un vasto espacio —el mayor recinto cerrado del mundo cristiano de la época y la mayor cúpula construida hasta la remodelación de San Pedro, en Roma, un milenio después—. La obra cautivó a lugareños y extranjeros por igual durante toda la época medieval. Incluso hoy, con su techo dorado en gran parte enlucido, la inmensidad espacial deja atónitos a los visitantes. El templo se levantó en apenas cinco años, lo que supone un esfuerzo de efectividad y precisión impensables.

¡Ah…, el oro deleitándose en la luz! Algunos estudiosos estiman que, en la actualidad, más de la mitad de las ventanas originales de la estructura están tapiadas, lo que por fuerza ensombrece un espacio que, en su época, resultaría cegador. En determinado momento del día, la luz sobre el mármol del suelo imitaba el reflejo del sol en el Bósforo a esa misma hora. Ya fuese por efecto de las velas o del sol, Santa Sofía debía brillar.

En su libro *Sobre los edificios*, Procopio escribió que la luz formaba parte del diseño del templo:

> Sobre las coronas de los arcos descansa una estructura circular, de forma cilíndrica; es a través de ella como la luz del día siempre sonríe. Porque se eleva por encima de toda la tierra... y la estructura se interrumpe a cortos intervalos, habiéndose dejado aberturas de manera intencionada, en los espacios donde se produce la perforación de la cantería, para que sean canales por los que penetre la luz en medida suficiente.

El autor no solo alude a la inteligente concepción arquitectónica, obsérvese cómo se detiene también a considerar la relación entre la tierra y el sol. Describe la cúpula como «suspendida en el aire», la belleza calibrada de tal manera que el devoto experimentará su

> mente elevándose hacia Dios y, exaltado, percibirá que Él no está lejos: antes bien, Dios ama sobremanera su elección de este lugar como morada. Y esto no sucede solo al ver la iglesia por primera vez, sino que idéntica experiencia asalta al fiel en cada ocasión sucesiva, como si la visión fuera novedosa en cada momento.

Si bien es cierto que todas las iglesias se concebían como experiencias sensoriales absolutas, Santa Sofía resultaba diferente en cuanto a su magnitud. El espacio estaría colmado del dulce olor del incienso y el humo de las velas, formando un efluvio alrededor de la cúpula, a lo que habría que sumar una acústica —que los arqueólogos modernos han cartografiado y reproducido— que favorecería la superposición y reverberación de los sonidos; en palabras de la historiadora del arte Bissera Pentcheva, permitiría que «fluyeran».

Así como Constantinopla se convirtió en «la ciudad», Santa Sofía se convirtió en «la iglesia», una afirmación de dominio y supremacía sobre los templos de Jerusalén y las basílicas de Roma; la declaración de que este lugar sagrado decorado con piedras preciosas y oro del mundo romano y de más allá de sus confines habría de erigirse en centro del culto cristiano. No obstante, la supremacía requiere continuidad, un reconocimiento de que Santa Sofía —como la propia Constantinopla— rendía homenaje a cualquier precedente, pero al mismo tiempo estaba por encima, superándolo en todos los sentidos. Uno de los mosaicos que se conservan en el interior incide en este aspecto de forma explícita;

representa a la Virgen María en compañía del emperador Constantino, que le entrega un modelo de su ciudad, mientras Justiniano, al otro lado, le entrega Santa Sofía.

Nos hemos centrado en el extraordinario esplendor del templo, pero podemos encontrar ejemplos de similar magnificencia en la historia bizantina del derecho, la teología o la educación. Así, sabemos que Justiniano inició una reforma legal y que sus eruditos reunieron fragmentos del derecho romano en un único «compendio» destinado a establecer todos los principios legales fundamentales sobre los que funcionaría el Imperio. Al mismo tiempo, cerró la Academia de Atenas, una augusta escuela de filosofía con raíces en la Antigüedad. Es un movimiento que los historiadores modernos —ensimismados en el legado de Platón y Aristóteles— han señalado como manifestación de la llegada de la Edad Media. Pero debemos contemplar el conjunto. Siempre existió cierta incomodidad intelectual en el hecho de que el conocimiento de una sociedad politeísta se aplicara a un reino cristiano; dicho conocimiento se seguía utilizando y, en este caso, esa tensión llevó a la adaptación y a la innovación: condujo a un nuevo sistema legal, a una novedosa técnica para controlar las inundaciones, a una nueva iglesia que se elevaba hacia el cielo. Roma continúa, pero aquí —es lo que Justiniano y sus partidarios argumentarían— la nueva Roma brilla más.

Y lo que es más importante, Justiniano y Teodora exportaron ese brillo hacia Occidente, intentando difundir el mensaje de la pompa imperial romana y cristiana a través de las tierras recién (re)conquistadas. Los mosaicos de San Vitale, en Rávena, formaban parte de ese programa. Incluso hoy en día siguen captando y reteniendo la luz mientras la pareja de gobernantes y sus séquitos contemplan al devoto. Para la gente de la época, este conjunto artístico afirmaba no solo que el Imperio romano había perdurado, sino que, en muchos aspectos, la Constantinopla del siglo VI, la segunda Roma, seguía prosperando.

Sin embargo, las geografías imaginadas tienen un coste real. Todo este proceso de construcción y reconstrucción, por no hablar de las guerras en torno al Mediterráneo y hacia el este, supuso una carga para la ciudad y sus habitantes. Los impuestos que recaudó Justiniano transformaron Constantinopla y el mundo mediterráneo, no solo como apoyo para sus proyectos, sino también convenciendo al poderoso Imperio persa para que firmara un tratado de paz «eterno». Lo cierto es que esa paz solo duró lo que duraron los pagos. La austeridad porta una espada.

Pero dentro de Constantinopla, la gente común odiaba los impuestos. De hecho, la elevada carga impositiva fue el detonante de los citados disturbios de Nika que casi acabaron con el reinado de Justiniano. Por otro lado, en una búsqueda constante y desesperada de ingresos, proliferó la tendencia a vender el acceso a los altos cargos, lo que provocó el resentimiento de las élites tradicionales, disgustadas por el ascenso de los plebeyos (como los propios Justiniano y Teodora). Los riesgos para la estabilidad eran muchos, y eso sin tener en cuenta las tensiones religiosas entre las numerosas cristiandades que coexistían en la gran ciudad.

Tales tensiones internas y externas pueden, de hecho, ayudar a resolver el perdurable enigma de Procopio y sus lealtades, en apariencia divididas a lo largo de sus escritos. Una vez más, sus historias oficiales se muestran exultantes ante el éxito de la guerra y la transformación del paisaje con elementos como las cisternas y los espacios sagrados, al tiempo que se deleitan con las reformas burocráticas y legales del emperador. El código legal de Justiniano llegaría, con el tiempo, a constituir la base de gran parte del derecho medieval continental europeo. En muchos sentidos, el grueso de los escritos de Procopio se inscribe plenamente en el proyecto imperial de Justiniano y Teodora. Su pluma les sirvió de mucho, sin duda.

Sin embargo, también escribió sus *Anécdotas*, un librito que venía a destruir ese mismo proyecto. De algún modo sobrevivió a los siglos, y el único ejemplar que existe hoy —fue redescubierto en la modernidad, si bien se sabía de su existencia en los siglos posteriores a la muerte del autor— se encuentra en la Biblioteca Vaticana. Las *Anécdotas* incluyen la mayoría de los detalles que conocemos sobre los primeros años de la vida de Teodora; en sus páginas, además de llamarla «puta», le atribuye un disfrute infinito en esa actividad sexual pública, una vida de lujuria constante. Se burla de Belisario, el general al que sirvió durante tanto tiempo, al que muestra como un cornudo. Calificó a Justiniano como demonio en carne humana, el asesino de «una miríada de miríadas», es decir, diez mil personas al cubo o, lo que es lo mismo, un trillón (un saludable recordatorio de que se debe desconfiar siempre de los «datos» medievales).

¿Así que Procopio tenía dos caras y su trabajo formal solo pagaba las facturas mientras que las *Anécdotas* revelaban su verdadera convicción? Desde luego, pertenecía a una familia de mayor categoría social que la de los monarcas, por lo que podríamos ver en él resentimiento. Otra explicación para su actitud situaría a Procopio no solo como un astuto observador de la política, sino también como un activo participante en la misma. Habiendo sido testigo no solo de la gloria sino también de la agitación del reinado de Justiniano, tal vez le preocupara que, en caso de rebelión, pudieran juzgarle como cómplice y acabara sufriendo el destino del resto de colaboradores. En tal caso, el pequeño libro de Procopio supondría una suerte de seguro, una «historia secreta» que podría ofrecer como prueba de que nunca había sido realmente partidario del gobernante caído en desgracia. Sin embargo, tal rebelión exitosa nunca se produjo. Teodora murió en 548 y Justiniano en 565, ambos por causas naturales. Procopio guardó su historia apócrifa enterrada en un cajón, para que fuera descubierta solo después de su muerte. Hoy en día, nos brinda la prueba de que los pueblos premodernos eran tan complejos y sofisticados como los que vinieron después. Cualquiera podía intentar jugar a dos bandas, posicionarse para proteger sus intereses. Lo cual también nos recuerda que la gente del pasado no conocía lo que estaba por venir. Con demasiada frecuencia, como tenemos la ventaja de escribir desde nuestro propio presente, desde el futuro de lo acontecido, pensamos que la historia se precipita necesariamente hacia una conclusión predestinada. Pero las cosas nunca funcionan así.

Y finalmente, las obras de Procopio y la historia de Teodora también nos recuerdan la vigencia de las normas patriarcales a la hora de representar y atacar a las mujeres poderosas. La vinculación del poder sexual con el ascenso de las féminas aparece una y otra vez en la literatura y la historia, una creencia que da testimonio del miedo masculino. La culpa, incluso entonces, nunca era del hombre, sino de la mujer-demonio cuyas supuestas artimañas eróticas habrían corrompido al gobernante y a su imperio. No obstante, Teodora permanece en las murallas de Rávena, riendo quizá la última, a pesar de todo.

Constantinopla brilló, y su brillo fue tanto realidad como estrategia política. No está de más recordar de nuevo que los gobernantes de la ciudad nunca se autodenominaron «bizantinos» en su época; se llamaban a sí mismos romanos, al igual que hacían sus amigos y enemigos. Pero mucha gente se calificaba a sí misma como romana. Las autoridades de Bizancio gritaban su supremacía a un mundo que les devolvía el grito desde mil lenguas, con otras mil sociedades que afirmaban su propia primacía a su manera. A lo largo del periodo medieval, tenemos que pensar en *las Romas*, en plural (y también en los cristianismos, los judaísmos, los islamismos, los germanismos, etcétera), para analizar los métodos y los motivos de quienes afirmaban la conexión y la legitimidad, en lugar de tratar de discernir quién era el único y verdadero descendiente del imperio clásico.

Pero si Roma y Jerusalén se unieron en la geografía imaginaria promovida por estos emperadores de Constantinopla, cualquier pretensión de los bizantinos de convertirse en plenos poseedores del pasado romano cristiano y secular se hizo añicos. El dominio de Justiniano sobre los territorios mediterráneos sería efímero y no solo por la intervención de las nuevas potencias de Occidente, sino también porque justo cuando Bizancio y Persia entraron en un nuevo y brutal conflicto, un hombre llamado Mahoma, en la lejana ciudad de La Meca, comenzó a predicar abiertamente que había estado recibiendo mensajes sagrados de Dios, en forma de versos, por mediación directa del ángel Gabriel. Él y sus seguidores ofrecerían una nueva historia de poder imperial y sagrado. Y el mundo nunca volvería a ser el mismo.

Capítulo 3

Amanecer en Jerusalén

En el año 638 —o en el 16/17, según se sitúe el año cero en el nacimiento de Jesús o en el viaje de Mahoma y sus seguidores a la ciudad de Medina— Omar ibn al-Jattab, el segundo califa, llegó cabalgando hasta Jerusalén a lomos de un camello blanco. Sus ejércitos habían barrido las debilitadas fuerzas romanas de la región durante los años anteriores y la ciudad estaba lista para ser conquistada. Mientras se acercaba, según los relatos cristianos de la época, el patriarca Sofronio de Jerusalén observaba desde la Torre de Salomón: «Contemplad la abominación de la desolación de la que habló el profeta Daniel», dijo, al parecer. Se trataba de una afirmación apocalíptica, tomada del Libro de Daniel (12:11), que contenía una advertencia de sucesos nefastos por venir. Sofronio, al citar esa frase, estaba actuando como un profeta por derecho propio, prediciendo la destrucción total de Jerusalén y su población cristiana. Pero, como sucede con la mayoría de los profetas, se equivocó por completo.

En cambio, Omar y Sofronio llegaron a un acuerdo en virtud del cual se entregaba la ciudad al ejército conquistador, que

a cambio permitiría que los cristianos siguieran siendo independientes en Jerusalén. Por supuesto, los cristianos serían ciudadanos
de segunda clase, pero no estarían obligados a convertirse mientras
pagaran sus impuestos. Conservaron sus iglesias, sus líderes, las prácticas religiosas de su comunidad en relación con lo divino. A menudo
tendemos a pensar en la religión como algo intemporal, ignoran-
do las circunstancias históricas. Proyectamos hacia atrás un marco
protestante posterior a la Ilustración, que privilegia la «creencia» o
la «fe» e ignora la experiencia vivida por personas pertenecientes
a otras tradiciones, tanto dentro como fuera de Europa. Pero lo
cierto es que en el mundo premoderno, a lo largo de casi todo el
periodo de las Edades Brillantes, importaba lo que la gente hacía. Y
aquí Omar estaba asegurando a los cristianos que podían continuar
haciendo más o menos lo que siempre habían hecho.

Es incuestionable que Jerusalén ha sido disputada a lo largo
de la historia por los tres grandes monoteísmos, pero constituye un
error contemplar la ciudad como un punto focal en una historia
milenaria de choque de civilizaciones. El núcleo central del culto
israelita, la ciudad y su templo, fueron destruidos en el año 70 de
la era cristiana por los romanos y luego devastados más a fondo
nuevamente por los mismos actores en 140, tras una segunda
rebelión. De hecho, Jerusalén como ciudad no existió durante más
de un siglo, con posterioridad a estos acontecimientos, habiendo
sido sustituida por una nueva urbe colonial romana llamada Aelia
Capitolina. Al principio, los cristianos no le dieron mucha importancia a la ciudad. En parte, por supuesto, tenía que ver con su
condición de comunidad minoritaria y a veces perseguida, pero en
ello subyacía también una posición ideológica. Los seguidores de
Jesús creían que habían superado el judaísmo, que habían trascen-
dido las necesidades de un reino terrenal en favor de uno celestial.

Constantino tenía otras ideas. Cuando se convirtió, a principios del siglo IV, se dedicó a reconstruir una nueva Jerusalén cristiana y fusionó las ideas imperiales romanas con el suprasionismo cristiano. Se construyeron nuevas iglesias para conmemorar la vida de Jesús en la ciudad, y el Monte del Templo, que, desde alrededor del año 150, contaba con un recinto sagrado dedicado a Júpiter, fue convertido en un basurero. Su virulento antijudaísmo dejó claro el mensaje de que Jerusalén era ahora una ciudad cristiana.

Tomemos, por ejemplo, el impresionante mosaico recuperado de la iglesia de San Jorge, del siglo VI, en Madaba (hoy Jordania, entonces Siria romana). Contiene la imagen de un mapa y, como todos los mapas en su esencia, es un ejercicio ideológico, que siglos después de Constantino seguía consolidando su visión. No representa lo que era Jerusalén en ese momento, sino lo que se imaginaba que sería. Las murallas rodean y definen la ciudad, con el norte a la izquierda del espectador y una larga calle que va desde la puerta de Damasco en la zona septentrional hasta la iglesia Nea ('nueva') de Justiniano, a la derecha. En el centro está la iglesia del Santo Sepulcro, construida por Constantino en el siglo IV. El Monte del Templo, que debería localizarse al este (en la parte superior de la imagen tal como se ve), simplemente no existe aquí.

Las conquistas árabes del siglo VII, como todas las conquistas, causaron destrucción, muerte y caos. Pero, en contra de la creencia popular, no provocaron la erradicación de los pueblos preexistentes y sus costumbres. A medida que los nuevos monoteístas —un grupo al que pronto llamaríamos musulmanes— se extendían fuera de Arabia y a través de gran parte del mundo mediterráneo y Asia central, los acuerdos alcanzados por Omar, y los líderes que le sucedieron, proporcionaron un marco para la coexistencia entre diversos pueblos. El historiador Fred Donner ha explicado cómo, incluso durante la fase de conquista, los primeros musulmanes parecen haber celebrado sus prácticas religiosas junto a las poblaciones nativas cristianas (e incluso, tal vez, judías). Por ejemplo, en Jerusalén, su primer lugar de culto se localizaba junto a —o quizá dentro de— la iglesia del Santo Sepulcro, mientras que, en Damasco, el templo dedicado a san Juan parece haber seguido albergando el doble culto durante algún tiempo, antes de que el islam se separara definitivamente de sus monoteísmos hermanos y el recinto se convirtiera en una mezquita. De hecho, en todo el Mediterráneo y fuera de él, personas de distintas religiones y de distintas tradiciones dentro de cada confesión podían vivir, y de hecho vivían, cerca unas de otras, a menudo de forma más o menos pacífica.

Esa coexistencia fue a menudo incómoda y siempre desigual, pero aun así es al menos parte de la razón por la que el islam pudo extenderse tan rápidamente por grandes regiones de Europa, Asia y África. De hecho, lo que vemos con la llegada de estos nuevos creyentes es más continuidad que cambio. Ciertamente, el islam trajo consigo el sometimiento y la presión para forzar conversiones, pero también el atractivo de la conexión intelectual con Roma y, en cualquier caso, a pesar de las protestas de ciertos cristianos de la época, no supuso nada parecido a una «abominación de la desolación».

LA PENÍNSULA ARÁBIGA PUEDE PARECER, en un primer vistazo, una periferia lejana desde una perspectiva europea, o incluso mediterránea, pero Arabia era cualquier cosa menos periférica para el mundo medieval temprano. La península prosperó como un nodo clave en las antiguas redes de intercambio. Algunas rutas terrestres que atravesaban Asia podían dirigirse al norte, a través de Persia y hacia Constantinopla, o bien al sur, hacia Antioquía, Acre o Cesarea, mientras que otras evitaban Persia y enfilaban directamente a través de Arabia y hacia el norte de África. Las vías que cruzaban el océano Índico subían y bajaban por la costa de África oriental y llegaban al mar Rojo, pasaban por los puertos árabes, especialmente en la parte más fértil del sur. Aunque el centro de la península era desértico, sus habitantes sabían cómo cruzar esa zona árida, por lo que podían beneficiarse de llevar mercancías de un lado a otro de la periferia urbanizada, y hacia el norte, a las redes comerciales que bordeaban la península.

A finales del siglo VI, tanto la cultura religiosa como la política de la península arábiga se organizaban en torno a extensas redes de parentesco (lo que los académicos occidentales blancos llaman con demasiada frecuencia «tribus»). Estos grupos estaban en contacto constante, a veces pacífico y otras hostil, intercambiando ideas y bienes mediante el comercio y las incursiones, e individuos a través del matrimonio, el secuestro o la esclavitud. La gran mayoría de estas comunidades eran politeístas y adoraban a diversos dioses, aunque (al igual que los romanos) a menudo concentraban su culto en una única deidad afín a sus redes de parentesco que, con frecuencia, vinculaban con una característica natural o un objeto específico.

Siguiendo un patrón muy reconocible en muchas tradiciones religiosas, los lugares sagrados se convirtieron en *haram*, zonas en las que estaba prohibida la violencia y, por tanto, en las que se podía comerciar con seguridad. En Arabia, allí donde había agua y un núcleo *haram*, crecieron las ciudades. Pero el monoteísmo también tuvo un hogar en la península. En algunas partes del territorio eran conocidas diversas formas de judaísmo, y parece casi seguro que el cristianismo también fue llegando a lo largo de los siglos. En cualquier caso, tanto los romanos cristianos como los persas zoroástricos mantuvieron contactos militares y comerciales con los árabes, e incluso los mercaderes y mercenarios árabes viajaban al norte. En otras palabras, no existía un muro impenetrable entre los monoteístas de los imperios y los politeístas de la península. Históricamente, casi nunca lo hay. Las comunidades cercanas entre sí siempre se entremezclan de alguna manera.

Un *haram* surgido en torno a un cubo negro sagrado conocido como la Kaaba, se encontraba en el corazón de La Meca. Situada justo en el interior del mar Rojo, en la costa occidental de la península arábiga, La Meca era una ciudad importante de una región poblada, un ámbito propicio para la mezcla de ideas y pueblos diversos y para el nacimiento de una nueva religión. A finales del siglo VI, el lugar estaba dominado por un grupo de élite, los Quraysh, que dominaban el sector comercial más importante del mundo premoderno: los alimentos básicos. Los Quraysh también se beneficiaban del intercambio a larga distancia, con productos que llegaba a la zona desde el océano Índico y a través de la denominada Ruta de la Seda. En este contexto donde determinado grupo de parentesco ejercía una combinación de autoridad religiosa y económica, un hombre de origen relativamente humilde llamado Mahoma comenzó a hablar de sus visiones proféticas.

La historia de los primeros años de la vida de Mahoma, su matrimonio con una viuda rica, sus viajes para meditar en los bosques de las afueras de la ciudad, sus revelaciones y su ascenso hasta alcanzar la condición de una de las personas más influyentes de la historia se han contado desde su propia época. El relato es tan bien conocido como discutido, y sus primeros años están envueltos en la nebulosa de la tradición oral y el misterio; son cuestiones que exceden el contenido que tratamos en este capítulo. Por lo que sabemos, tuvo que luchar con las élites de La Meca, que veían su propuesta religiosa como una amenaza para su poder. Emigró o huyó con sus primeros seguidores a la ciudad vecina de Yathrib (urbe que con el tiempo fue rebautizada como Medina), en 622 de la era cristiana, un episodio que instaura el año cero en el calendario islámico. Allí desarrolló el marco de una nueva sociedad, regida por la ley sagrada, a menudo en tensión con los judíos locales y otras comunidades árabes, pero finalmente logró unificar la ciudad. A continuación, Mahoma derrotó a sus rivales en La Meca y los incorporó a su comunidad de creyentes. Antes de morir, estableció uno de los mandatos del islam, uno que forjó una conexión entre los fieles, sin importar su tradición, su etnia o el lugar donde vivieran. Aunque los creyentes empezaron rezando en dirección a Jerusalén, ahora lo harían hacia La Meca, una ciudad árabe, y emularían al Profeta en la peregrinación o *hajj*, con el fin de que el mundo entero estuviera presente.

MIENTRAS TODO ESTO OCURRÍA en Arabia, Bizancio y Persia, los grandes imperios del norte, se encontraban en las últimas etapas de un brutal conflicto de décadas (incluso siglos, según se interprete). El gobierno de Justiniano se caracterizó por el endurecimiento de las identidades entre las distintas sectas cristianas, algunas de las cuales diferían en cuanto a la concepción de la naturaleza de lo divino (especialmente de Jesús), mientras que otras se centraban en asuntos relacionados con la autoridad eclesiástica. Los conflictos entre estos grupos eran frecuentes, ya que sus líderes se disputaban la influencia política y social. Sin embargo, la ortodoxia bizantina solía imponerse, lo que provocaba tensiones y resentimientos en todo el Imperio. Por su parte, los zoroastrianos del Imperio persa, que tampoco presentaban un carácter homogéneo en sus creencias, en general acogían a los cristianos no ortodoxos y a los judíos que habían huido de Bizancio. Entre los primeros figuraban los nestorianos, perdedores de una batalla doctrinal en el siglo V, que se extenderían por toda Asia, hecho con repercusiones a lo largo todo el periodo medieval.

Los dos imperios eran, por tanto, vastos y fragmentados cultural y políticamente. Ambos controlaban mucho más territorio del que cualquiera de sus gobernantes podía supervisar razonablemente, y estaban agotados por las luchas entre ellos y con otros. La conflictividad trajo oportunidades para las élites locales, que a menudo presionaron para ampliar el poder tanto de unas frente a otras como frente a la propia autoridad imperial. Y no olvidemos al pueblo llano, que, como siempre, se llevó la peor parte en esta situación de inestabilidad interna y externa, ya fuera por la pobreza o las enfermedades derivadas del conflicto, la administración corrupta o el reclutamiento para batallar en guerras extranjeras. Las grietas en estos imperios eran múltiples y profundas, y una política árabe en expansión fue la palanca que las abrió definitivamente.

Una de estas grietas se amplió cuando en 614 los persas invadieron y se apoderaron de gran parte de la costa oriental del Mediterráneo y de Egipto. Aprovecharon la inestabilidad de la política bizantina, debilitada tras varios golpes de Estado y guerras civiles en las últimas décadas, así como una mortífera pandemia para avanzar rápidamente. En su marcha, los persas saquearon Jerusalén e incluso maniobraron para sitiar la propia Constantinopla. Pero los romanos, dirigidos por el emperador Heraclio, se reagruparon y contraatacaron. Heraclio y los autores bizantinos dieron a esta contienda el cariz de una guerra santa. Supuestamente, el asedio persa se rompió cuando el ejército hizo desfilar iconos de la Virgen María por las murallas de Constantinopla. Dios, concluyeron los bizantinos, había vuelto a favorecerlos, y esta certeza se afianzó aún más en sus mentes cuando, en años posteriores, Heraclio y sus tropas obtuvieron una victoria tras otra, recuperando no solo el terreno perdido, sino adentrándose en territorio persa.

Los líderes militares persas, cansados de batallar, pidieron la paz, dando su propio golpe de Estado al encarcelar y ejecutar al emperador Cosroes II, para luego aupar a su hijo al trono. Fue la paz definitiva entre Roma y Persia, dos imperios que habían luchado de forma intermitente durante siglos. Heraclio culminó sus triunfos con una procesión en Jerusalén en el año 629 con las reliquias recuperadas de la Vera Cruz, y solo entonces celebró un desfile triunfal en Constantinopla.

Parecía que hacia el año 630 Bizancio estaba en un momento cumbre, pues acababa de derrotar decisivamente a su principal rival. Pero el Imperio romano del siglo VII era una sociedad multi-rreligiosa y multiétnica llevada al límite. Así, Egipto proporcionaba una gran riqueza al conjunto del territorio, tanto en productos agríco-las como en bienes comerciales, pero las múltiples formas de cristia-nismo coexistían allí de forma incómoda y se hallaban fragmentadas por las divisiones regionales y quizá también raciales o étnicas. Estas tensiones intercristianas eran especialmente fuertes en las regio-nes de Siria y Palestina, donde las comunidades locales no estaban nada contentas con lo que entendían como excesiva presión por parte de Constantinopla. El malestar se hizo especialmente evidente cuando los ejércitos árabes llegaron a la región hacia el año 632. Los bizantinos salieron a su encuentro, pero en 640 ya habían sido derrotados. En 636, en la batalla de Yarmouk, los romanos sufrie-ron quizá la mayor debacle de su historia, lo que permitió a los invasores adentrarse en Asia Menor (la actual Turquía) antes de ser finalmente detenidos. Sin embargo, la población local no consideró esta derrota del Imperio como un cataclismo. Numerosos informes indican que las comunidades cristianas y judías locales celebraron la retirada bizantina e incluso, en ocasiones, abrieron sus puertas a los conquistadores.

A medida que los ejércitos romanos se desmoronaban y los líderes recién llegados llenaban el vacío dejado por una Constan-tinopla ahora distante, los grupos antes marginados encontraron oportunidades de reconocimiento bajo sus nuevos gobernantes, que se preocupaban menos por las puntadas finas de la teología cristiana que por la relativa estabilidad de las poblaciones dominadas. Tras la conquista, los árabes se hicieron cargo, en general, de la burocracia preexistente, pero mantuvieron a la mayoría de los antiguos funcionarios dentro de las estructuras de gobierno, en general permitieron que los terratenientes ricos conservaran su posición y prometieron no interferir en los asuntos religiosos. El primer gran imperio islámico, el Califato omeya con sede en Damasco, se basó en este espíritu práctico y se integró sin problemas en el tejido del mundo de la Antigüedad tardía, estableciendo conexiones entre las regiones, en lugar de cortarlas.

Esto nos lleva de nuevo a Jerusalén tras su conquista por el califa Omar, en 638, ya que ofrece un buen campo de estudio sobre el pragmatismo mutuamente beneficioso que mostraron los líderes cristianos y musulmanes durante la creación del nuevo imperio. Para los cristianos de la época, Jerusalén era el centro del mundo, aunque en realidad no lo fuese. Como hemos visto, Constantinopla también era el centro del mundo, o tal vez lo fuera Roma. Incluso en el siglo IV, cuando bajo el mandato de Constantino se reconstruyó una nueva urbe cristiana (intencionadamente sobre las ruinas de la antigua, con el fin de demostrar el reemplazo religioso), Jerusalén seguía siendo una ciudad con un pasado sagrado, pero no necesariamente con un presente sagrado. Gran parte de Europa, gran parte de Bizancio, buscaban la sacralidad en otro ámbito: en las *Romas* antiguas y nuevas, o en las iglesias y santuarios locales. Sin embargo, en la época de Heraclio, la pérdida y posterior reconquista de Jerusalén sirvió a los gobernantes romanos para reforzar su autoridad política y promover la unidad teológica. Esto, por supuesto, no fue entendido de igual forma por los judíos, que, en general, conservaron un fuerte apego a la ciudad durante todo el periodo medieval. Incluso la situación se complicó con el surgimiento del judaísmo rabínico, que en parte era una adaptación a las realidades de la vida después de un templo destruido y con una diáspora extendida por todo el Mediterráneo, centrado en el recuerdo del sacrificio en un lugar sagrado a la vez perdido y sobre el que existía la esperanza de recuperación.

Para los musulmanes, se suele decir que Jerusalén es la tercera ciudad más importante del mundo. Pero, de nuevo, la cuestión es algo más complicada. Al menos durante los mil años posteriores a Mahoma, lugares como Bagdad, Damasco, El Cairo, Córdoba, entre otros, podían disputarse la supremacía. Por ejemplo, cuando Jerusalén cayó en manos de un ejército de europeos a finales del siglo XI, la reacción inicial de muchos musulmanes —sobre todo los que estaban lejos de la Palestina romana— fue un encogimiento de hombros colectivo. Sin embargo, para la historia sagrada de lo que luego se conocería como islam, Jerusalén había adquirido un papel clave, según las tradiciones cada vez más formalizadas sobre los dichos y hechos del profeta Mahoma.

En este punto, el cambio de orientación de la plegaria hacia La Meca resulta fundamental. En las primeras formas de oración islámica, los practicantes debían rezar en dirección a Jerusalén, como se ha indicado, lo cual da idea de hasta qué punto el norte monoteísta, y los judíos de Medina, influyeron en el desarrollo de la nueva religión. Pero luego, Mahoma cambió esta práctica del rezo, que quedó orientado hacia La Meca y la Kaaba. Desde el punto de vista político, esa transformación allanó el camino para que las élites urbanas aceptaran a Mahoma y mantuvieran el estatus privilegiado de la ciudad. Omar, el segundo califa y el hombre con el que iniciábamos este capítulo, procedía, de hecho, del clan

Quraysh, que en un principio se opuso con tanta contundencia al liderazgo de Mahoma.

Sin embargo, a pesar de la creciente importancia de La Meca, Jerusalén mantuvo su condición de lugar sagrado. Una vez más, los detalles son objeto de discusión y las fuentes textuales son confusas —muchas cosas se registraron oralmente y solo se escribieron generaciones después—, pero lo cierto es que en el siglo VII empezó a popularizarse una historia sobre un viaje nocturno milagroso que el Profeta habría realizado desde La Meca hasta Jerusalén. Un caballo alado lo llevó hasta allí en una sola noche y luego ascendió al cielo, dejando su huella en una piedra que ahora se halla en el Monte del Templo, para rezar con los profetas que le precedieron. Se trata de una poderosa narración que vincula al islam con sus predecesores abrahámicos a través del espacio sagrado. Al igual que el cristianismo afirmaba haber sustituido al judaísmo reconstruyendo Jerusalén, esta historia ayudaba al islam a hacer la misma afirmación, vinculando a generaciones de profetas y, en concreto, a la ciudad sagrada con la nueva tradición de Mahoma.

Y así fue como, con tradiciones maleables y superpuestas, pero distintas, sobre la importancia de Jerusalén, los ejércitos del califa 'Umar barrieron la región. Aunque esa es una metáfora imprecisa, porque fue muy poco lo que «barrieron», al menos al principio. En el año 638, el patriarca Sofronio de Jerusalén rindió la ciudad a Abū 'Ubaydah 'Āmir ibn 'Abdillāh ibn al-Jarāh, uno de los compañeros del Profeta y comandante supremo bajo el califa Omar. Abū 'Ubaydah dirigió la conquista de la gran Siria y del área levantina, ofreciendo en cada caso a las principales ciudades tres opciones: rendirse y convertirse al islam, rendirse y aceptar pagar elevados impuestos a cambio de un salvoconducto o arriesgarse a ser destruidas mediante la guerra. Una vez que quedó claro que ningún ejército bizantino acudiría al rescate, los líderes de la región eligieron con rapidez la segunda opción: se rindieron y aceptaron el pago de contribuciones.

Pero para el patriarca Sofronio, por razones sobre las que podemos especular cuanto queramos sin llegar a desentrañarlas realmente, eso no era suficiente. Aceptó rendirse, pero pidió hacerlo ante el califa en persona. Omar se dirigió a la ciudad santa en camello en febrero del año 638, acampó en un principio fuera de las murallas, en el Monte de los Olivos, donde se reunión con el patriarca. La historia se encontraba en un punto de inflexión, estaba a punto de cambiar. El califa y el patriarca firmaron un acuerdo y luego Omar entró solemnemente en la ciudad.

Juntos, patriarca y califa recorrieron la urbe hasta que llegó la hora en que el último debía rezar. Sofronio le condujo a la iglesia del Santo Sepulcro y le ofreció un espacio allí. Pero, según la tradición, Omar se negó a rezar en el interior y, en vez de ello, salió del templo y oró solo en el exterior. Cuenta el historiador del siglo X Eutiquio de Alejandría, un prelado cristiano que escribió en árabe unos siglos después del suceso, que Omar habló al patriarca en estos términos: «¿Sabes por qué no he rezado dentro de la iglesia?», a lo que su interlocutor respondió: «No lo sé, comandante de los fieles». Y Omar continuó: «Si hubiera rezado dentro de la iglesia, la estarías perdiendo, se habría alejado de tus manos porque, después de mi muerte, los musulmanes se apoderarían de ella diciendo: "Omar ha rezado aquí"». De hecho, el califa dictaminó que los seguidores de Mahoma no debían rezar nunca, como congregación, ni siquiera en la parte exterior de las iglesias, sino solo a título personal, protegiendo así los derechos de los cristianos a su lugar sagrado.

Esta historia, por supuesto, es sospechosa, porque la escribió un cristiano cientos de años después, con la clara intención de proteger el control sobre sus lugares sagrados (las fuentes islámicas nos ofrecen una versión ligeramente diferente). Sin embargo, la anécdota demuestra que las religiones no existen en un estado constante de cohabitación o conflicto. Entre la conquista de Jerusalén en 638 y la fecha en que escribió Eutiquio, unos trescientos años después, cristianos y musulmanes guerrearon e hicieron las paces, los bizantinos lucharon y comerciaron, y establecieron alianzas con las dinastías omeya y abasí. Incluso aquí, en el siglo x, nuestro autor cristiano (¡escribiendo en árabe!) se remite a un momento fundacional de conquista para sugerir una larga tradición de coexistencia.

De hecho, los cristianos mantuvieron, en gran medida, el control de sus emplazamientos en Jerusalén, utilizando los acuerdos entre Omar y Sofronio como una guía para la convivencia aunque fuera áspera y desigual. Las peregrinaciones cristianas a la ciudad siguieron siendo constantes —y casi siempre bien recibidas— durante los siglos islámicos posteriores. Ciertamente, al igual que los autores cristianos, los escritores islámicos elaboraron sus propias tradiciones históricas a partir de estas interacciones, y acabaron codificando un «pacto de Omar» como documento legal básico, en el meollo de la jurisprudencia islámica, cuando se trataba de interactuar con los no musulmanes. Estos *dhimmis* (término árabe que designa a los no musulmanes que viven bajo el dominio musulmán) poseían derechos, protección y también obligaciones específicas. Eran la mayoría de la sociedad islámica primitiva, ya que el imperio se extendió rápidamente. Pruebas históricas sólidas, por ejemplo, sugieren que la mayor parte de la población de Asia Menor pasó del cristianismo al islam solo varios cientos de años después de la conquista de esa tierra, que conservó su religión durante generaciones. Lo mismo ocurrió en Hispania. Así pues, tal vez en gran medida por necesidad, y canonizado en los textos teológicos, históricos y jurídicos durante los primeros siglos después del Profeta, el mundo islámico creó un espacio para que los no musulmanes vivieran y prosperaran.

Y, por supuesto, el islam también prosperó, extendiéndose por un vasto segmento del mundo. En el año 711, los árabes y los pueblos recién convertidos del norte de África pasaron a la península ibérica, llevando el islam en poco tiempo hasta el océano Atlántico. En 751, un ejército del Califato abasí (que derrocó a los omeyas en 750 y trasladó la capital de Damasco a Bagdad) luchó contra un ejército de tibetanos y soldados de la dinastía Tang de China, en lo más profundo de Asia central, en la batalla de Talas, cuando el islam comenzaba a expandirse hacia el este. Sabemos que los barcos iban y venían de la India a lo largo de este periodo, impulsados por los vientos alisios, pero quizá los árabes navegaron aún más lejos durante estos primeros tiempos. Alrededor del año 830, un barco mercante se hundió frente a la costa de Indonesia. Su bodega estaba llena de productos comerciales de los Tang: cerámica, monedas y anís estrellado. Al menos una parte de la madera parece proceder de un árbol que solo se da en el sureste de África, lo que consolidaría el origen árabe de esta embarcación, prueba del transporte mercantil desde la península arábiga hasta China y, por tanto, de la existencia de una ruta marítima que se extendería a lo largo de los distintos eslabones de la cultura islámica mucho antes del cambio de milenio.

Para entonces, los seguidores del islam no solo estaban asentados a lo largo del Atlántico, así como en el Tíbet y en el oeste de China, sino que también se habían extendido gracias a la conversión y el tráfico de esclavos (los procedentes de las estepas serían convertidos a la fuerza) en las grandes estepas de Asia central. Y a lo largo de todo el proceso, como ocurre con todas las cosas con el tiempo, la religión se adaptó a sus nuevas circunstancias y se transformó en una vibrante variedad de formas, con múltiples y controvertidas teologías y diversos centros políticos. Al igual que en el caso de los múltiples cristianismos que hemos mencionado en este capítulo y que trataremos con mayor profundidad en el siguiente, tenemos que hablar de muchos *islams*, cuyas historias abarcan los numerosos pueblos que adoptaron la religión, aquellos que vivieron bajo los gobernantes islámicos, y las incontables formas de intercambio a través de las fronteras étnico-religiosas y políticas.

Todas las tradiciones religiosas abrahámicas tienen sus raíces en el suroeste de Asia, a veces concentradas en torno a la ciudad de Jerusalén, pero con núcleos de devoción y poder sembrados por tres continentes en la era premoderna. Desde el siglo VIII hasta el XXI, pero sobre todo durante la Edad Media, no hubo momento en que un gran número de musulmanes no viviera, y a menudo prosperase, en Europa. No hay un instante durante el periodo medieval en el que las ideas, los pueblos, los objetos no fluyan de este a oeste y de oeste a este. El mundo altomedieval estaba conectado, tanto material como intelectualmente, por pueblos que pasaban por múltiples puertos, llamaban hogar a muchos lugares, seguían a diferentes líderes y adoraban a un dios, pero no estaban de acuerdo en cómo y por qué. El legado perdurable de la Antigüedad se desplazó a través de los siglos y de los mares, pero en los siglos VI y VII volvió a Roma.

Capítulo 4

La gallina de oro y las murallas de Roma

egún el historiador y obispo Gregorio de Tours (m. 594), el Tíber se desbordó en Roma en el año 589. Las reservas de trigo se malograron y los edificios antiguos quedaron arruinados. Luego, aparecieron serpientes en la llanura; flotaron por la ciudad hasta el mar, donde fueron arrastradas por las olas. Pero habían llevado la peste a su paso; en concreto, la plaga «de las ingles» (casi con seguridad causada por la bacteria *Yersinia pestis*), que, según lamentó Gregorio, asoló la ciudad y se llevó a su gobernante. No obstante, el prelado no se lamentaba por un emperador, un general romano o un exarca bizantino, sino por la pérdida del obispo de Roma.

Todavía estamos muy lejos de hablar de ese supuestamente grande y terrible papado medieval; de un individuo que gobernaba una Iglesia institucionalizada y estrictamente jerárquica. Eso llegará unos seiscientos años más adelante. Y sin embargo, incluso ahora, a finales del siglo VI, el obispo de Roma era ya alguien de peso. Más aún, en torno al año 600 Roma seguía siendo importante como un nodo clave en una red de circulación de ideas, bienes y gentes, tal vez disminuida pero todavía activa, que fluía desde el Mediterráneo oriental a través de Italia y hasta el extremo noroeste de Europa. Surgían nuevos Estados y aparecían nuevas formas de cristianismo, mientras reyes, reinas y clérigos intercambiaban palabras y objetos sagrados de oro siguiendo las diversas fórmulas con las que negociaban el acceso al poder, su seguridad o su influencia. Y aunque había muchos conflictos, incluso entre los seguidores de las distintas ramas del cristianismo, encontramos concordancias, adaptación y colaboración.

A lo largo de la Antigüedad tardía, al menos después de la conversión de Constantino, a principios del siglo IV, los obispos llenaron el vacío que, desde su perspectiva, había aparecido en las redes de poder regionales, y trabajaban estrechamente con los gobernantes romanos de Occidente y Oriente, sirviendo tanto de administradores imperiales como de pastores espirituales. Esto sucedió también en Roma, incluso después de que los emperadores se trasladaran a Rávena y Constantinopla. El obispo de Roma, sin embargo, siempre mantuvo su carácter especial, porque su cargo derivaba del prestigioso legado del apóstol Pedro, que había viajado a la ciudad y había encontrado la muerte en ella. Desde luego, la ubicación del poder religioso en el Imperio se complicaba por la existencia de obispos importantes (llamados «patriarcas») en el nuevo centro de Constantinopla; en Antioquía, donde Pedro encontró su hogar por primera vez; en Alejandría, con su legado intelectual y su conexión con los orígenes ascéticos, y, por supuesto, en la propia Jerusalén. Pero, en fin, Roma era Roma.

Por eso, cuando el obispo Pelagio II murió a causa de la peste en 589, la ciudad recurrió a un hombre llamado Gregorio (más tarde conocido como Gregorio I el Grande, 590-604). Procedía de una antigua familia de senadores romanos pero, durante algún tiempo había sido monje y luego embajador del citado Pelagio en Constantinopla, antes de volver a su monasterio, hasta que él mismo fue elegido obispo en el año 590. Todo el pueblo estaba de acuerdo en que la peste era un castigo de Dios por los pecados de los romanos, de modo que, nada más ascender a su nuevo cargo, Gregorio encabezó una procesión por las calles. Iluminada con antorchas, la multitud avanzaba rezando con entusiasmo incluso cuando algunos penitentes —eso cuentan— cayeron muertos a lo largo del recorrido. Según una versión muy posterior de los acontecimientos, próximo a concluir el espectáculo, Gregorio dirigió sus ojos al cielo y tuvo una visión del arcángel san Miguel que, portando en la mano una espada flameante, se cernía sobre él en actitud amenazadora. Al aproximarse el desfile de devotos, Miguel envainó su espada y desapareció. El arrepentimiento del pueblo, dirigido por su nuevo líder Gregorio, funcionó. La plaga, al parecer, remitió poco después.

Aunque podemos y debemos dudar de la veracidad del relato, resulta incuestionable que aquella plaga transformó de manera fundamental el mundo del siglo VI. Más que dar paso a un nuevo (y muy influyente) obispo de Roma, la llamada Peste de Justiniano, que se desencadenó a principios del año 540, obstaculizó de manera seria la reconquista romana de Italia. Bizancio comenzó a contraerse de nuevo, enfrentándose a una grave despoblación y a dos nuevas amenazas externas por el este, como vimos en el capítulo anterior, primero Persia y después el islam.

En Occidente, la revitalización de los visigodos trajo el establecimiento en Hispania de un reino permanente que se prolongaría hasta principios del siglo VIII, mientras que los ostrogodos dejaron de ser protagonistas tras su derrota ante Belisario y fueron sustituidos por un nuevo grupo, los lombardos, que instauraron su propio reino en el norte de Italia. Roma se convirtió en un *patio trasero* para los bizantinos, que centraron su atención en el norte de la península, desplegando barcos en el Adriático para defender Rávena.

Las tradiciones religiosas propias de los lombardos hacia el año 600 son un poco confusas de acuerdo a las fuentes que se conservan porque, o bien se escribieron algún tiempo después, de la conversión al cristianismo, o bien fueron redactadas por gentes que no eran lombardas. El colectivo parece haber sido politeísta, pero abrazó el cristianismo de manera gradual. La mayoría de los restantes grupos germánicos se comportaron de forma similar, pasando del politeísmo al monoteísmo cristiano poco a poco, en algún momento entre los años 300 y 600. Pero el proceso de conversión fue un poco más complicado de lo que se podría pensar, sobre todo teniendo en cuenta que en aquella época había múltiples cristianismos entre los que elegir.

Esto es importante, porque tenemos tendencia a interpretar el cristianismo antiguo como algo monolítico, cuando era de todo menos eso. Los historiadores hablan ahora, con razón, más que de un cristianismo primitivo de la existencia de múltiples cristianismos en el oriente y el occidente romanos. Muchas de esas controversias teológicas que se manifestaron en comunidades culturales y sociales muy distintas giraron en torno a la determinación de la naturaleza precisa de Jesús, la relación entre su supuesta divinidad y su condición de hombre. Una de las teorías que provocó debates más enconados daría origen al arrianismo (llamado así en honor al sacerdote de Alejandría Arrio). Mientras que la ortodoxia sostenía que Jesús era hombre y Dios a partes iguales, el arrianismo afirmaba que había sido creado por Dios Padre y, por tanto, no ocupaba una posición de equivalencia en la Trinidad. Los arrianos constituyeron una comunidad inmensamente popular en el mundo mediterráneo. Los visigodos y los vándalos, por ejemplo, llegaron a territorio romano como politeístas, se convirtieron al arrianismo y en esa confesión permanecieron. La mayoría de los lombardos, en cambio, posiblemente tras un breve coqueteo con las doctrinas de Arrio, pasaron en gran medida del politeísmo al cristianismo ortodoxo. En todos los casos, el arrianismo de los germanos llevó a un conflicto casi inmediato con los romanos nativos, que en general se mantuvieron en la ortodoxia.

La tensión entre los distintos cristianismos pudo haberse mantenido por completo en el terreno de lo doctrinal, ya que el debate sobre la humanidad de Jesús definitivamente tenía un atractivo emocional e intelectual para los devotos. Pero también hay que tener en cuenta la política. La conversión religiosa suele estar condicionada por consideraciones de comunidad y familia, de alianza y alineamiento, como veremos una y otra vez. El cristianismo arriano permitió a los gobernantes germanos entrar en el mundo cristiano, en su sentido más amplio, y acceder a los matrimonios mixtos con otras familias de las élites, al tiempo que los preservaba de la supervisión doctrinal de emperadores, patriarcas y obispos ortodoxos. La ortodoxia, por otro lado, facilitaba el acceso a todas esas redes de poder existentes, y también otorgaba la legitimidad intelectual de reclamar la «tradición». Y una parte podía entrar en conflicto con la otra.

Todo esto resulta importante en el caso de los lombardos. Los ostrogodos eran arrianos y fueron derrotados por los romanos ortodoxos (bizantinos) a principios del siglo VI. Cuando los lombardos entraron en escena, necesitaban algo que justificara su conquista, algo que legitimara su dominio a los ojos tanto de los pueblos que iban dominando como de sus potenciales rivales. Recurrieron en parte a la religión y por otro lado trataron de forjar una alianza con una de las *Romas* que no cayeron, mirando no al este, a la nueva Roma de Constantinopla, sino más cerca de casa, a la antigua urbe y sus obispos.

Los lombardos amenazaron Roma, pero nunca la saquearon; en el año 529 y, nuevamente en 593, marcharon por el centro de Italia depredando, esclavizando y matando a su paso, y condujeron sus tropas hasta las mismas murallas de la ciudad. Incluso hicieron desfilar a italianos esclavizados a la vista de los defensores, como amenaza para que entendieran lo que les aguardaba en caso de no rendirse. Pero el asalto final nunca llegó. Como líder de los romanos, el obispo de Roma (Gregorio) consiguió forjar una paz con los lombardos que salvó la urbe. Es significativo que Gregorio lo hiciera a pesar de las objeciones del emperador en la lejana Constantinopla, que veía a los lombardos (con acierto) como una amenaza para el control bizantino en la región. El problema era que ninguna ayuda bizantina parecía llegar. Así que Gregorio, más preocupado por su ciudad que por las reivindicaciones de Constantinopla, actuó por su cuenta, como protector espiritual y temporal de sus conciudadanos, y consiguió un acuerdo duradero con los lombardos, en gran parte porque acabó encontrando una aliada en su reina.

Gregorio no contaba con ejércitos ni con riquezas, ni tenía forma de controlar la Iglesia más allá de su área de influencia directa, pero sí poseía grandes dotes para redactar cartas... Así, intentó difundir sus postulados a través de la escritura, un pasatiempo común entre las gentes de su posición, si bien el obispo se reveló como inusualmente prolífico; se sentía feliz de compartir sus ideas con cualquiera y con todos cuantos quisieran escuchar (e incluso a veces con los que no estaban interesados). Su correspondencia pone de manifiesto el pensamiento de este hombre inusual y evidencia cómo las ideas se trasladaban a través del paisaje medieval temprano, incluso en esta época de contracción imperial. Además, esas cartas eran ejercicios retóricos destinados a convencer, a ampliar, al menos intelectualmente, la influencia de la vieja Roma y a atraer a un mundo más amplio a la órbita del obispo. Por ejemplo, envió su *Regla de cuidado pastoral* (una especie de manual sobre cómo ser un buen clérigo) al obispo de Rávena, pero también remitió copias a Sevilla y a Constantinopla. La *Pastoral* apunta que el objetivo del pastor debe ser cuidar de su rebaño, más que de sí mismo y de su propio progreso mundano, y que una educación adecuada prepara al futuro eclesiástico para actuar como líder y maestro eficaz y devoto. Está claro que hablaba de sí mismo, pero sin duda influyó sobre otros. Cuando el emperador Mauricio recibió un ejemplar en Constantinopla, quedó tan impresionado que ordenó su traducción al griego.

En otra obra, los *Diálogos*, el obispo se posiciona como el vehículo adecuado para promover la historia sagrada de Italia. Abre su texto la voz de un narrador (un personaje «ficticio» llamado Gregorio) que, según cuenta, se siente triste y abrumado por los asuntos mundanos, por lo que se retira para estar a solas con sus pensamientos. Gregorio revela la razón de esta melancolía: el protagonista ha estado contemplando las vidas de los santos italianos y, por comparación, ha identificado sus propias faltas. A continuación, el autor va relatando, una tras otra, vidas ejemplares, comportamientos excelentes de sacerdotes y, finalmente, historias de santidad y milagros. Sus personajes llevaban una existencia espiritual ejemplar, pero también se las arreglaban para vivir en el mundo, lo cual resultaba apropiado para un hombre que empezó siendo monje y al final fue llamado a dirigir la ciudad eterna. Resulta lógico que, aunque el libro pasó del latín al griego y recorrió el Mediterráneo, él conservara un ejemplar cerca de casa, que envió al norte, a su aliada la reina lombarda Teodelinda (*c.* 570-628).

Teodelinda era hija de un duque bávaro y descendiente de otro gobernante lombardo. En el año 589 se casó con un rey lombardo que había logrado eliminar el control imperial en gran parte del área septentrional de la península, empujando el poder bizantino hacia las costas, a pesar de lo cual había adoptado algunos símbolos y métodos de gobierno romanos. Pero murió apenas un año después de contraer matrimonio. Teodelinda maniobró hábilmente en aquella difícil tesitura, posicionándose frente a varios competidores para poder elegir a su siguiente marido y así determinar quién sería el próximo rey. Eligió a Agilulfo, duque lombardo de Espoleto. Mientras tanto, cruzaba correspondencia con Gregorio en Roma, manteniendo sus propias líneas de comunicación. Cuando Agilulfo murió en 616, Teodelinda volvió a tomar las riendas del poder para dirigir a los lombardos, sirviendo en esta ocasión como regente de su joven hijo Adaloaldo.

En otras palabras, Teodelinda se situó en el centro de la tela de araña del poder lombardo, tirando con habilidad de los hilos, reuniendo con astucia aliados que la protegieran a ella misma y a su familia, y defendieran su autoridad. Su proceder tenía implicaciones religiosas, indudablemente, pues no es casualidad que Gregorio encontrara un apoyo tan firme en la soberana en particular, como tampoco es una coincidencia que los primeros reyes lombardos de los que podemos decir con seguridad que fueron cristianos sean los tres relacionados con Teodelinda. Como veremos en el próximo capítulo, las reinas fueron a menudo la punta de lanza en los esfuerzos de conversión cristiana en este periodo. No obstante, no debemos entender este acercamiento como un movimiento puramente cínico. La modernidad se siente cómoda dividiendo el mundo en parcelas que en realidad son totalmente ajenas al universo medieval; durante la Edad Media, la política era religión y la religión era política. Por ejemplo, consideremos que, según el historiador del siglo VIII Pablo el Diácono, Teodelinda construyó y financió diversos templos, entre otros, la catedral dedicada a san Juan Bautista en la ciudad de Monza (justo al norte de Milán), que aún se mantiene en pie, aunque muy embellecida por los artesanos a lo largo de los siglos.

En el tesoro de la iglesia de Monza aún se conservan objetos asociados a la reina: una cruz votiva que tal vez pudiera haber sido encargada para su hijo, una gallina dorada con polluelos que quizá (no ha perdurado mucha documentación al respecto) el papa Gregorio le envió como metáfora de su papel para con su familia y la Iglesia, así como pequeños frascos de metal (*ampullae*) que contienen tierra de Jerusalén y de Roma. En conjunto, la cruz, así como la estatuilla de la gallina y sus polluelos constituyen un símbolo de su reinado al frente del pueblo lombardo, al vincular su adhesión al cristianismo con la fortuna política de su familia. Si el obispo Gregorio le envió la figurita de la gallina, era porque reconocía, incluso apoyaba, su autoridad como gobernante por derecho propio, al velar por su propio «rebaño». Luego están las *ampullae* —reliquias de objetos que han estado en contacto con los santos o con el propio Jesús y que, por tanto, contienen algo de su santidad—, que proporcionaban una conexión mística entre el reino lombardo y el mundo cristiano en general. Sin duda, la religión y la política estaban conectadas; la tierra no era solo de la ciudad santa de Jerusalén, también procedía de Roma. El mundo del año 600 de la era cristiana seguía muy dominado por la recordada gloria del Imperio. Cuando Teodelinda decidió la sucesión de su hijo al trono lombardo, no lo hizo en el interior de un templo, como cabría esperar de un monarca cristiano, sino en el circo romano de Milán. Los símbolos del poder son el poder, y en este momento la Iglesia y el Estado convivían en armonía.

La historia de Teodelinda no terminó de manera feliz. Su hijo, que se volvió loco, vio cómo el estallido de una guerra civil hacía disminuir su influencia. De hecho, su reinado duró mientras su madre se mantuvo con vida; ella falleció en 628 y él fue asesinado ese mismo año.

Pero Teodelinda dejó su impronta. La ortodoxia derrotó al arrianismo y se impuso como secta dominante del cristianismo en Europa occidental, gracias a clérigos como Gregorio y a mujeres como Teodelinda. Las nobles ortodoxas se casaron con las élites de familias politeístas o no ortodoxas, pero al educar a sus hijos en la ortodoxia, gradualmente expulsaron otras formas de cristianismo. La frecuencia con la que esto ocurría debió de ser advertida por los gobernantes de la época, y plantea interrogantes: ¿Hasta qué punto muchos de ellos veían en esa variedad de cristianismos creencias significativamente distintas de las propias? Es fácil para nosotros imaginar una lucha entre religiones, ya que a menudo se nos ha trasladado la idea de que este sería el tipo de relación más frecuente, pero no parece tal el mundo en el que vivían los protagonistas de nuestra historia. Lo vimos en el capítulo anterior y lo veremos una y otra vez a lo largo de estas páginas.

Los primeros gobernantes germánicos medievales no eran tontos, al menos no los que vivieron lo suficiente como para dejar su huella. Aunque los visigodos de Hispania parecían aferrarse al arrianismo como forma de diferenciar a la clase dirigente de las poblaciones del norte de los Pirineos, otros mandatarios recurrieron a una fe compartida como forma de unir a las poblaciones conquistadas —y, a través del matrimonio, a las élites—. El matrimonio era una vía tradicional para favorecer esa separación o esa conexión, y debemos recordar que en casi todos los casos las mujeres no fueron simples peones pasivos en el terreno de juego político. Cuando las fuentes describen a estas reinas, vemos su capacidad de acción, a menudo para consternación de los autores, casi todos ellos clérigos varones.

Entre el pueblo de los francos, por ejemplo, el proceso de cristianización siguió líneas similares a las que acabamos de ver con los lombardos, aunque la historia franca había comenzado mucho antes. A finales del siglo v los francos habían luchado bajo el mando de un general romano contra la horda de Atila el Huno, cuyas acciones fueron el resultado de un desplazamiento masivo de pueblos que quizá llegaban hasta el oeste de China y que comenzaron a extenderse poco a poco por Asia, hasta que un ejército de jinetes turcos atacó Europa. Los romanos y sus aliados derrotaron a Atila, pero luego, como resultado del juego de poder en Rávena, el general Aecio murió asesinado y los francos, a pesar de estar vinculados culturalmente al Imperio, quedaron librados a su propia suerte. Poco a poco fueron ampliando no solo el espacio que ocupaban, sino la propia forma de concebirse a sí mismos como pueblo, y pasaron de ser gobernantes debidamente designados del territorio romano a reyes por derecho propio.

Según el obispo e historiador Gregorio de Tours, el rey franco (entonces politeísta) Clodoveo se casó con una princesa cristiana burgundia llamada Clotilde (c. 445-545). Tuvieron dos hijos que la reina bautizó, aunque la muerte del primero hizo que Clodoveo rechazase al dios cristiano. Aun así, en una batalla posterior contra otro grupo de germanos que se desplazaban hacia la región, los alamanes, el rey rogó al dios de su esposa y prometió convertirse si se alzaba con la victoria. Sus enemigos huyeron, y el pueblo de Clodoveo proclamó en masa su deseo de abrazar el bautismo. Escribió Gregorio:

> Y el rey fue el primero en pedir ser bautizado por el obispo. Otro Constantino avanzó hasta la pila bautismal, para acabar con la enfermedad de una antigua lepra de años y lavar con agua fresca las manchas inmundas que había soportado durante largo tiempo.

En este relato, aunque una batalla es la causa inmediata de la conversión del soberano y de su pueblo, vemos a un autor que se remonta a Roma para justificar un acto cuya auténtica impulsora fue Clotilde.

Pero aquí no podemos confiar del todo en el de Tours. La esposa que empuja a su marido a la ortodoxia era un tropo literario firmemente asentado en aquella época. Además, Gregorio no era un observador pasivo, sino un actor profundamente partidista, tanto en la Iglesia como en la política real franca (en la medida en que ambas se pueden diferenciar); había gobernantes que le gustaban y otros a los que despreciaba. Por ejemplo, era muy amigo de la reina Radegunda de Poitiers, que, tras el asesinato de su hermano a manos de su esposo, había huido a esta localidad al sur de Tours para abrazar la vida religiosa. A pesar de su condición de monja, mantuvo un estrecho contacto con Gregorio, así como con las élites literarias del reino, incluido el poeta y obispo Venancio Fortunato. Nunca recuperó el trono, pero acabó convirtiéndose en abadesa de una institución religiosa cuyo nombre es el de una reliquia, la de la Vera Cruz, regalo del emperador bizantino Justino II.

Radegunda pronto alcanzó otro tipo de poder: el derivado de su posición espiritual y no de la política. Influida por la presencia de la cruz en su propia casa, cuentan sus hagiógrafos que obró milagros de curación. Tras su muerte, sus monjas se negaron a aceptar la autoridad episcopal durante varios años, afirmando su independencia y su derecho de autogobierno. Apoyadas en las historias de la propia abadesa, contribuyeron a ampliar la leyenda de Radegunda de forma que sirviera a este propósito de autonomía. Gregorio de Tours asumió también la narración de tales relatos de sanación: una niña ciega que recuperó la vista, el aceite de una lámpara que rebosaba sin cesar en presencia de la madera sagrada de la cruz, cuando una chispa se transformó en un faro de luz y reveló la santidad del objeto ante todos. El episodio iluminó el Poitou del siglo VI. Con el tiempo, la historia en la que Radegunda se enfrentó a una peligrosa serpiente alcanzó tanta difusión que la serpiente terminó convertida en un dragón, el *Grand'Goule*, al que ella habría derrotado gracias a la presencia de la reliquia y el poder de su santidad personal. Dios había actuado a través de ella para vencer al monstruo.

La fuente del poder de Radegunda se desplazó así de lo temporal a lo espiritual. Ya lo hemos visto anteriormente, con Daniel en lo alto de la columna y otros ascetas del desierto. El ascetismo extremo —la negación del cuerpo y de sus placeres mundanos, incluidos, entre otros, la comida, la riqueza y el sexo— puede encontrarse, por supuesto, en muchas religiones. En el Mediterráneo oriental los hombres solían prestar juramento de adhesión a un camino individual de rigor y privaciones, si bien a menudo llevaban una existencia en comunidad con otros. Los ascetas solitarios vivían fuera de las comunidades, y eso los convertía en una suerte de celebridades, héroes espirituales apartados del mundo, que hacían el trabajo sagrado luchando contra los demonios (a través de la oración y, a veces, de combates visionarios) en nombre de la comunidad en un sentido amplio. Pero la provincia romana de la Galia (que coincidía aproximadamente con la Francia moderna) no era la misma que la Palestina romana, y el siglo VI no era el IV. Las ideas que viajan a través del tiempo a menudo necesitan una traducción, y el occidente romano encontró su traductor ascético en un hombre llamado Benito de Nursia.

Benito vivió entre 480 y 547 en Italia, donde fundó varios monasterios justo en el mismo periodo en que godos y griegos se disputaban la península. Su regla, por la que es famoso, un librito en el que describe el ideal de la vida monástica, es tan solo uno de los muchos intentos de establecer el camino recto para que un individuo dedique su existencia a Dios; pero lo que diferenció claramente la regla de Benito fue su énfasis en la fusión del hombre con el colectivo, su insistencia en adoptar las prácticas ascéticas de los monjes solitarios del Mediterráneo oriental para aplicarlas luego a la constitución de una única identidad corporativa en la que la comunidad progresaría hacia la salvación, con menos presión sobre el individuo para que se convirtiera en héroe de la lucha contra el demonio. Bajo la atenta mirada de un abad, la vida debía transcurrir enclaustrada, lejos de las tentaciones de la sociedad; consistiría principalmente en lecturas diarias de la Regla, así como en otros ejemplos de vidas santas, regulaciones para las comidas y la vestimenta, prescripciones de silencio e indicaciones sobre cómo trabajar la tierra y venerar a Dios. La Regla ponía el énfasis en la disciplina, en la formación de una *schola*. La palabra española moderna «escuela» deriva, por supuesto, de este término, pero en latín tenía también otro significado, ya que servía para designar una unidad militar especialmente entrenada dentro de una legión romana.

En efecto, Benito estaba tratando de organizar un ejército, uno especialmente adiestrado para luchar en una guerra espiritual contra las maquinaciones del diablo en este mundo. En su *Vida de Benito*, Gregorio Magno hace precisamente eso, vencer las tentaciones del diablo castigando su cuerpo, arrojándose contra un espino para ahuyentar su lujuria. Los monjes como Benito y los que le siguieron entrenaron sus cuerpos para rezar por la paz, para ahuyentar los demonios que llevaban a la gente al pecado, a la discordia, a la violencia. A veces esos demonios se manifestaban en este mundo, como sucedía en las historias milagrosas de Radegunda, pero más a menudo se trataba, sobre todo, de una batalla metafórica encaminada a asegurar una existencia correcta. Cuando Gregorio Magno escribió sobre la vida de san Benito, en el segundo libro de sus *Diálogos*, describió no solo milagros, exorcismos, curaciones y el caso de un monje que se encontró con un dragón como castigo por no haber respetado la regla del monasterio (el monje prometió comportarse mejor); también reveló la presión de dirigir una casa religiosa, con monjes que salían a escondidas buscando la compañía de mujeres, relató lo sucedido con un joven monje que renunció a sus votos y volvió a vivir al hogar de su familia (cuando murió, la tierra arrojó su cuerpo en el momento en que sus padres intentaron enterrarlo) o las constantes intromisiones de los poderes seculares. En las historias de los santos, Gregorio no solo promovía el monacato basado en las ideas de Benito y la veneración del propio santo italiano, también enviaba un mensaje sobre el papel aspiracional que, en su opinión, debía desempeñar el cristianismo. A pesar de las protestas modernas y (a veces) medievales, lo espiritual y lo material estuvieron siempre entrelazados, nunca se separaron, siempre permanecieron absolutamente imbricados.

La Roma de Gregorio se encontraba entre dos luces, pues ya no era realmente una ciudad de peso en un imperio de gran alcance, ni el nuevo centro de soberanía tanto política como religiosa en que se convertiría más tarde. Pero seguía siendo algo importante. La vida y los escritos de Gregorio muestran los vínculos intelectuales y políticos que se extendieron a lo largo de los siglos y por todo el ámbito mediterráneo. En el momento de su muerte, en el año 604, su universo abarcaba Asia Menor, el norte de África, Francia e incluso el extremo norte de ese entorno: Gran Bretaña. El tesoro de Teodelinda en Monza atestigua que su mundo, incluso como hija de un duque bávaro y esposa de un rey lombardo, se extendía a través del Rin y más allá del mar hasta Jerusalén. Por su parte, la vida de Radegunda en el oeste de Francia estuvo salpicada de cartas de Constantinopla y reliquias de Jerusalén. Y en todos los casos, la religión y la política se imbricaban —a menudo con facilidad, como si fueran una misma cosa—, de modo que un obispo, una reina y una abadesa podían, al menos intelectualmente, conectar el universo romano con tan solo redactar una misiva.

En el año 597, Gregorio escribió a un abad llamado Melito que estaba a punto de embarcarse hacia Gran Bretaña, donde tenía por misión convertir a los pueblos de esa isla; derribar, en palabras de Gregorio, los «ídolos» y «la adoración de los demonios». Pero, aconsejaba Gregorio, sus misioneros no debían destruir los templos politeístas, sino limpiarlos con agua bendita y animar a la gente que encontrasen a continuar con sus rituales religiosos porque «si no se les priva de todas las alegrías exteriores, probarán más fácilmente las interiores». El objetivo no era castigar, sino, como había ocurrido con los lombardos, enseñar. La clave de esa misión estaba en usar el cristianismo para conducir una provincia perdida —un pueblo extraviado, a ojos de Gregorio— de vuelta a la órbita de una Roma eterna. Sin duda, los diversos pueblos de Gran Bretaña podrían haber dado una versión bien diferente de la historia.

Capítulo 5

La luz del sol en
un campo nórdico

egún un relato del monje Beda, de principios del siglo VIII, Melito no fue el primero en conocer el plan de Gregorio de enviar misioneros a Gran Bretaña. Al parecer, un día (a finales del siglo VI) Gregorio paseaba por las calles de Roma y se encontró con un mercado lleno de comerciantes llegados de tierras lejanas. Un puesto le llamó la atención. En él vendían esclavos, en su mayoría jóvenes que se dirigían al sur del continente para abastecer a toda Italia. El hecho de que hubiera esclavistas en los mercados romanos no era algo sorprendente (este comercio era un vestigio de la Antigüedad que se mantuvo durante toda la Edad Media), pero Gregorio se sorprendió al saber que no eran cristianos. Decidió enviar misioneros a Gran Bretaña para convertir a estas personas.

La historia es apócrifa y es muy poco probable que sea cierta. El autor monástico del relato estaba escribiendo sobre su propio pasado, tratando de conectar Gran Bretaña con Roma para así legitimar la presencia del cristianismo en su tierra. Los contornos generales de ese relato se han desgastado, se han romantizado a lo largo de los siglos e incluso se han desplegado como un mito funcional de las ideas supremacistas blancas acerca del pasado. Es una narración que contempla una tierra olvidada y sin embargo a la vez floreciente, paradójicamente colonizada por los cristianos romanos y, no obstante, siempre independiente, habitada por un grupo blanco y étnicamente homogéneo de politeístas germánicos que solo esperaba el triunfo del cristianismo como modo de allanar el camino que un milenio después conduciría hacia el Imperio británico. Se trata de una historia contada al servicio de los imperios medievales y modernos, una manera de que los narradores pudieran vindicarse a sí mismos y justificaran el sometimiento de otros pueblos.

Existen otros relatos más serios para ayudarnos a reflexionar sobre este periodo y este ámbito geográfico, y son más honestos con el pasado. ¿Y si empezamos nuestro debate sobre Gran Bretaña con otros viajeros lejanos que encontraron buena acogida en estas tierras en lugar de imponerse por la fuerza?

El arzobispo Teodoro de Canterbury (m. 690) llegó a la isla en el año 669, procedente de Tarso, en el centro-sur de la actual Turquía. Poco después, se unió a él un hombre llamado Adriano (m. 709), descrito como un «hombre del pueblo, de África». Adriano ocupó el puesto de abad del monasterio de Canterbury. Juntos crearon una escuela para enseñar griego y latín, combinando las enseñanzas antiguas con el conocimiento local. Y tuvieron un gran éxito. Los estudiantes acudían a Canterbury desde todo el país y pronto comenzaron a ocupar algunos cargos de relevancia en los distintos reinos de las islas. Uno de los alumnos más famosos de Adriano, Aldhelm, que se autodenominaba «discípulo» del norteafricano y que más tarde se convertiría él mismo en abad y obispo, escribió tratados y poesía en latín, así como una colección de cien adivinanzas que inspiraron todo un género a las generaciones posteriores. Pero su impronta fue aún mayor. Los hombres y mujeres santos, sobre todo en la Alta Edad Media, solían ser nativos del lugar donde su santidad era objeto de veneración, y esta consideración se limitaba a una región concreta. De modo que la repentina aparición de santos procedentes de lugares tan lejanos como Asia Menor (la actual Turquía) y Persia en la práctica religiosa en Gran Bretaña, y su posterior aceptación, resultará notable gracias a la influencia de hombres como Teodoro y Adriano.

Y esto es solo el principio. La Gran Bretaña altomedieval se construyó gracias a sus conexiones con otros lugares. La Cruz de Wilton del siglo VII, un colgante de oro con incrustaciones de granates, diseñado para llevarse al cuello, contiene una moneda de oro bizantina en su centro, y probablemente data de poco antes de la llegada de Teodoro y Adriano. No se trata de un adorno atípico, sino que es una pieza de las más llamativas de una multitud de objetos, tanto de lujo como de uso cotidiano, cuyo origen se encuentra a miles de kilómetros de su destino. En las tumbas de la época de toda Gran Bretaña, ha sido frecuente el hallazgo de monedas y gemas de los siglos VI y VII procedentes de Bizancio o incluso del Imperio sasánida de Persia. Los broches que se llevaban al hombro, encontrados en el famoso enterramiento en forma de barco de Sutton Hoo, en Suffolk (Inglaterra), contenían granates procedentes, con toda probabilidad, de la India o Sri Lanka. Y este tipo de objetos circulaban con el tránsito de las gentes. Los científicos pueden medir los isótopos de oxígeno del esmalte dental para determinar en qué lugar del mundo nacieron individuos fallecidos hace mucho tiempo. Desde la Edad de Bronce hasta el periodo medieval, encontramos, enterradas en tumbas británicas, personas que vinieron al mundo en Asia y África. Aunque esa cifra alcanza su punto máximo, como es lógico, durante el periodo romano, hubo ejemplos a lo largo de toda la Edad Media.

En este momento los estudiosos están reimaginando radical-mente la Gran Bretaña de la primera Edad Media, con representa-ciones menos dependientes de los mitos nacionalistas; en última instancia, un planteamiento más honesto con el propio pasado. Gracias a una rigurosa investigación en el ámbito de las artes, las humanidades y las ciencias, han desvelado la historia de la Gran Bretaña medieval y han descubierto que la isla nunca ha sido realmente una *isla*. A principios de la Edad Media, estaba llena de gente procedente de al menos tres continentes, con hombres, mujeres y niños que sin duda hablaban diversas lenguas. Beda, por ejemplo, contó al menos cinco idiomas diferentes en su época y parece haber asumido que el multilingüismo era común. La gente importaba bienes e ideas del extranjero, pero sería un error contem-plar estos intercambios como un proceso de destrucción de lo que ya existía; bien al contrario, las tradiciones locales se amalgamaban con elementos coincidentes de otras tradiciones foráneas de sentido semejante. A veces, se tomaban en consideración tanto las tierras situadas a miles de kilómetros de distancia como los pueblos encla-vados al otro lado de la colina. Si esta actitud se dio en casi toda la geografía a lo largo de la Edad Media, ver a Gran Bretaña como parte de una comunidad mucho más amplia constituye un enfoque relativamente reciente, característico de las últimas décadas, un nuevo modelo de desarrollo que hace hincapié en los conceptos de innovación y adaptabilidad.

Para reimaginar esta tierra como un lugar de amalgama resulta útil el estudio de objetos y textos bien conocidos que en su día se emplearon para apoyar justamente lo contrario, una historia simplista y xenófoba de la Gran Bretaña primitiva. Así que dirija-mos nuestra atención a un remoto rincón de un reino llamado Northumbria, donde la luz del sol del siglo VIII se extendió sobre un campo hasta recaer sobre una gigantesca cruz de piedra.

La Cruz de Ruthwell, que en su día exhibió vivos colores, tiene seis metros de altura; se realizó para contar a los habitantes de Gran Bretaña una historia sobre ellos mismos, un relato tanto de su pasado como de su futuro. Las gentes del medievo, al igual que nuestros contemporáneos, construyeron monumentos y obras de arte para narrar a quienes los contemplaban historias que habían sucedido. Y este no es un caso diferente. La cruz proyectaba al espectador hacia el mundo futuro, ofreciéndole a través de sus escenas talladas la visión de una Gran Bretaña cristiana y, a la larga, la salvación para todos. Pero, aunque al principio la historia de la cruz parece ser simplemente cristiana en su totalidad, hay algo más complejo y orgánico en juego. Su diseño fue moldeado por esa sociedad multilingüe y adaptable, en contacto con otras influencias británicas (e irlandesas), pero también con las del continente, e ideada para llegar al mayor número posible de personas.

Uno de los relatos de la cruz fue concebido para leerse en el sentido de las agujas del reloj, de oeste a sur. Las escenas, todas ellas vibrantemente coloridas, iluminaban el camino de la salvación. En sentido ascendente, el lado oeste original comienza con la huida de María a Egipto, continúa con una viñeta de la vida de san Antonio y san Pablo de Tebas (dos de esos monjes ermitaños del Mediterráneo oriental) compartiendo el pan en el desierto, y luego exhibe una imagen de Jesús ejerciendo su dominio sobre las bestias de la tierra. El lado oeste concluye con una visión apocalíptica del apóstol Juan sosteniendo un cordero. En el que era originalmente el lado este, se encuentra la Anunciación, seguida de un milagro de Jesús, la curación de un ciego, a continuación Jesús con María Magdalena y, por último, María y Marta juntas. Todas las representaciones están rodeadas de inscripciones en latín.

Este monumento, como todos, también se expresaba acerca del futuro, proyectando al espectador hacia el mundo venidero, colocando ante él una Gran Bretaña cristiana y, a la larga, la posibilidad de la redención universal. El lado este ofrecía una historia de salvación, de cómo los milagros eran posibles para los afligidos, de cómo incluso María Magdalena podía resucitar gracias a su devoción hacia Dios. El lado oeste estaba dedicado a los monjes, con la escena sobre la vida ascética del «desierto», pero también hablaba de la liturgia, la misa, la historia del Evangelio recreada simbólicamente, con el triunfo de Jesús sobre este mundo en su centro. En ambos casos, el latín que rodea esas imágenes deja claro el mensaje; se utiliza la lengua de los sacerdotes que fueron enviados desde Roma a instancias de Gregorio Magno, tanto tiempo antes. Pero hay dos caras más en la cruz, pues los sacerdotes nunca fueron el único público al que iban destinados los monumentos como este. La historia de la Gran Bretaña altomedieval no trata únicamente de gente que viene del centro y habla con los lugareños, o de la cultura latina que abruma a las lenguas vernáculas locales, sino de voces procedentes de todas direcciones, a menudo en conflicto, pero que producen una especie de polifonía, vibrante y compleja.

En los lados originales de la cruz, orientados hacia el norte y el sur, entre el rollo de vid y los animales, se encuentra un texto, probablemente parte de un poema más largo, tallado en escritura rúnica, para que se pueda leer en inglés antiguo. Aquí, no en la lengua de Roma, sino en la palabra vernácula (porque sin una comunicación eficaz no habría síntesis posible), el poema cuenta la crucifixión de Jesús, una de las primeras versiones no latinas que se conservan, con similitudes con otra composición más conocida del siglo XI, *El sueño del crucifijo*. De nuevo, en el sentido de las agujas del reloj, la cara norte comienza el relato desde el punto de vista de la propia cruz. Dice así: «Dios todopoderoso se desnudó cuando quiso subir al patíbulo... Osé no inclinarme. Yo [levanté] a un rey poderoso... Los hombres nos insultaron a ambos. Me empaparon de sangre». El lado sur concluye todo el arco, el poema rúnico y el programa artístico, hablando una vez más, con la propia voz de la cruz: «Cristo estaba en la cruz... Estaba terriblemente afligido por las penas. Estaba inclinado, herido por las flechas. Lo pusieron en el suelo... miró al Señor de los Cielos». Mientras el lado oeste culmina con el triunfo de Jesús sobre las bestias y la visión apocalíptica, el norte hace que suba a la cruz y revele su humanidad con efusión de sangre. Así pues, en el este se enfatiza su humanidad, su nacimiento, tal como Jesús ofreció a los pecadores la curación y la salvación, y la historia concluye en el sur, con la propia cruz llorando la muerte de Jesús junto a toda la humanidad.

LA HISTORIA QUE NOS CUENTA LA CRUZ DE RUTHWELL, un monumento situado en el exterior de lo que pudo ser una pequeña iglesia o un recinto monástico, en lo que hoy es Escocia, lejos de cualquier centro de poder, incorpora a hombres, mujeres y niños, mercaderes venidos de lejos, campesinos y reyes. Esta historia de una cultura multivalente se puede encontrar en piezas de gran tamaño, pero también en libros, por ejemplo en la *Historia eclesiástica del pueblo inglés*, redactada por el citado Beda, un monje que vivió y escribió en el noreste de lo que hoy es Inglaterra, en la abadía de Monkwearmouth, en el reino de Northumbria, la misma persona que conservó la historia del papa Gregorio en el mercado de esclavos (lo que, por supuesto, indica cuál era su hoja de ruta en la búsqueda de una narración coherente, a pesar de todas las pegas sobre su veracidad). La historia de Beda, al igual que la cruz monumental situada unos ciento cincuenta kilómetros al oeste del lugar donde escribió, une las vidas de los no cristianos y de los cristianos por igual, incluidos los sacerdotes, los monjes y —como han argumentado varios estudiosos, a partir de la imaginería de la cruz— probablemente las monjas. Pero quizá esto no debería sorprendernos. Hasta ahora, hemos dedicado mucho tiempo a las grandes ciudades y sus zonas de influencia, Roma, Constantinopla, Jerusalén; pero los centros urbanos y las periferias siguieron conectados durante todo el periodo medieval. Algunas de las historias más importantes, los momentos más reveladores, ocurrieron no solo en las urbes, sino en los campos, o incluso en los pantanos.

La permeabilidad no solo trae consigo oportunidades, también conflictos y tensiones, y eso también lo encontramos en las voces que nos llegan de la Gran Bretaña altomedieval. Al sur de Northumbria, al mismo tiempo que Beda desarrolla su actividad y se levanta la Cruz de Ruthwell, en los pantanos que se extienden entre Mercia y Anglia Oriental, un hombre llamado Guthlac dejó su vida de aristócrata y guerrero en el reino de Mercia para hacerse monje. El camino no fue fácil. Comenzó su andadura en el monasterio de Repton pero, al parecer, eso le pareció insuficiente y decidió hacerse ermitaño, emulando a los santos del desierto que conocimos anteriormente.

Según la *Vida de Guthlac*, escrita por un monje llamado Félix justo después de la muerte del propio Guthlac, en el año 715, el ermitaño experimentó un trauma similar al de su modelo, Antonio de Egipto. No solo (supuestamente) fue llevado a las puertas del infierno por los demonios, de donde solo pudo ser rescatado por el apóstol san Bartolomé, sino que se vio amenazado físicamente por pueblos no cristianos, bestias salvajes y compañeros monjes tramposos. Pero no todo el peligro provenía de los pantanos, el territorio yermo donde no había penetrado el cristianismo; lo cierto es que Guthlac y su biografía transitan entre la alta política de dos reinos. El propio texto de Félix estaba dedicado a Aelfwald de Anglia Oriental (713-749), el reino en el que Guthlac tenía su ermita; en él leemos que este hombre santo recibió la visita de un futuro rey de Mercia llamado Aethelbald (716-757). De hecho, cuando Aethelbald vuelve a presentar sus respetos tras la muerte de Guthlac, el futuro gobernante tiene una visión del ermitaño, ahora en el cielo, en la que le asegura que algún día ocupará el trono. Obsérvese que la periferia no solo está conectada con los centros de poder político, sino que puede limitar las opciones de tales centros: el rey decide no drenar el pantano, sino aprovechar su poder.

Beda, al contar su historia sobre Gregorio en los mercados romanos de esclavos, confiaba, con la ventaja de la retrospectiva, en que Roma (y el cristianismo) volverían a Gran Bretaña, pero los emisarios de Roma, cuando llegaron, se enfrentaron a un mundo revuelto. Talladas en la Cruz de Ruthwell, las runas se mezclan con las letras latinas, los versos del Evangelio se cantan con la voz de la madera antropomórfica, los rollos de vid se entrelazan con los apóstoles, todo el programa se dirige a monjes y monjas cultivados, pero también se ocupa (desde la perspectiva de la Iglesia) de una población inculta. Y, como nos muestra el relato de Félix sobre el ermitaño Guthlac, los reinos y una red de comunidades cristianas se hallaban bien establecidos, pero el campo estaba lleno de peligros; era un territorio en el que los demonios caminaban y comandaban a las bestias salvajes, con núcleos de pueblos no cristianos amenazadores. En ambos casos, en ambas historias, el poder reside en lugares inverosímiles: la «periferia», en otras palabras, puede convertirse con facilidad en un nuevo centro.

A lo largo de la historia de Gran Bretaña, durante la Alta Edad Media, encontramos este tipo de mosaico de Estados y pueblos, así como de creencias diversas. Se trataba de una tierra habitada, conquistada con violencia por los romanos bajo el mandato de Julio César, y luego cristianizada (al menos parcialmente) por primera vez durante el siglo IV. En los siglos V y VI llegaron más invasores, y los habitantes lucharon o se acomodaron con ellos, lo que llevó a la creación de nuevos reinos. El cristianismo (para la mayoría) regresó de nuevo en el siglo VII, forzando aún más reajustes políticos.

Solo una generación antes de que Gala Placidia atravesara sin esfuerzo el Mediterráneo, a principios del siglo V de nuestra era, y más o menos en la misma época en que los godos saqueaban Roma, el emperador Honorio (395-423) anunciaba a los ciudadanos de la provincia de Britania que estaban solos. Tenía sus propios problemas en Italia y ya no acudirían más tropas en su ayuda. No obstante, los romanos de Britania parecen haber salido adelante, a veces de forma independiente, a veces alcanzando acuerdos con otras comunidades recién llegadas del continente. Era una isla forjada por la inmigración, la colaboración y la guerra, y eso fue algo habitual en el mundo posromano. Pero, a medida que el poder se trasladaba al ámbito local, la isla parecía dividirse. Surgieron reyes. Los reinos cayeron. Se desencadenaron guerras.

Este es, en parte, el mundo representado en el famoso poema en inglés antiguo *Beowulf*. Aunque la única versión del texto procede de un manuscrito de principios del siglo XI, está ambientado en los tiempos pasados, una etapa de movimientos por toda Escandinavia y a través del mar del Norte cuyo centro se localiza lejos del Mediterráneo. La narración se ajusta a nuestras expectativas estereotipadas del mundo medieval en general. Hay reyes y guerreros, monstruos, peligros y atrevidas hazañas. Pero, como ocurre con el resto de la Edad Media, también confunde tales expectativas. El poema parece querer hablar tan solo de los hombres —sus triunfos y locuras—, pero el poeta anónimo tiene claro que las mujeres son el esqueleto que da forma a esta sociedad.

Después de que Beowulf derrote a Grendel, Wealhtheow, la reina danesa en aquel momento, se acerca a Beowulf el hombre. Lo alaba, le agradece su victoria, le presenta ricos tesoros de su parte y de parte de su marido, pero hay una nota extraña en su discurso; menciona de manera constante a sus hijos. Le preocupan las intenciones de Beowulf, que su fama y su gloria suplanten a las de su familia. Sus palabras son un disparo de aviso contra el guerrero victorioso, una advertencia para que sea agradecido y regrese a casa, para que sea el guardián de los niños, pero nada más; una advertencia que todos en la sala entienden, según deja claro el poeta.

Esa misma noche aparece la madre de Grendel, «deshecha por el dolor y voraz, desesperada en busca de venganza». Vuelve a destrozar a los daneses y se marcha llevándose el brazo de su hijo, un trofeo que Beowulf había capturado en la batalla y que después colocó en la sala de los daneses. Cuando Beowulf la persigue hasta su refugio, encuentra el cuerpo de Grendel colocado en la guarida por una madre de luto. Una madre que no obtendrá ninguna satisfacción en esta vida. Cuando sea derrotada, terminará reuniéndose con su hijo. Y este es un hilo conductor, una columna vertebral dentro de la historia: el poder y la impotencia de mujeres como Wealhtheow y la madre de Grendel, que comparten el mismo entorno.

En otras fuentes del siglo VIII más formales y eclesiásticas, mencionadas anteriormente, si retrocedemos un poco, vemos cómo estas historias de hombres que realizan actos heroicos —luchando contra monstruos en un pantano, con espadas o con salmos, por ejemplo— revelan continuamente la presencia y la autoridad de las mujeres. Las tallas triunfales de la Cruz de Ruthwell se dividen entre santos y santas que hacen avanzar la historia sagrada. Repton, la casa en la que Guthlac se convirtió en monje, era un monasterio mixto con estrechos lazos fundacionales con la familia real de Mercia y dirigido por una abadesa. De hecho, Guthlac mantuvo una estrecha relación con las abadesas de la institución e incluso escribió a una de ellas, Ecgburh (hija del rey Aelfwald de Anglia Oriental, a quien se dedicó la *Vida de Guthlac*), justo antes de su muerte, para pedirle que le enviara un ataúd de plomo y un sudario. El funeral lo dirigió Pega, la hermana de Guthlac. Este había aprendido a ser monje porque fue educado por una mujer y aseguró su legado confiándolo a sus superiores espirituales, dos mujeres. Las Edades Oscuras imaginan un mundo de hombres violentos y mujeres serviles, un mundo que se ajusta a los estereotipos; las Edades Brillantes, más atentas a las propias fuentes y no a nuestras ideas preconcebidas, encuentran algo mucho más matizado.

Pero, entonces, ¿cuál sería la historia de la Gran Bretaña altomedieval —de la Alta Edad Media en general— si se contara levantando estos velos? La narración heroica de este capítulo, que comenzó con Gregorio Magno enviando misioneros al lejano norte, con Guthlac desafiando los pantanos, con Beowulf conquistando monstruos, sería muy diferente. Debemos disolver esta nostalgia en el aire para contemplar el mundo más humano, más diverso, que hay por debajo.

Podríamos contar la historia de las primeras reinas del sureste de Gran Bretaña. En lugar de atribuir la reconversión del territorio al cristianismo a los obispos romanos y a los reyes locales, deberíamos prestar más atención, por ejemplo, a la reina Bertha (m. *c.* 606), la hija cristiana de un rey franco merovingio, que se casó con el monarca politeísta Aethelbert de Kent (589-616) con la condición de poder mantener su religión y de que le permitieran llevar con ella al otro lado del canal a su confesor-obispo. Fue ella quien allanó el camino para la llegada de los misioneros de Gregorio desde Roma en los años 596-597 y quien probablemente presionó a Aethelbert para que se convirtiera y favoreciera el proselitismo. A pesar de sus esfuerzos, el hijo de Bertha, el rey Eadbald (616-640), mantuvo sus creencias politeístas al suceder a su padre, y fue necesario otro matrimonio con otra franca —la reina Emma (m. 642)— para que él y el reino se convirtieran por completo, y definitivamente, a la fe de Cristo.

También podríamos abordar una historia diferente sobre el Sínodo de Whitby en el año 664. Este famoso acontecimiento, en el que el rey de Northumbria apuntó el debate sobre si seguir a Roma o la práctica tradicional irlandesa, en lo que respecta a la fecha de la Pascua, reunió a numerosos varones. El rey juzgó, el abad del monasterio de Ripon argumentó contra el obispo de Northumbria, y otros hombres muy importantes consultaron y conspiraron al respecto. Pero el lugar de celebración del evento fue el monasterio de Whitby, bajo el cuidado y la atenta mirada de la abadesa Hilda (m. 680). Convertida al cristianismo en el año 627, luego de que su padre emparentara por matrimonio con la familia del rey Eadbald de Kent, tuvo una intensa actividad política hasta la treintena. En esa época se vio obligada a huir del norte cuando su padre cayó en la batalla, si bien pronto encontró refugio junto a la familia de su madrastra. Regresó al norte más tarde, cuando fue nombrada abadesa en Hartlepool, y a continuación ayudó en la fundación de Whitby, un monasterio mixto para monjes y monjas, en 657. Aunque estuvo en el bando perdedor en el debate sobre la fecha de la Pascua, siguió siendo tan poderosa y desempeñando un papel tan relevante que el rey de Northumbria, que falló en contra de su posición en el sínodo, acabó siendo enterrado en su monasterio; al parecer, fue decisivo para conseguir que su oponente en el debate, san Wilfrid de York, fuera destituido de su obispado poco antes de su muerte, en 680.

No solo estamos ante una situación algo más compleja en cuanto a la relación entre género y poder; también descubrimos conexiones que se extienden a través de los continentes. A finales del siglo VIII, el rey Offa de Mercia (757-796) mandó acuñar una moneda de oro. En su centro, los artesanos grabaron las palabras *Offa rex* ('Rey Offa'), en latín. Sin embargo, recorriendo el borde de esta misma pieza encontramos un arábigo desordenado que parece reflejar la *shahada*, la formulación básica de la creencia islámica. La moneda, a pesar de nuestras suposiciones, quizá no dice nada sobre los compromisos religiosos de Offa (la inscripción en árabe, por ejemplo, está al revés). Más bien parece claro que se basó en un modelo, concretamente en un dinar de oro acuñado hacia 773 o 774 por el primer califa abasí al-Mansur (754-775). Pero el itinerario de la pieza revela aún más sobre las conexiones medievales tempranas a través de vastas regiones y entre diversos pueblos. Fue descubierta en tiempos modernos en Roma, tal vez como parte de un tributo enviado al obispo, por lo que podemos rastrear las ideas —y tal vez el periplo de la propia pieza— que brillaban mientras pasaba, de mano en mano, desde Bagdad a Gran Bretaña hasta llegar a la urbe.

Las mercancías no fueron lo único que salió de la isla. Al igual que las personas y las ideas de todo el mundo medieval llegaron a Gran Bretaña, hubo correspondencia desde allí. Poco después de la muerte de Adriano, los monjes de Wearmouth-Jarrow crearon una Biblia profusamente ilustrada, tan grande que tuvo que ser transportada en carro. Tal vez, como el denario de Offa, el manuscrito, conocido como el *Codex Amiatinus*, estaba destinado al obispo de Roma. Gran Bretaña comenzó a enviar misioneros al otro lado del canal.

Tanto hombres como mujeres se desplazaron al continente, desempeñando su labor entre grupos politeístas, como los frisones. Otro viajero, un monje llamado Alcuino, se dirigió a Roma en nombre del rey de Northumbria. Pero nunca regresó al norte, sino que se instaló en la corte de un monarca extranjero llamado Carlomagno y se convirtió en el director de su escuela palatina. Incluso en la Gran Bretaña altomedieval, un espacio a menudo caracterizado como el más remoto, el más «oscuro» de las Edades Oscuras, se sentían parte de un universo mucho más amplio.

Sı volvemos ahora, al final del capítulo, a esa cruz multicolor que se elevó en un campo de la lejana Northumbria en algún momento de principios del siglo VIII, la vemos de forma diferente. No está tan aislada como podríamos haber pensado antes. Al este, se está terminando una enorme Biblia que será enviada a Roma, y los misioneros están cruzando el canal, ahora a la inversa, para llevar el cristianismo hacia una «periferia» distinta, esta vez situada en el continente. Pero, en ese campo, ahora, nos encontramos con una población que quizá era cristiana y no cristiana, flexible en el uso de la lengua y en las identidades que podían reclamar, variada en cuanto a su estatus en la vida, pero que incluía a personas obligadas a trabajar para el rey, o incluso para el monasterio local —no podemos apartar la vista de la larga historia de la esclavitud—. Y, por supuesto, estaban las monjas y los monjes, quizá en su mayoría procedentes de la comunidad circundante, aunque tal vez algunos hubieran llegado de mucho más lejos, quizá de la casa de Adriano de Canterbury, al otro lado del mar.

El arte medieval no siempre se ha albergado en los museos. Los monumentos y otros objetos *vivían* en el mundo, con la gente. Estaban, en palabras del historiador del arte Herbert Kessler, destinados a «sentirse, besarse, comerse y olerse». Así que, en primer lugar, la multitud contempla un monumento que se eleva sobre ellos, leyendo en sentido ascendente una historia heroica de salvación. La historia comienza con una huida hacia la seguridad, sigue con el triunfo sobre las bestias del mundo y concluye con una revelación de la voluntad de Dios. Pero miramos detrás, y al otro lado vemos a las mujeres que apuntalan esa historia, empezando por la Virgen María —y el episodio de la Anunciación— y siguiendo por María Magdalena. Una metáfora, si es que alguna vez hubo una, para la Edad Media. Algunos se adelantan y tocan el burro que traslada a la Virgen, besan a María, mientras el olor a tierra de la piedra entra en sus fosas nasales.

Allí, a principios del siglo VIII, en el norte de Europa, en los confines de un reino septentrional, el sol irrumpe sobre este campo y sobre esta cruz. En dos de sus lados estaba quizá cubierta no solo de pintura, sino también de musgo. La naturaleza conquistó la piedra, la remodeló y acabó de recuperarla con lentitud. Los pájaros tallados ofrecían perchas a los reales. Tal vez la propia cruz pareciera entonces cantar.

La multitud se congregaba junto a un monumento que le contaba una historia particular. Un relato que se había transmitido en la isla durante siglos, pero aquí, con versos en latín y poesía rúnica, un conglomerado de estilos artísticos que evocaba la complejidad de su mundo, tal historia se reformulaba para amoldarse a su contexto particular. Aquí, este monumento decía a cuantos se reunían a su alrededor que formaban parte de un mundo más grande todavía, uno que tal vez nunca había terminado de modelarse, sino que logró adaptarse e innovar y seguir acogiendo a la gente que llegaba hasta sus costas. El monumento hablaba a la multitud acerca de un refugiado judío del Mediterráneo oriental que en su día cruzó a África, pero que ahora había llegado a esta isla donde se encontraba cómodamente, enclavado en el paisaje natural, entre ellos, con ellos, formando parte de ellos.

Capítulo 6

Un imponente
colmillo de marfil

E
n el verano del año 802, un extraño —pero no inesperado—
visitante llegó a Aquisgrán, sede palatina del emperador
Carlomagno (768-814). Que Carlomagno recibiera una visita
no resultaba nada raro; había sido coronado emperador en Roma
dos años antes y, por tanto, tenía poder sobre pueblos que se extendían por toda Europa, desde más allá de los Pirineos, en el sur, hasta
Dinamarca en el norte, y desde las orillas del Atlántico en el oeste
hasta las del río Danubio en el este. Pero este visitante, en particular,
había recorrido un camino bastante largo.

Comenzó su viaje (muy probablemente) en algún lugar más
allá del Sáhara, tal vez arrancara en Camerún o el Congo, y se
aventuró luego hacia el noreste, hasta Bagdad, y después atravesó
casi todo el norte de África, antes de embarcarse rumbo a Europa
desde algún punto de Túnez, tal vez incluso desde el antiguo
puerto de Cartago, una ciudad que una vez llevó a sus antepasados
a la guerra. Tras arribar al sur de la península itálica, el visitante se
dirigió hacia el norte, a través de los Alpes, para llegar finalmente
a la actual Alemania occidental y al palacio imperial, en Aquisgrán.

Carlomagno había mandado a buscarlo unos cuatro años antes, y el califa Harun al Rashid había accedido a enviárselo poco después. Pero el viajero, llamado Abul-Abass, era lento y difícil de manejar para sus acompañantes. Al fin y al cabo, el visitante que Carlomagno había enviado a buscar pesaba probablemente más de tres toneladas: era un rotundo elefante africano.

Sabemos muy poco sobre lo que ocurrió con Abul-Abass una vez que llegó a Alemania. Parece que su rastro desaparece de las fuentes casi de inmediato, y solo reaparece en un registro del año 810 que señala su muerte repentinamente e informa de cómo fue llorado por los francos, mientras se preparaban para una campaña militar en la actual Dinamarca. Solo podemos preguntarnos cómo fue ese viaje, qué habría hecho un elefante en el norte de Europa, qué penurias y abusos sufrió, y también lo que debieron de soportar sus cuidadores para trasladarlo a través de casi cinco mil kilómetros, desde el Congo hasta la moderna Alemania. Lo que sí sabemos es lo que significó que este suceso en concreto tuviera lugar durante los reinados de Carlomagno y Harun al-Rashid; lo que implicaba que un animal de esas características se desplazara esos miles de kilómetros en esa época y entre esos lugares, y lo que supuso para los visitantes de la corte imperial enfrentarse a la blancura reluciente del marfil de un colmillo de elefante. Cuando el paquidermo barritaba mostrando sus defensas, recordaba a todos sus espectadores el Oriente y, desde la perspectiva de los francos, establecía una conexión entre iguales: entre un emperador «romano» cristiano y un califa «persa» islámico.

La dinastía de Carlomagno (los «carolingios») llegó al poder en el año 750, después de que el padre, Pipino el Breve (750-768), arrebatara el poder a los merovingios, el linaje que había gobernado a los francos durante casi trescientos años. Los *Anales Reales Francos* (ARF), un relato anual de los acontecimientos redactado por alguien cercano a la corte de Carlomagno, dicen que Pipino envió una delegación al obispo de Roma para plantear una pregunta (sin duda, capciosa): ¿Quién debe gobernar un reino, los que tienen el título por nacimiento o los que ejercen el «poder real»? El papa Zacarías (741-752) interpretó aquella pieza con astucia y respondió que, por supuesto, debía ser este último y que Pipino debía convertirse en rey.

La delegación regresó gozosa a Francia y, según los ARF, Pipino fue elegido rey «pacíficamente», en tanto que el antiguo rey, Childerico, fue enviado a un monasterio para que llevara una vida contemplativa. Pero, luego, la fuente calla de repente.

Los *Anales* no constituyen una fuente que hoy podamos considerar de manera incuestionable como «histórica». Tales manuscritos son, a menudo, una lista más o menos detallada de acontecimientos señalados de año en año. Algunas entradas son más largas y otras más cortas, pero lo importante es su exhaustividad, pues el autor de este género (el *annal*) muestra cómo los años se sucedían y hasta qué punto algunos estuvieron marcados por acontecimientos trascendentales que merecieron registrarse. En este caso, este *annal* de los carolingios detalla hechos comprendidos entre los años 741 y 829, comenzando con la muerte del abuelo de Carlomagno y terminando con el hijo de Carlomagno (Luis el Piadoso, 814-840) celebrando la corte en la ciudad de Worms y nombrando al conde Bernardo de Septimania como su chambelán, después de lo cual pasará el otoño de caza y el invierno en el palacio de Aquisgrán.

En realidad, esto no es del todo exacto. Los ARF omiten dos años: 751 y 752, los inmediatamente posteriores al ascenso de Pipino al poder. Luego, se reanudan de repente, como si no hubiera pasado nada, en 753. La omisión de ese intervalo es obvia y a la vez se escamotea con habilidad al lector, pues se trata de un momento que nos alerta de algo importante sobre la transición del poder; nos recuerda la existencia de un golpe de Estado, casi con seguridad violento. Lo que vemos en los ARF es una encapsulación perfecta de los hitos del camino que tomaron los francos para dominar Europa, para imponerse en la escena mundial como uno de sus principales actores.

Los francos fueron prolíficos creadores de registros, a menudo centrados sobre todo en su propia historia reciente. Pero toda escritura histórica es subjetiva (lo cual no significa, por supuesto, que sea «falsa») y, especialmente en la Edad Media, se realizaba para transmitir lo que el autor consideraba una verdad más profunda. La versión original de los ARF constituye un catálogo de triunfos, una letanía de éxitos que demuestran la «evidencia» de que los carolingios merecían gobernar. Prestemos aquí mucha atención a lo que ocurre justo antes y después de la mencionada laguna. En 749, los francos envían emisarios al papa y obtienen su apoyo; al año siguiente, Pipino, el usurpador, es «elegido rey» y el hasta entonces monarca será enviado a un monasterio. Luego, en 753, el rey Pipino ataca y derrota a los sajones en su frontera noreste, se entera de que su hermano rebelde ha muerto y promete ayuda militar al papado contra los lombardos.

La entrada en los anales resuelve los problemas de la transición. Pipino es ahora, según el texto, el rey indiscutible, con el soberano anterior fuera de juego e incluso con su hermano rebelde muerto. El nuevo monarca defiende las fronteras de los francos contra los sajones; defiende a la Iglesia, protegiendo al papado. Aunque los *quid pro quos* pueden acabar con los reinados de algunos gobernantes, este funcionó bien para Pipino y sus sucesores. Al salir de una guerra civil caótica (pero narrativamente oculta), los francos se pusieron manos a la obra, volviéndose hacia el exterior para luchar contra un enemigo externo y no cristiano (los sajones), al mismo tiempo que forjaban una estrecha relación con la Iglesia institucional. Los francos no fueron, desde luego, los primeros en escribir la historia que querían, ni en maridar religión y violencia, pero utilizaron ambas con gran eficacia.

Fuera ya del meollo franco, en torno a los actuales Países Bajos, libraron constantes guerras, algunas contra los sajones politeístas del noreste, los bretones cristianos del oeste, los aquitanos y los gascones, ambos cristianos también, o los omeyas islámicos del suroeste y los ávaros politeístas de Panonia al sureste. Los francos de finales del siglo VIII también lucharon contra los lombardos cristianos y los bizantinos al sur, dos grupos que habían amenazado las prerrogativas del papado y por lo tanto eran, en parte, la razón por la que los pontífices estaban deseosos de ayudar a la dinastía de Pipino a llegar al poder.

Esa guerra constante requería campañas cada primavera y cada verano, que no solo consistían en luchar, pues junto al aspecto puramente militar eran en sí mismas una estrategia política. Un rey altomedieval solo podía seguir siéndolo si su aristocracia se lo permitía. Después de todo, el propio Pipino formaba parte de la alta nobleza en el momento en que tomó el poder. Los sucesivos gobernantes francos lo recordaron y, de hecho, todos sufrieron al menos una grave rebelión de la aristocracia. Las amenazas, tanto potenciales como reales, estaban por todas partes. Lo que mantenía a raya a la nobleza (con ello contaban los soberanos francos) era el saqueo, es decir, las tierras y honores que se repartían como recompensa tras la victoria. Cuando los ávaros fueron por fin vencidos en 796, por ejemplo, los *Anales* informaron de que el botín sería enviado a Carlomagno, quien a su vez remitió «una gran parte [del tesoro] a Roma. El resto lo distribuyó entre sus magnates, tanto eclesiásticos como laicos».

Se trata de una anécdota especialmente reveladora en varios sentidos. Afirma directamente que el soberano franco compartió su botín tanto con los que luchaban por él (magnates laicos) como con los que rezaban por él (eclesiásticos). Esto es importante porque la lógica aquí es circular. Los francos conquistaron otros pueblos, lo que significaba (para ellos) que Dios estaba de su lado y, como Dios estaba de su lado, estaban avalados para conquistar otros pueblos. De modo que Carlomagno y los francos necesitaban tanto soldados para batallar como eclesiásticos para orar. La religión y la violencia eran dos caras de la misma moneda. Y en este caso, desde luego, parecía funcionar. El poder de Carlomagno se extendió por toda Europa en un grado que no se había visto desde el apogeo de Roma. Se impusieron victoria tras victoria.

Si nos remontamos un poco más atrás en los ARF, vemos que la guerra contra los ávaros, por ejemplo, comenzó en el año 791 «a causa del excesivo e intolerable ultraje cometido por los ávaros contra la santa Iglesia y el pueblo cristiano». Los *Anales* atribuyen la victoria, en este caso, a «Cristo [que] guio a su pueblo y condujo a ambos ejércitos [francos] sin daño hacia las fortalezas ávaras». En otras palabras, esta campaña se llevó a cabo contra los ávaros no simplemente porque amenazaran el poder político franco (aunque lo hicieran en Baviera), sino porque eran un peligro para los cristianos en su conjunto. Además, los citados textos relatan que los francos ganaron su campaña porque Dios protegió a «su pueblo». Carlomagno recompensó a todos sus magnates, eclesiásticos y laicos, porque ambos estaban bajo su cuidado como rey; un hecho, afirman aquí los ARF, que incluso Dios mismo reconoció.

Carlomagno y los francos no inventaron la idea del gobierno cristiano. Como hemos visto en capítulos anteriores, la posición de un mandatario dentro de la jerarquía de la cristiandad estaba relativamente mal definida, lo que significaba que los reyes tenían que encontrar fórmulas para aumentar su autoridad en lugar de que esta les fuera otorgada, y que había relativamente pocos límites en cuanto al poder que podían reclamar. Los cristianos pasaron rápidamente de ser una comunidad al margen de las altas instancias del mundo romano a convertirse en otra próxima a los niveles más elevados del poder durante el siglo IV. Podríamos sentir la tentación de observar a los bizantinos, por ejemplo, y ver a los emperadores gobernando sin ser cuestionados, pero lo cierto es que, desde la época de Constantino, los emperadores romanos habían luchado con prelados de diferentes tendencias, incluidos los patriarcas de Constantinopla y los obispos de Roma, para dejar bien claro quién estaba «en realidad» al mando. Carlomagno y los francos reclamaron para sí el manto de Constantino, afirmando la posición del gobernante en la cima de la jerarquía de la Iglesia (un término que, de nuevo, ha de entenderse en este contexto como la comunidad de todos sus seguidores).

No se trataba, y esto hay que subrayarlo, de un movimiento cínico; no se trataba de «manipular» el verdadero cristianismo. El cristianismo de la Alta Edad Media era una idea en desarrollo, que se adaptaba constantemente a circunstancias históricas e idiosincrasias geográficas en continuo cambio. Todo indica que Carlomagno se tomaba en serio su cargo de líder religioso y que se preocupaba profundamente por el bienestar espiritual y material de sus seguidores. Por ejemplo, defendió la reforma monástica a lo largo de su reinado, liberando a los monjes de la interferencia de los obispos locales y otros nobles seculares, y favoreciendo que los monasterios estuvieran sujetos únicamente al rey franco. ¿Por qué? Indudablemente, obtuvo algo práctico de esa relación: agentes del poder real en lugares lejanos del continente. Pero lo más importante es que también obtuvo la oración. Carlomagno estaba creando una relación recíproca entre los monjes y el reino en su conjunto a través de la figura del rey. Aquellos utilizaban su relación especial con Dios para rezar por la seguridad y la prosperidad del soberano y de todos los francos, combatiendo así al diablo, que trabajaba en el mundo para sembrar la discordia y la confusión. Estos monasterios, «islas de santidad», actuaban como baluartes de la resplandeciente Jerusalén celestial aquí en la tierra.

Y Carlomagno no solo cuidaba de sus monjes, también de sus obispos, incluso del de Roma. En los siglos VIII y IX el papado no era la institución que llegaría a ser hacia el final del periodo medieval. Como vimos con Gregorio Magno, los obispos de Roma eran líderes políticos y religiosos de una ciudad, pero con pretensiones que se extendían por toda Europa y el Mediterráneo. Con todo, esas pretensiones a veces no eran más que eso. Tras la muerte de Gregorio, los obispos de Roma se volvieron con mayor claridad hacia Constantinopla, aunque siempre conscientes de la presencia de los lombardos del norte. Pero una ruptura se produjo a principios del siglo VIII, cuando los bizantinos abrazaron la doctrina iconoclasta, alejándose del uso de imágenes en los rituales. Los cristianos occidentales condenaron con rotundidad dicha práctica, lo que llevó a ambas *Romas* a distanciarse. Los lombardos, percibiendo un vacío de poder, intervinieron y se apoderaron de las tierras romanas situadas en el centro de Italia. Los pontífices necesitaban nuevos aliados y recurrieron a los francos. Al fin y al cabo, Pipino había llegado al poder mediante un acuerdo específico, *quid pro quo*, con el papado: este daría legitimidad a su nueva dinastía, y los francos harían frente a los lombardos y los bizantinos que amenazaban la autoridad del obispo en la Italia central.

Y eso funcionó para ambas partes. A principios de la década de los años setenta del siglo VIII, Carlomagno invadió Italia a instancias del papa y conquistó Pavía, deponiendo al monarca lombardo y arrogándose el título de «rey de los francos y lombardos». Durante esa campaña, visitó Roma y fue recibido con una procesión como libertador. Pero le esperaba una prueba más dura. En el año 799, el papa León III (795-816) fue atacado por sus compatriotas y encarcelado. Cuando logró escapar, se dirigió al norte, a Paderborn, en busca de la ayuda de Carlomagno.

Este envió de inmediato un ejército a Roma para reinstalar a León, y al año siguiente lo siguió a través de los Alpes. El papa fue exonerado de los cargos que se le imputaban y los autores del atentado fueron apresados, juzgados y condenados al exilio. Pero, mientras Carlomagno pasaba el invierno en Roma, antes de que pudiera regresar al norte, a Aquisgrán, ocurrieron dos sucesos importantes. En primer lugar, a finales del año 800, recibió una misión diplomática que había sido enviada a Occidente por el patriarca de Jerusalén; entre los regalos que portaba figuraban, según recogen los *Anales*, «reliquias del Sepulcro del Señor y del Calvario, así como de la ciudad y la montaña [que no se especifica] junto con un fragmento de la Vera Cruz». Poco después, a la luz de las velas de una misa celebrada el día de Navidad del año 800, el papa León III coronaba a Carlomagno «emperador» y la multitud reunida lo aclamaba inmediatamente como tal.

Debemos considerar estos dos sucesos en conjunto. Para empezar, la geografía es importante. Roma y Jerusalén eran dos lugares críticamente ligados a la historia del cristianismo: Jerusalén, por supuesto, como la ciudad de Jesús, y Roma como la urbe de san Pedro, lugar de fundación de la *ecclesia* en los siglos siguientes. Los regalos del obispo de Jerusalén otorgaban de manera simbólica a Carlomagno el poder sobre los lugares de la muerte y la resurrección de Jesús, así como sobre las puertas de la ciudad, todo ello acompañado de una reliquia de la Vera Cruz. El patriarca le había entregado —si bien metafóricamente, porque Carlomagno no se encontraba cerca de Jerusalén— el control de la famosa ciudad.

En esencia, el papa hizo lo mismo a través de la ceremonia de su coronación. Con los bizantinos lejos, el patriarca jerosolimitano y el pontífice buscaron el apoyo del gran gobernante ortodoxo; un nuevo emperador romano.

Así, demostrada su preocupación por el bienestar del pueblo de Roma, Carlomagno fue nombrado emperador por el papa y la ciudad. Cabe destacar que este no fue el comienzo del «Sacro Imperio Romano»; esto llegaría mucho más tarde, a finales del siglo XII. Pero desde luego, la coronación de Carlomagno integró al gobernante en la sucesión de emperadores romanos que se remontaba a Justiniano y Teodosio, a Constantino e incluso al primero, el propio Augusto. Puesto que la aclamación y la coronación —ambas vinculadas tanto a Roma como a Jerusalén— las llevó a cabo un obispo, el acontecimiento emparentaba a Carlomagno con un linaje aún más antiguo: no era solo la coronación de un gobernante secular, sino también la unción de un monarca sagrado como David y Salomón, los reyes bíblicos de Israel.

Esta síntesis de mandatarios —romanos, cristianos e israelitas— no es un episodio en el que los historiadores pretendan sacar conclusiones a partir de fuentes discutibles; los francos medievales no eran precisamente sutiles. En un código de leyes del año 789, Carlomagno se autodenomina ya un nuevo Josías, el rey de Judá que había purificado al pueblo elegido de sus prácticas paganas. Saint-Germigny-des-Prés, un templo franco situado al sureste de la ciudad de Orleans, exhibía sobre el altar un mosaico de principios del siglo IX, con dos ángeles vigilando el Arca de la Alianza. La escena hacía de esta iglesia una representación —una recreación— del Templo de Jerusalén. Pero también recordaba a los fieles que el arca, símbolo de la protección de Dios a los israelitas, que la llevaron a la batalla según el Antiguo Testamento, protegía ahora a su nuevo pueblo elegido en Francia.

En este sentido, la elevación de Carlomagno a la categoría de emperador romano no fue considerada por los contemporáneos como algo «nuevo». Era la continuación de algo más antiguo, ligado a la forma en que los francos se consideraban a sí mismos, con su gobernante como emblema del colectivo. Eran sucesores de los israelitas, herederos de los romanos. Una vez más, incluso en el año 800, seguían justificando su golpe de Estado, para lo cual trabajaban sobre una matriz de religión, cultura y política.

Quizá no haya mejor ilustración de esta interrelación ideológica que la capilla del palacio de Aquisgrán, justo en el corazón del imperio de Carlomagno. Iniciado en la década de los años noventa del siglo VIII, pero terminado y consagrado en 805, este edificio octogonal, cubierto de mosaicos (ahora perdidos), forrado de mármol y coronado por una cúpula, se parece de entrada a San Vitale de Rávena, el mismo lugar donde Justiniano y Teodora miran a los fieles desde sus radiantes mosaicos. La forma de la capilla palatina, por tanto, enlaza con Justiniano y representa el poder imperial romano. De hecho, para los francos del siglo IX, San Vitale recordaba un antiguo edificio de estilo romano que los conectaba ideológicamente con siglos de gloria imperial romana.

Pero los arquitectos de Aquisgrán añadieron algo más. La circunferencia del octógono interior mide 144 pies carolingios[1], lo mismo que los muros de la Jerusalén celestial descrita en el Apocalipsis 21. Para los consumidores de símbolos iconográficamente sofisticados de la Alta Edad Media, la Jerusalén celestial era una imagen de la Jerusalén terrestre. En otras palabras, una invocación a la primera conjuraría no solo el libro del Apocalipsis, sino la ciudad de la Palestina romana, reconstruida por Constantino,

---

[1] Unos 48 metros (*N. del T.*).

evocadora del Templo que una vez fue testigo de los reinados de David y Salomón.

Significaba algo y todo. Era Roma y Jerusalén, como en el momento de la coronación imperial de Carlomagno. Era el conjunto de emperadores y reyes evocando a Justiniano, Constantino y Salomón. Era el cielo y la tierra, un punto de encuentro como el descrito en la Biblia cristiana. Era una capilla parroquial, no solo un enclave privado, que proyectaba el poder hacia los numerosos visitantes que atravesaba sus pasillos. Y los francos y su rey se encontraban en el nexo de unión de todo ello. El reluciente interior de mármol multicolor de Aquisgrán, la forma en que la luz de las velas se reflejaba en los mosaicos dorados, el cálido resplandor que el propio Carlomagno debió de ver y sentir al ingresar en su capilla para rezar, todo evocaba el pasado, el presente y el futuro. Los francos afirmaban, en los textos y en la piedra, cómo el favor que Dios depositó en los israelitas de la Jerusalén terrestre había pasado a Roma y luego a Aquisgrán y a ellos mismos como pueblo encargado de llevar ese estandarte hasta el final. Y a ese mundo llegó un elefante.

Carlomagno había ordenado que le trajeran la gran bestia antes de convertirse en emperador, pero después de que empezara a pensar en la reclamación del título imperial y, desde luego, mucho después de que el complejo palaciego de Aquisgrán hubiera empezado a construirse. Abul-Abass desembarcó en un mundo que los francos tenían ya completamente conformado. En la década de los años veinte del siglo IX, alguien, echando la vista atrás, escribió: «Todos en el reino de los francos vieron un elefante durante el reinado del emperador Carlos». Y lo que veían no era simplemente un elefante, sino una serie de asociaciones ideológicas. Contemplaron un gobernante que domaba a una gran bestia, que se erigía como un nuevo David bíblico, un nuevo emperador Constantino. Vieron a los abasíes islámicos, con sede en su nueva ciudad dorada de Bagdad, la potencia preeminente en Oriente, enviando regalos en reconocimiento del poder de los francos, considerándolos (al menos) como iguales. No solo el rey Offa de Mercia sabía que, para proyectar poder, había que apropiarse de los símbolos del califa; este animal inmenso, la blancura de sus colmillos mientras se alzaba sobre todo cuanto le rodeaba, era la representación viviente y palpitante del sentido que los francos tenían de sí mismos. Mientras su trompeta bramaba bajo la cúpula octogonal de la resplandeciente capilla, Dios parecía favorecer a su nuevo pueblo elegido.

Pero el favor de Dios es siempre contingente. El único hijo superviviente de Carlomagno, Luis el Piadoso, ascendió al trono a la muerte de Carlos en 814. Las pérdidas comenzaron a acumularse y el gobernante fue culpado de ello, de nuevo como símbolo de la relación de los francos con Dios. Luis fue depuesto brevemente, tanto en 830 como en 833, las dos veces por sus hijos. Por eso no es de extrañar que, cuando murió en el año 840, estallara la guerra civil. El mayor, Lotario I (840-855), reclamó el título imperial y quiso mantener el imperio unido. Sus hermanos, Carlos el Calvo (840-877) y Luis el Germánico (840-876), aspiraban a tener sus propios reinos independientes.

El enfrentamiento terminó por desembocar en violencia abierta en el año 841, en Fontenoy, un pueblo enclavado al suroeste de Auxerre, territorio de la Francia actual. Los líderes enviaron emisarios de un lado a otro, tratando de evitar el conflicto, pero la batalla tuvo lugar al amanecer del 25 de junio. Como hemos visto a lo largo de este capítulo, los francos no eran ajenos a la violencia, concretada también en forma de cristianos matando a otros cristianos. Sin embargo, esta vez fue algo más que eso. Esta vez, francos lucharon contra francos. En esta ocasión, los líderes de los ejércitos rivales eran todos nietos de Carlomagno. Esta vez, las tropas estaban, literalmente, compuestas por hermanos.

Uno de los participantes en la lucha, un partidario de Lotario, escribió un poema sobre la contienda justo después de celebrarse. «El pueblo llano llama al lugar Fontenoy, / donde tuvo lugar la masacre y la sangrienta caída de los francos: / Los campos retroceden, los bosques retroceden, el pantano retrocede». Observamos que la propia tierra reacciona ante la matanza, que espera que la batalla se desvanezca de la memoria humana. Luego, al final, Angelbert adopta la voz de un profeta, utilizando versos de Jeremías para lamentar lo que ha visto y situando el choque en un tiempo sagrado, como otro ejemplo de los pecados del pueblo elegido a los ojos de Dios. Ello marca una diferencia con las anteriores victorias de los francos, en las que el bien y el mal estaban claros. Esta guerra civil, entre hermanos del nuevo pueblo escogido, resultaba más confusa. El destino de las almas de los caídos estaba en duda. Lo único que estaba claro, concluye Angelbert, era que todos debían rezar.

Después de Fontenoy, el imperio de Carlomagno siguió dividido. Lotario I se convirtió en emperador y estableció el control sobre una franja de territorio que se extendía de norte a sur del continente, desde el sur de Dinamarca hasta el centro de Italia. Luis el Germánico dominaba la parte oriental, mientras que Carlos el Calvo se quedó con la occidental. Los hermanos siguieron luchando entre sí hasta el año 855, fecha de la muerte de Lotario, cuyas tierras se repartieron Carlos y Luis.

Las fuentes que tenemos para este periodo de guerra civil tienen un tono muy diferente al de una generación anterior. La esperanza en el futuro prácticamente había desaparecido. En algún momento, entre los años 841 y 843, una noble llamada Dhuoda escribió un *Manual* para su hijo Guillermo, que estaba en la corte de Carlos el Calvo. Si recordamos, los ARF terminaban en 829, con una nota en la que se decía que Luis el Piadoso había nombrado a un nuevo chambelán llamado Bernardo de Septimania. Bernardo no participó en la batalla de Fontenoy, pero, tras el desenlace de la misma, envió a su hijo Guillermo (como rehén) a Carlos el Calvo, como muestra del apoyo a su causa.

El libro de Dhuoda mira hacia adelante y hacia atrás. Es un tratado profundamente erudito, una guía sobre cómo sobrevivir y prosperar en la corte, sobre la naturaleza del poder, sobre los francos como pueblo y su relación con Dios, y sobre el muy ardiente amor que siente por su hijo. Más concretamente, Dhuoda ofrece instrucciones morales y políticas para los diversos escenarios que Guillermo encontraría en la corte. Quiere asegurarse de que su hijo actúe correctamente ante su rey, pero también ante Dios, ya que el primero es en cierto modo una extensión o un agente del segundo.

Pero esa exhortación es tanto un lamento como un consejo. Dhuoda deja bien claro que, incluso en las fronteras del imperio, en lo que ahora es el extremo suroeste de Francia, comprende el desorden de los tiempos, la política que le ha arrebatado a su familia. De hecho, a medida que avanza la obra, cuando se acerca su final, Dhuoda se desespera por su propio estado de salud y parece asumir que no volverá a ver a Guillermo. Atrás quedan los consejos prácticos sobre la vida en la corte, sobre cómo navegar por las complicadas maquinaciones de la nobleza. Parece haber perdido la esperanza y termina su libro con un «Adiós, noble muchacho, y mantén siempre tu fe en Cristo...». El manual de Guillermo acaba así: «Consumado es» [Juan 19:30]. Dhuoda termina con el Jesús moribundo del Evangelio de Juan, con las palabras que pronuncia después de haber mirado con amor a su madre y a su discípulo. Es una conclusión adecuada en cierto modo: Jesús mirando, al final, a los que más le amaban en este mundo, y Dhuoda recordando esa imagen al poner punto final a su propia labor.

Haciéndose eco del lamento de Dhuoda, y escribiendo a principios de los años cuarenta del siglo IX, al tiempo que Dhuoda, Nithard —él mismo descendiente de Carlomagno—, observaba con tristeza lo que los francos habían perdido. Así se expresa: «En los tiempos de Carlos el Grande, de buena memoria... la paz y la concordia reinaban en todas partes porque nuestro pueblo seguía... el camino del bienestar común, y por tanto el camino de Dios». Sin embargo, en la época de Nithard, hay violencia y engaño, egoísmo y saqueo. Los carolingios habían forjado, mediante un golpe de Estado, una dinastía que esgrimía la religión y la política como ideas autoimpuestas tras su victoria. Pero ahora esa alianza se había devorado a sí misma. La propia tierra se había vuelto contra los francos. Las últimas palabras de la crónica de Nithard describen un eclipse y una gran tormenta de nieve de primavera: «Menciono esto porque la rapiña y los agravios de todo tipo se habían desatado por todos lados, y ahora el clima intempestivo mató la última esperanza de cualquier bien por venir».

Dhuoda terminó de escribir en el año 843 y quizá murió poco después. Su marido, Bernardo, fue ejecutado por traición por Carlos el Calvo en 844. Su hijo Guillermo fue igualmente capturado y muerto en 850, tal vez (según al menos un historiador) llevando consigo un ejemplar del libro de Dhuoda en esos momentos, por intentar vengar a su padre ante el rey Carlos. El lamento de Nithard sobre el desorden y la guerra civil hizo juego con las lápidas. También Nithard murió hacia el año 845 de forma violenta. Pero fue esa una violencia imprevista, resultado de una invasión, fruto de una nueva amenaza procedente del norte. Es un patrón que hemos visto una y otra vez, cuando un grupo de atacantes, aprovechando los desórdenes internos, llegan para sumar «rapiña y agravios de todo tipo». Hombres del norte que arrasaron, quemaron monasterios y saquearon la campiña. La era de los carolingios estaba llegando a su fin y la de los vikingos comenzaba.

Capítulo 7

Un barco en llamas
en el Volga

Año 793, Northumbria. Unos asaltantes procedentes de un lugar situado todavía más al norte están a punto de saquear el sitio en el que está enterrado san Cuthbert, uno de los emplazamientos más importantes de la cristiandad medieval temprana. Un cronista monástico lamenta la «rapiña y la matanza» causadas por aquel ataque, escribiendo sobre los dragones, el mal viento y el hambre que acompañaron a los invasores.

Año 921, río Volga. Un jurista islámico, tal vez oriundo de Arabia, se maravilla ante la destreza física de los *rusiya*, un grupo de mercaderes y guerreros del norte. Sin embargo, se retrae ante su suciedad y registra desapasionadamente la violación ritual y el sacrificio de una niña esclavizada mientras los *rus* lloran a su líder caído, una ceremonia que termina con el cuerpo del caudillo y los de sus esclavos quemándose en uno de sus barcos.

Corre el año 986 en la ciudad de Kiev, y el príncipe Vladimir de Rus recibe misioneros búlgaros musulmanes, jázaros judíos y alemanes cristianos, pero son los romanos de Constantinopla los que finalmente logran que se convierta. Él y su pueblo se bautizan, vinculando así su reino híbrido, escandinavo-eslavo, a la nueva Roma.

Estamos ahora en el año 1010, cerca del golfo de San Lorenzo, y los indígenas de América del Norte intentan comerciar con los groenlandeses, que han acampado allí para conseguir armas. Tienen que conformarse con la leche de vaca, que es todavía una delicia para los habitantes de un continente sin animales domésticos productores de ella. Pero, algo después, se produce el conflicto y todos los intrusos huyen, a excepción de una mujer llamada Freydís, que asusta a sus atacantes al descubrir uno de sus pechos y golpearlo con una espada.

Año 1038, Sicilia. Un príncipe exiliado de Noruega, llamado Harald Hardarada, combate en un ejército bizantino junto a aliados normandos contra los gobernantes musulmanes de la isla. Más tarde regresa a Constantinopla, rapta a una princesa romana, huye a Kiev, lucha por el control de Noruega y muere intentando conquistar Inglaterra, después de haber recorrido miles de kilómetros a lo largo de sus cincuenta y un años de vida.

Los vikingos parecen haber hecho de todo, haber estado en todas partes. Arrasaron con los restos de la Europa septentrional carolingia, hicieron incursiones en el Mediterráneo, lucharon en (y contra) los ejércitos bizantinos y comerciaron con los nativos americanos y los califas. En el imaginario moderno, son objeto de populares programas de televisión y videojuegos, y con frecuencia aparecen caricaturizados por grupos de extrema derecha por su violencia y supuesta misoginia. Pero la Edad Media es algo más complicada que eso, y los vikingos no son una excepción.

Observar el alcance del mundo ocupado por los que a menudo designamos con ese nombre requiere tanto estrechar como ampliar la mirada. El propio término «vikingo» es restrictivo, algo parecido a «pirata»: no es aplicable a todos los grupos ni en todo momento en este contexto histórico. Al igual que «bizantino» y otros vocablos que han sobrepasado con creces su circunstancia histórica a lo largo de los siglos, lo utilizaremos aquí con ánimo de simplificar. Pero al referirnos a lo que se suele conocer como «época vikinga», debemos ampliar mucho nuestro campo de visión, ya que se trata de un tiempo y un conjunto de actividades que permean toda la Europa continental, el Mediterráneo, Asia, las islas del Atlántico Norte e incluso América del Norte. Pocos pueblos viajaron tan lejos, tan rápido y con consecuencias tan duraderas, positivas y negativas, para aquellos con los que se encontraron. Los textos que registran estos contactos están escritos en griego, latín, inglés, árabe, eslavo e islandés, entre otros. Durante varios siglos, se enfrentaron a los británicos, los francos, los eslavos, los rus, los bizantinos, los norteafricanos, los árabes, sin olvidar a las naciones originarias de América del Norte. Comerciaron y lucharon contra y junto a los creyentes de todos los monoteísmos abrahámicos, así como con los seguidores de otras innumerables tradiciones religiosas, y esas historias han permanecido con nosotros durante más de mil años. Como demuestran estos relatos, aunque los vikingos eran capaces de una violencia extraordinariamente terrible, también participaron en redes comerciales transregionales, colonizaron tierras que creían deshabitadas (y comerciaron tanto como lucharon con los inuit y otras naciones originarias cuando descubrieron que estaban equivocados) y construyeron nuevos reinos y Estados que entablaron con rapidez relaciones diplomáticas formales con sus vecinos.

De hecho, en pocos siglos, los nórdicos habían abrazado mayoritariamente el cristianismo y conformaban otro conjunto más de potencias y pueblos en el hiperconectado mundo medieval. Los «hombres del norte» se convirtieron en normandos. Mientras tanto, la gran Escandinavia pasó a ser un lugar de innovación intelectual, artística, política y económica, ya que estos pueblos modificaron —conservándolas— sus tradiciones lingüísticas y culturales incluso después de su conversión. Los islandeses amaban la democracia y la literatura, incluso cuando contaban historias de brutales luchas pletóricas de sangre y asesinatos en las que aún participaban. Los daneses forjaron un imperio —pequeño, pero sin duda un imperio, por la forma en que se extendía a través de reinos y pueblos— en el mar del Norte. Los artesanos vikingos construyeron los mejores barcos del mundo medieval, capaces de navegar por el océano pero también a lo largo de los ríos. Su sociedad presentaba una importante paridad de género, al menos en aspectos clave de su organización. Sus ciudades eran vibrantes centros de intercambio mercantil. Sus hombres vestían muy bien. Y, como vemos en el itinerario personal de Harald Hardarada, un solo vikingo podía ser un vector de conexión e intercambio, aunque también busca-se y desencadenara conflictos violentos a su paso. Allí donde los vikingos encontraban riqueza y una estructura política débil, hacían incursiones. Cuando hallaban rutas comerciales que atravesaban diversas regiones, comerciaban. Cuando se topaban con líderes fuertes que buscaban soldados, servían. Y, cuando descubrieron tierras vacías, cultivaron.

La historia de la Escandinavia medieval, de sus pueblos, de sus incursiones y de sus inclusiones en sistemas medievales más amplios, exige una especie de perspectiva doble, que contemple primero la llegada de los vikingos a las distintas fronteras de las sociedades medievales y las formas en que se insertan y remodelan esas fronteras. Después, hay que mirar al interior de Escandinavia, fijándonos en las transformaciones que resultaron de su expansión y examinando las nuevas culturas sincréticas que surgirían de todo ello.

Retrocedamos en el tiempo hasta la isla de Lindisfarne, frente a la costa de Northumbria, en Gran Bretaña, un lugar sagrado para los cristianos locales y que los vikingos asaltaron, en busca de botín, en el año 793. Su llegada a Gran Bretaña y el saqueo de Lindisfarne están registrados, entre otros documentos, en una colección de anales escritos en inglés antiguo. A semejanza de los *Anales Reales Francos*, que describían a los carolingios, la llamada *Crónica anglosajona*, que se redactó en las islas británicas, también proporcionaba una recopilación año a año de los acontecimientos, era la forma común en la que instituciones como los monasterios mantenían un registro de detalles económicos, meteorológicos, clericales y políticos básicos. Este tipo de textos suelen ser bastante aburridos, pues enumeran las muertes, los títulos (quién fue nombrado abad u obispo, quién heredó una corona) y las idas y venidas de personas notables. Sin embargo, a veces, como sucede con la información relativa al año 793, las cosas se vuelven emocionantes o, mejor dicho, horripilantes. Según el autor desconocido del registro de ese año

> [se produjeron] terribles advertencias desde la tierra que habitaban las gentes de Northumbria, que aterrorizaron a la población de la manera más lamentable: eran inmensas hojas de luz que se precipitaban desde lo alto, y torbellinos, y dragones ardientes que volaban por el firmamento.

El hambre siguió a los dragones. No mucho tiempo después, «los paganos hicieron lamentables estragos en la iglesia de Dios, en la Isla Santa», matando a su paso.

Sin embargo, los siguientes cuarenta años no marcan un cambio drástico en los anales. Los obispos toman posesión de sus cargos. Los reyes luchan contra otros reyes. Los prelados locales celebran sínodos. La llegada de estos «paganos» fue una erupción, pero que resultó pasajera, al menos hasta el año 832, cuando «los paganos invadieron la isla de Shepey», en el sureste, y luego en 851, cuando «los paganos permanecieron por primera vez durante todo el invierno en la isla de Thanet» y ya no regresaron a Escandinavia al concluir la temporada de incursiones. Leído con detenimiento, el texto revela una nueva realidad: que la llegada de los vikingos era algo regular. En el año 865, ya no se presentaron como simples asaltantes, sino como un ejército, y acudieron para quedarse, tal como quedó registrado: «Fijaron su cuartel de invierno en Anglia Oriental, donde pronto se alojaron; y los habitantes hicieron las paces con ellos».

Durante mucho tiempo, los historiadores —en particular los ingleses modernos— contaron esta historia como la de una invasión, en la que el gran ejército pagano se imponía a los buenos reyes ingleses. Pero más recientemente se ha producido una revisión, a la luz de otras formas de interpretar este texto y otras fuentes —incluidos los objetos materiales— que pueden ayudarnos a clarificar las cosas. Sí, es cierto que los reyes de la Gran Bretaña primitiva lucharon contra los vikingos y generalmente, si no siempre, perdieron. Sin embargo, los británicos descubrieron que a menudo podían comprar la paz con caballos u otras formas de botín, por ejemplo con monedas, algo que animaba a los vikingos a seguir adelante. Luego, los nórdicos empezaron a asentarse y diversos grupos fueron dominando la mayor parte de la isla, excepto el reino de Wessex. El rey de este territorio, Alfredo el Grande (871-899), derrotó a los invasores (en su mayoría procedentes de la actual Dinamarca), preservando su independencia, si bien se vio obligado a firmar un tratado en el que se reconocía la nueva realidad del dominio danés sobre la mayor parte del área oriental de Inglaterra. Por otro lado, los incursores daneses aceptaron convertirse al cristianismo como parte del trato. A partir de entonces, en

UN BARCO EN LLAMAS EN EL VOLGA

Gran Bretaña, los poderes políticos ascenderían y declinarían, pero los vikingos nunca más se marcharon. El inglés antiguo vernáculo adoptó palabras escandinavas, las estructuras de poder cambiaron para incorporar a los señores daneses y los vikingos se convirtieron al cristianismo.

Los daneses de Gran Bretaña empezaron su conversión religiosa a finales del siglo ɪx y principios del x, pero, como hemos visto antes, el verdadero movimiento se produce cuando son los gobernantes los que abrazan la nueva fe y arrastran a sus súbditos con ellos. El rey Harald *Diente Azul,* de Dinamarca (958-986), que más tarde reinó también en Noruega (970-986), se convirtió gracias a misioneros del sur poco después de subir al trono. Para celebrar su conversión, así como la de su pueblo, ordenó la erección de una piedra rúnica pintada que representaba a Cristo y conmemoraba los logros de Harald como unificador de un nuevo reino cristiano. Hoy en día la piedra está desgastada y es de color gris, pero para los daneses de su época tenía un vivo brillo de color. Al igual que la Cruz de Ruthwell, las Piedras de Jelling combinaban lo que podríamos llamar imágenes «paganas» y «cristianas»: Jesús en la cruz, claramente reconocible, rodeado de enredaderas entrelazadas y animales de estilo nórdico. La permeabilidad de las religiones, culturas y geografías, demostrada con tanta gracia en la pintura y el trabajo en piedra, se institucionalizó poco después. El hijo y sucesor de Harald, Sweyn *Barba Partida,* se convirtió en rey (aunque brevemente) de Dinamarca, Noruega e Inglaterra en 1013.

Pero hay muchas otras historias de conversión que contar. En el año 1000, el *althing,* el órgano consultivo islandés, votó a favor de la cristianización de la isla, quizá la única historia de conversión por democracia en la historia medieval. Más típico fue lo ocurrido en Dinamarca y, mucho antes, en Normandía. Hacia el año 911, el rey carolingio Carlos el Simple (898-922) cedió a un jefe de guerra noruego llamado Rollo las tierras de la desembocadura del Sena, un río que había sido punto de acceso para otros asaltantes cuyos embates habían padecido durante décadas los restos del reino franco. Ahora, con astucia, el rey franco compró a sus enemigos, de forma que los vikingos se harían cristianos y recibirían tierras a cambio de defender a Francia en nombre del monarca. Sin embargo, según un cronista, la compra no resultó en absoluto sencilla. Mientras le entregaba los derechos de las tierras, Carlos exigió al caudillo Rollo que le besara los pies en señal de sumisión. El noruego se mostró reticente, aunque finalmente accedió, pero haciendo que sus hombres pusieran al rey boca abajo para que él no tuviera que doblar la rodilla. Aunque la historia es, con toda seguridad, falsa, revela una tensión que duraría generaciones. Esta tierra de los nórdicos, de los normandos, se convertiría en Normandía, y los sucesores de Rollo, como duques de Normandía, serían siempre un dolor de muelas para el rey, especialmente después de que los descendientes de Rollo se convirtieran, ellos también, en reyes (de Inglaterra), a partir de 1066.

Lejos hacia el este, pero más o menos al mismo tiempo que los daneses se asentaban en Gran Bretaña, diferentes grupos de asaltantes y comerciantes se enfrentaban a otras políticas y otros pueblos. La historia de Asia occidental y central se desarrolla de forma muy diferente a la de Europa occidental, porque la situación anterior a los vikingos era también muy distinta. En lugar de Estados fragmentados y riquezas atesoradas en instituciones religiosas fácilmente accesibles, los vikingos se topaban aquí con los límites septentrionales de asentamientos dispersos, dentro de vastas redes comerciales que se extendían desde China e India hasta el Mediterráneo. Constantinopla era un nodo; Bagdad otro, con quizá cientos de ciudades que proporcionaban conexiones a través de la estepa, las montañas, el desierto y el bosque. El poder centralizado y la potencia militar de tales ciudades y civilizaciones no excluían las incursiones frecuentes, pero convertían el intercambio económico colaborativo en una opción mucho más rentable.

Desde su posición en el norte, los vikingos podían navegar con sus barcos por ríos del oeste de Asia, tales como el Dniéper y el Volga, que recorrían de un lado a otro mediante estas u otras naves que construían en función de sus necesidades. A medida que se acercaban al año 900, los asentamientos de la zona pasaron pronto a ser gobernados por familias que conectaban sus orígenes con antepasados legendarios, oriundos de Suecia, tales como Rurik, fundador de Nóvgorod. Establecieron conexiones con los reinos emergentes de Escandinavia, al tiempo que presionaban hacia el sur, una vez más, tanto mediante incursiones como a través del comercio. En el año 860, por ejemplo, los rus sitiaron Constantinopla, tomando desprevenidas a las fuerzas bizantinas y asaltando los suburbios de la mayor ciudad de la cristiandad de la época. Pero también establecieron alianzas con los jázaros, un pueblo estepario cuyos gobernantes se convirtieron al judaísmo (y más tarde, en el siglo X, al islam) y que dominaban el territorio situado entre las tierras del norte y el mar Negro. Y, dado que la Ruta de la Seda pasaba por tierras jázaras, los vikingos participaban en las grandes redes de comercio de los bienes de lujo más preciados del mundo, tales como la seda, las especias, el incienso, los metales preciosos, las pieles, las armas y los esclavos. Pero también, al atravesar los grandes ríos, ellos mismos aportaban pieles, madera y esclavos del norte, y recibían a cambio objetos de metal, así como cuentas y dirhams. De hecho, la moneda del Califato se ha encontrado en sepulturas y escondrijos vikingos desde Novgorod, a través de Escandinavia, hasta la isla de Skye, en Escocia, y hasta Islandia.

En una de esas delegaciones comerciales, a principios de la década de los años veinte del siglo X, el Califato abasí de Bagdad envió a un diplomático junto a los rus, en su viaje de regreso al norte. No sabemos mucho sobre ese viajero, Ibn Fadlan; solo que tomó notas sobre los pueblos que encontró y que luego elaboró un relato casi etnográfico acerca de su experiencia, si bien solo se conserva el registro de su trayecto de ida. Ese tipo de texto no era del todo insólito entre los literatos árabes, entre los que se popularizó la escritura de viajes, un género que arraigó en su cultura a lo largo de los siglos. Ni siquiera fue el único autor de tierras islámicas que describió la Rus. Un geógrafo y funcionario fiscal más o menos contemporáneo, llamado Abdallah Ibn Khurradadhbih, habló de los rus que bajaban de la «tierra de los eslavos... con pieles de castor y zorro, así como con espadas». Comerciaban con los bizantinos y con los jázaros, pero a veces se adentraban en la región que rodea el mar Caspio, cambiando sus barcos por camellos que utilizaban para llevar sus mercancías en el largo viaje hasta Bagdad, donde eunucos esclavos, capturados en tierras cristianas, actuaban para ellos. Aquellos camelleros se hacían pasar por cristianos, para pagar un impuesto menor que los politeístas. Como hemos visto, los Estados islámicos habían instaurado en su sociedad un estatus especial, protegido, aunque desigual, para los cristianos, pero no para los paganos de las tierras del norte. Así que los vikingos fingieron ser de los primeros.

Pero el relato de Ibn Fadlan capta la imaginación, en parte, porque incluso cuando describe con un tono narrativo neutro, sin emoción aparente, el mundo con el que se topa, la humanidad de sus protagonistas —en toda su gloria y horror— se hace patente en estos encuentros de principios de la Edad Media. Por ejemplo, es evidente que, a medida que iba conociendo más sobre la Rus en el transcurso de su viaje, experimentó reacciones contradictorias. Por un lado, afirmaba que «nunca había visto cuerpos más perfectos que los suyos. Eran como palmeras. Son bellos y rubicundos»; iban armados hasta los dientes. Las mujeres llevaban finas joyas, tal vez broches de algún tipo y torques alrededor del cuello. Sin embargo, aunque Ibn Fadlan admiraba su belleza, al mismo tiempo los condenaba como «las más sucias de las criaturas de Dios, como asnos vagabundos», y rechazaba su práctica de lavarse por la mañana con una sola palangana, sonándose la nariz y escupiendo en el agua, antes de devolvérsela a una sirvienta que se la pasaba al siguiente hombre.

Más allá de la cuestión higiénica, uno de los elementos más perturbadores del encuentro, para Ibn Fadlan, queda recogido en su descripción del entierro ritual de un líder de la Rus, una ceremonia en la que una esclava drogada sufre la violación en serie de los dirigentes del grupo y a continuación es asesinada ritualmente y colocada en un barco junto a su amo muerto. La nave, que también contenía artículos de lujo, los cuerpos de otros esclavos y de animales sacrificados, así como el cadáver finamente vestido del gobernante, se cargó de leña en la orilla y, finalmente, le prendieron fuego. «El fuego envolvió la madera, al hombre, a la muchacha y todo lo que había en el barco. Empezó a soplar un viento violento y el calor del fuego se intensificó». Uno de los rus se ríe de Ibn Fadlan, diciéndole: «Los árabes sois tontos porque depositáis a los hombres que más queréis en la tierra, donde los gusanos se los comen. Nosotros los quemamos, para que entren directamente en el Paraíso».

El comentario es buena muestra de un encuentro peculiar, en el que ambas partes parecen estar al tanto de las diferentes prácticas culturales y religiosas. El interlocutor ruso conoce el ritual funerario islámico, al igual que Ibn Fadlan está aprendiendo sobre los rus. Pero el centro del pasaje es el destino de la esclava, que no parece molestar al narrador árabe, aunque debería perturbarnos de manera extraordinaria. La esclavitud era relativamente común en todo el mundo medieval temprano, como hemos visto, y la sociedad vikinga no era diferente. Como otros, este pueblo también traficaba con seres humanos, a veces capturados en guerras o incursiones, a lo largo de sus rutas, junto con madera, pieles y otras mercancías. De hecho, algunos asentamientos vikingos se establecieron como vías específicas para el tráfico sexual, con acciones dedicadas a matar hombres y llevar mujeres para venderlas (o regalarlas a sus seguidores) en otros lugares. Incluso dentro de la sociedad vikinga, varios tipos de juicios legales podían reducir a alguien a la esclavitud (falta de libertad). No ser libre podía significar, y de hecho significaba, diferentes cosas en diferentes lugares y épocas, y muchos pueblos esclavizados vivían y trabajaban con considerables protecciones legales. Con todo, no podemos —nunca— negar la trágica condición de las personas esclavizadas. Sufrían y estaban sometidas a los caprichos de sus amos o señores. Incluso si esta violación con asesinato ritual, en particular, hubiera sido un caso extremo, se asumía como normal dentro del ámbito de aquella horrible realidad, por lo que no es impensable decir que Ibn Fadlan estaba escribiendo exactamente sobre lo que vio esa noche junto al río Volga.

Aun así, sería un error fijarse en esa pobre chica asesinada y pensar que encarnaba la situación de la mujer en la sociedad vikinga. Los esclavos sufrían, pero las mujeres nórdicas gozaban de lo que quizá sea una sorprendente paridad con los hombres. Aunque las sagas y las historias están llenas de violencia de género, la ley medieval escandinava permitía normalmente el divorcio, iniciado por cualquiera de las partes. Las mujeres disfrutaban de propiedades. Luchaban tanto en la realidad como en la historia. Cuando los hombres se iban de viaje, solían navegar con ellos, incluso hasta las costas de Norteamérica. Las tumbas de estas féminas están llenas de utensilios propios, lo que a menudo significa joyas u objetos domésticos, pero también espadas, así que tal vez algunas mujeres incluso participaran en las incursiones —o «en un vikingo», que era como los nórdicos describían tales actividades, si bien se trata de algo sujeto aún a discusión—. Hay demasiadas imágenes, representaciones literarias, quejas de los forasteros y pruebas arqueológicas acerca de mujeres que lucharon, gobernaron y llevaron las riendas de sus propias vidas.

Tomemos el ejemplo de una de ellas, llamada Freydís, hermana de Leif Eriksson. Ambos vivieron alrededor del cambio de milenio. Leif es quizá más conocido por el registro de sus hazañas, que sobreviven gracias a sagas heroicas en las que navega hacia el oeste desde Groenlandia para hacer incursiones y comerciar, llegando finalmente a las Américas casi quinientos años antes que Colón. No se conservan relatos desde el punto de vista indígena, pero las dos sagas vikingas que mencionan Vinlandia (no está claro dónde se sitúa exactamente, pero probablemente en el noreste de Norteamérica) son reveladoras. En ellas, los vikingos recurrían con facilidad a la violencia, pero también estaban dispuestos a comerciar con los habitantes locales; estos parecen haberse sentido igualmente dispuestos a luchar o comerciar, según las circunstancias. En ambos relatos, Freydís desempeñó un papel destacado. En un momento dado, al ser atacada, la embarazada Freydís gritó a los hombres: «¿Por qué unos valientes como vosotros huis de unos miserables? Si tuviera armas, estoy segura de que podría luchar mejor que cualquiera de vosotros». Su afirmación se hizo realidad cuando se encontró con una guerrero vikingo muerto, cogió una espada, «sacó uno de sus pechos del corpiño y lo golpeó con la espada». Los *skraelings*, un epíteto despectivo que los vikingos utilizaban para referirse a los pueblos indígenas, se aterrorizaron y escaparon a sus barcos. En la otra saga, mientras la colonia vikinga se derrumba por culpa de las luchas internas, la propia Freydís dirige una expedición a Vinlandia. No va bien. Freydís inicia una lucha entre dos facciones y asesina a varios hombres con un hacha. La colonia se desintegra y los supervivientes regresan a Groenlandia.

De hecho, la presencia vikinga en América del Norte, aunque indiscutible ahora, parece haber sido relativamente breve. Pero eso no debería sorprendernos. El movimiento vikingo hacia el oeste, a través del Atlántico, consistió en un salto de isla en isla, a principios de la Edad Media, para convertirse luego, hacia el final del periodo, en repliegue y retirada. Las islas Feroe, situadas al norte de Escocia y al oeste de Noruega, eran trampolines para alcanzar Islandia, una masa de tierra mucho mayor, y ambas estaban deshabitadas cuando llegaron los vikingos. Aquí, los viajeros se dedicaron a la agricultura, la pesca, la caza y la ganadería. En el año 930, los islandeses habían establecido un parlamento para toda la isla, y la cronología respalda la afirmación de que la islandesa actual es la democracia más antigua del mundo. Pero los vikingos siguieron desplazándose hacia el oeste, esta vez a finales del siglo x, a Groenlandia, donde finalmente miles de ellos se instalaron en busca de mejores tierras y riqueza. Groenlandia abrió las vías marítimas a América del Norte.

Entonces, con tanta rapidez como despegó, el mundo vikingo comenzó a desmoronarse. Los puestos madereros y comerciales de Norteamérica (y probablemente los pequeños asentamientos) fueron abandonados a principios del segundo milenio y sus habitantes volvieron a Groenlandia, como se señala en la historia de Freydís. A su vez, esas colonias de Groenlandia empezaron a marchitarse en el siglo XIV, quizá por culpa de la caída de la demanda de marfil de morsa, causada a su vez por el descenso de la población debido a la peste negra. A mediados del XV, los dos principales asentamientos de aquella enorme isla habían desaparecido. Aunque existe un registro de un barco que llegó a Islandia en 1347, después de haber recogido madera en Markland (probablemente El Labrador, en Canadá), para entonces el territorio se había convertido menos en un punto de paso y más en un destino final, en el movimiento a través del Atlántico Norte. Ese barco simplemente se había desviado de su rumbo y estaba sacando el mejor partido posible de una mala situación.

DE ALGUNA MANERA, LA ERA de los vikingos como temidos forasteros llegó a su fin debido al cambio cultural más que a la acción militar. Sobre todo, como hemos visto, se convirtieron al cristianismo, aunque lentamente y a menudo con grandes conflictos, y así fueron transformándose las historias que ellos contaban de sí mismos y las que narraban los otros. Pocos años después del cambio de milenio, un nuevo rey noruego, Olaf II Haraldsson (1015-29), intentó unir los divididos cacicatos de Noruega en un único reino cristiano bajo su mandato. Parece que se había convertido durante un viaje a Normandía, años antes, y, aunque más tarde sería conocido como san Olaf, los estudiosos subrayan que no era un líder piadoso. De hecho, no parece haber sido un gran caudillo, ya que perdió suficiente influencia como para que sus señores apoyasen la invasión del rey Canuto de Inglaterra y Dinamarca en 1029. Olaf murió en la batalla de Stiklestad en 1030.

El hermano de Olaf, Harald Hardarada, tenía quince años cuando luchó junto a él en Stiklestad, pero huyó después a Kiev y sirvió en el ejército del gran príncipe Yaroslav. Más tarde, según la saga que recoge su vida, Harald fue a Constantinopla y se unió a la Guardia Varenga, un grupo de nórdicos que servía como una especie de guardaespaldas y tropa mercenaria para los emperadores romanos. Esta era una salida bastante común para soldados de fortuna y aventureros. Si uno se preocupa de buscarlos, es posible hallar grafitis rúnicos grabados en las piedras de Santa Sofía, que dicen: «Ári escribió estas runas». Otros conservan el nombre de Halfdan. El propio Harald luchó en Sicilia y el sur de Italia, luego regresó a Constantinopla y se involucró a fondo en las intrigas políticas de la ciudad, en la década de los años cuarenta del siglo XI. Fue un decenio de guerras civiles y emperadores de corta duración, por lo que la estrella de Harald cayó tan rápido como había subido. Huyó de la ciudad en barco y regresó a Kiev, se casó con la hija de Yaroslav y se preparó para hacerse con el trono noruego.

En 1046 ya lo había conseguido, y gobernó durante veinte años, hasta que, en 1066, le invitaron a Inglaterra, para ocupar también ese trono, reunificando así reinos que habían estado unidos apenas una generación antes. Pero los noruegos cayeron en batalla ante el ejército inglés al mando del rey Harold II, cerca de la actual frontera escocesa. Con todo, la victoria de Harold II duró poco, ya que a continuación fue derrotado por los normandos que invadían desde el sur. Y, aunque las incursiones periódicas continuaron de vez en cuando, quizá este sea un buen momento para poner fin a la era vikinga, aquí, en 1066. Entre septiembre y octubre de ese año, el duque Guillermo de Normandía (descendiente de los vikingos de Rollo que se asentaron por primera vez en Francia bajo los carolingios) derrotó al rey Harold II Godwinsson (descendiente de vikingos daneses por parte de su madre), que previamente había vencido a Harald Hardarada (el monarca vikingo de Noruega).

Resulta útil trazar una línea entre la época de la expansión vikinga y la Escandinavia cristiana medieval, en el momento en que el primer milenio se convirtió en el segundo. Los vikingos no desaparecieron, pero la naturaleza de la relación entre los reinos del norte y sus vecinos cambió. Seguimos a los vikingos hacia el este, bajando por los ríos de Rusia y adentrándonos en el mar Caspio, montando en camellos, haciendo incursiones y comerciando con el Califato abasí en busca de seda a medida que se presentaban las oportunidades. Con ellos nos adentramos en el Atlántico Norte, cazamos morsas en Islandia, criamos ganado en Groenlandia o navegamos hasta las fértiles tierras de la costa norteamericana. Nos dirigimos hacia el sur por el Atlántico, asaltando los ríos franceses e incluso atravesando el estrecho de Gibraltar hasta el Mediterráneo occidental. Los extremos no casan del todo, con los incursores contra la España de los primeros años del siglo IX y los noruegos luchando por Roma en 1040 en Sicilia; pero el círculo casi consigue cerrarse. De hecho, los vikingos parecen haber sido un fenómeno netamente medieval, capaces de grandes dosis de violencia e igualmente hábiles para interaccionar de forma pacífica y comerciar, y siendo siempre, en todo caso, vectores de permeabilidad.

Capítulo 8

Una chica de oro
en Francia

A principios del siglo XI, en lo que hoy es el sur de Francia, un soldado llamado Gerbert encontró a tres cautivos retenidos por un personaje brutal llamado Guy, un gobernante local de un castillo que se deleitaba con la violencia y a menudo secuestraba a los lugareños para pedir rescate por ellos. Gerbert, imbuido de piedad, ayudó a los prisioneros a escapar, pero ellos, nuevamente capturados y sometidos a tortura, confesaron la identidad de su benefactor. Gerbert fue apresado a su vez y Guy ordenó a sus ruines secuaces que le sacaran los ojos de las órbitas.

Presa de la desesperación ante su destino, Gerbert quiso morir. «Su plan era beber leche de cabra, pues dice la gente que si alguien que ha sido herido recientemente lo hace, se sumirá en la muerte de inmediato». Por suerte para él, nadie se la proporcionó. Así que, en lugar de eso, el soldado decidió morir de hambre. Pero, al octavo día, se le apareció una niña de diez años, revestida de oro, llena de luz y de una belleza indescriptible. Lo miró detenidamente, luego metió las manos en sus cuencas y al parecer le reimplantó los ojos. Cuando

Gerbert despertó sobresaltado para dar las gracias a la muchacha, ya no había nadie. Poco a poco, comenzó a recobrar la visión.

Las historias sobre santos y milagros, los relatos hagiográficos, ofrecen ventanas útiles para entender esos mundos que facilitaron su aparición. Describen un paisaje natural sobre el que operaba lo sobrenatural, los límites dentro de los cuales hombres y mujeres convivían con lo divino. En ese sentido, este tipo de narraciones no solo revelan creencias y prácticas religiosas localizadas, como es obvio, sino que también proporcionaron un lienzo sobre el que los individuos medievales pintaron sus esperanzas y temores sobre diversos aspectos de su existencia. Eran actos de persuasión retórica. En el caso de Gerbert, la historia de su muchacha dorada nos proporciona el camino a seguir para entender la crisis que tuvo lugar en torno al cambio de milenio.

La historia oficial nos cuenta que, tras el colapso carolingio de finales del siglo IX y las incursiones vikingas, con los piratas norteafricanos asaltando las costas de Francia e Italia y los magiares —un pueblo que emigró desde Asia central— presionando hacia el este de Europa, dejamos atrás un «renacimiento» y nos sumergimos de nuevo en la más oscura de las Edades Oscuras. Quizá los habitantes del antiguo imperio de Carlomagno interpretaron que el trastorno era total al comenzar el siglo XI, al igual que se creía en el V, cuando Roma fue saqueada, Atila y sus hunos arrasaron Europa y empezaron a surgir nuevos reinos en las provincias romanas. Lo cierto es que tales momentos, aunque no significaron un colapso absoluto, amenazaban el equilibrio de los pueblos que percibían el caos a su alrededor. Por mucho que nosotros, como historiadores modernos, podamos señalar que algunas particularidades propias de Roma se mantuvieron al rebasar el siglo V, y que este tipo de violencia se había producido desde el siglo III, el matiz habría sido un frío consuelo para Agustín o Jerónimo cuando intentaban explicar por qué Dios permitió que Roma fuera devastada. Lo mismo ocurrió con Gerbert y muchos otros en ese periodo posterior: buscaban un nuevo significado, una nueva estructura, una nueva estabilidad. Pero incluso cuando dirigimos nuestra atención a la Francia poscarolingia, a una élite que experimenta una profunda ansiedad sobre la estructura de su sociedad y el estado de sus almas, encontramos esa rica complejidad humana que está detrás de nuestras Edades Brillantes. Y a partir de esa complejidad, incrustada en las historias que contaban, hallamos un camino por el que se abrieron paso nuevas ideas destinadas a conseguir la paz.

TRAS LA CITADA VISIÓN, Gerbert empezó a recuperar la vista, como queda dicho, y retomó su actividad guerrera. No obstante, después de su experiencia milagrosa se sentía en conflicto con su antiguo estilo de vida. Confesó sus preocupaciones a Theotberga, la esposa de un poderoso conde, que le convenció para ir al monasterio de Conques, donde escaparía de los conflictos mundanos convirtiéndose en monje. Así lo hizo y pasó el resto de su vida como devoto de la patrona de ese monasterio, una santa temperamental que fue martirizada de niña, santa Foy (santa Fe).

Pero el relato no termina aquí. La historia de Gerbert y Guy vuelve a aparecer en una colección de milagros relacionados con santa Foy, en la que Guy acaba recibiendo su merecido. Según esta narración, cuando Guy se enteró del milagro que había devuelto los ojos a Gerbert, respondió con incredulidad y calumnió a Foy, tildándola de falsa santa. Una vez muerto, algún tiempo después, el hedor de su cadáver se hizo insoportable, y una serpiente apareció de repente en su cama, cubriéndolo de babas antes de desaparecer. Los que le rodeaban concluyeron en interpretar el episodio como indicio de que Guy había sido castigado por sus pecados: la serpiente era un demonio que había sido su maestro y el hedor era la señal de que su alma había sido transportada directamente al infierno.

Puede considerarse que la historia de Gerbert concluye con un final relativamente triunfante, en el sentido de la superioridad del bien contra el mal, pero sigue estando cargada de la incertidumbre característica de la época. Guy ejercía su poder para aterrorizar a la gente que le rodeaba; Gerbert mostró piedad y fue castigado sin compasión. El pérfido caudillo recibió su merecido (finalmente), pero su condena quedará para el otro mundo. Aquí no hay un rey al que apelar para que se haga justicia, ni Carlomagno ni sus herederos están aquí para ejercer la autoridad; no existe un tribunal en el que se pueda juzgar a los malvados. A pesar de todo, hay esperanza y, en estas historias, como a veces sucede en la realidad, la sabiduría, la estabilidad y la venganza vienen de la mano de las mujeres: la condesa Theotberga y la pequeña niña de la aparición, Foy, muerta tiempo atrás. Ellas enderezan el barco; Theotberga empuja a Gerbert a hacer lo correcto, Foy recompensa a Gerbert por su acto de piedad y castiga a Guy por sus transgresiones. Incluso cuando parece intervenir en el momento de la muerte de Guy, esa chica de oro agradece a Gerbert su amistad.

Si profundizamos en cómo se cuenta la historia, descubrimos otras formas a las que la gente de la época recurría para buscar la estabilidad. Sabemos de la existencia de Guy y Gerbert en gran parte gracias a Bernardo de Angers, un eclesiástico de principios del siglo XI que estudió en la escuela de la catedral de Chartres (al suroeste de París) y luego se convirtió en profesor en Angers, en el valle del Loira. En el *Libro de santa Foy*, Bernardo habla de milagros «extraños» y de un santo «extraño», y de cómo se decidió a investigar por su cuenta. La primera vez que fue a la ciudad de Aurillac, en 1013, contempló una estatua de un tal san Geraldo, resplandeciente de oro. En un principio, no obstante, no se impresionó ante algo así —pensaba que la cruz era la única imagen apropiada para un culto cristiano adecuado—. Siguió hacia el sur. En el monasterio de Conques, halló a la muchacha de oro. Se trata de un relicario, una figura relativamente pequeña de santa Foy, que aún hoy en día se puede contemplar, pues a menudo se expone justo al lado del altar principal de la iglesia del monasterio. La santa está sentada en el trono, con los ojos serenos; una estatua completamente revestida de oro, con incrustaciones de joyas, brillante por efecto de las gemas, radiante a la luz del sol.

Al principio, Bernardo se burló de la imagen, pensando que no era más que un falso ídolo, algo así como el becerro de oro de la Biblia hebrea. No obstante, según dejó escrito, pronto comprendió la diferencia entre veneración y conmemoración. A través de conversaciones con quienes habían asistido a los milagros de la santa, aprendió que la reliquia, los restos de la niña en su interior, conectaban el cielo y la tierra. La estatua parecía simplemente una forma de arte que servía para evocar a la santa. Pero en realidad era algo más que eso: su belleza actuaba, según describe Bernardo, como un pálido reflejo de la gloria del cielo, ofreciendo a las gentes, aquí en la tierra, un elemento en el que concentrar sus oraciones y, por tanto, una vía de acceso al poder divino. En este sentido, la estatua de Foy era, según Bernardo, «más preciosa» que el Arca de la Alianza de los israelitas.

Bernardo recurre a los milagros, por ejemplo el de la restauración de los ojos de Gerbert, como una forma de contar una historia sobre el poder de los santos, la importancia de los monasterios y la necesidad de la devoción de los laicos hacia ambos. Y al mismo tiempo también estaba difundiendo un relato imbricado con la historia bíblica, una narración que pretendía revelar la «verdad», por encima de los «hechos» en sí. El *Libro de santa Foy* es un intento de dar sentido a un mundo que no parecía tenerlo, en un momento de crisis; un mundo en el que los hombres que poseían castillos parecían a veces más poderosos que los dioses paganos e igual de amorales que ellos; un mundo en el que Dios, a través de sus santos, debía intervenir directamente para enderezar las cosas.

La historia de santa Foy y sus seguidores trata, en realidad, del surgimiento de la nueva aristocracia, una clase de pequeñas élites cuyas batallas, patronazgos, alianzas, devoción y preocupaciones religiosas, entre otras cosas, remodelarían la estructura de la sociedad europea medieval. Después de que los reinos carolingios se dividieran y aumentara la presión externa de vikingos, magiares y árabes, los principales beneficiados de la situación fueron los aristócratas. Al enfrentarse con éxito unos a otros, regatearon y negociaron para obtener concesiones de tierras y ampliar sus prerrogativas. Los reyes y la alta nobleza necesitaban tropas tanto para repeler las invasiones externas como para reprimir las rebeliones internas, lo que provocó el surgimiento de una nueva clase de soldados —el *castellano*, que significa literalmente 'el que tiene una fortaleza' o un «castillo», *castellum*, en la tierra—. Estos son los malvados del texto de Bernardo de Angers; hombres como Guy, los que atormentaron al pueblo de Conques.

Pero tales personajes no ejercían su autoridad desde esos enormes recintos fortificados de piedra que solemos imaginar cuando pensamos en la Edad Media. Es demasiado fácil, al escuchar las palabras «castillo» o «caballero», que vengan a nuestras mentes esos escenarios de Hollywood que recrean edificios gigantescos y hombres enfundados en armaduras de pies a cabeza. Esos nuevos aristócratas, en cambio, levantaron estructuras de madera llamadas *motte-and-baileys*, sobre una colina artificial, con algunos elementos de apoyo en su parte inferior, rodeados por una empalizada también de madera. No eran asentamientos glamurosos, pero ofrecían protección; un lugar desde el que hacer incursiones en el campo y al que los castellanos podían retirarse si encontraban problemas. Eran relativamente baratos y fáciles de construir. Generaban ingresos, normalmente procedentes de la agricultura que practicaban campesinos y otros trabajadores no libres, que luego podían repartirse entre los poderosos, utilizando redes de alianzas siempre cambiantes. En efecto, los aristócratas locales se repartían los ingresos para que un determinado señor pudiera disponer de pequeñas partes de la riqueza de muchos castillos, reproduciendo a pequeña escala lo que Carlomagno había hecho para mantener a sus nobles tranquilos (y en paz) siglos atrás.

En este caso, sin embargo, en lugar de fomentar la interdependencia, este complejo acuerdo económico y político generaba un clima de constantes conflictos perturbadores a pequeña escala. La construcción de aquellas fortificaciones no requería permiso del soberano o de la alta nobleza, simplemente la iniciativa y los recursos de un individuo. A falta de poder real y ducal, surgieron en casi toda Francia.

En el *Libro de santa Foy* vemos indicios de las consecuencias perturbadoras de la rápida expansión de aquellos protocastillos. Conques estaba rodeada de castellanos independientes, a veces poco vinculados entre ellos o a algún noble mayor, y a menudo funcionalmente autónomos, cada uno de los cuales daba prioridad a su propio engrandecimiento. Por ejemplo, Bernardo cuenta la historia de un castellano llamado Rainon que quiso atacar a uno de los monjes de Conques y quitarle sus caballos. Rainon tuvo un final desafortunado: su caballo lo tiró al cargar contra el monje, rompiéndole el cuello y demostrando una vez más la capacidad de la joven santa para proteger a su pueblo. Santa Foy también defendió sus tierras del noble Pons, que deseaba apoderarse de unos terrenos prometidos al monasterio, para su propio beneficio. El usurpador fue alcanzado por un rayo y murió mientras planeaba sus maldades. Encontramos múltiples ejemplos, y no solo en el *Libro de santa Foy*, sino también en otros textos de toda Europa, aunque a veces sin las serpientes viscosas y los globos oculares recuperados.

Las crónicas y los anales de la época ofrecen ese trasfondo de las guerras permanentes, los asaltos a los templos y el desorden general. No había rey ni emperador capaz de mantener la paz. Para los autores de estos textos, los centros y las periferias se habían desestabilizado casi por completo, con grandes porciones de Europa occidental divididas ahora en segmentos fuertemente fragmentados y plagados de luchas de baja intensidad pero constantes. Nadie era responsable de los demás, y parecía, al menos para muchos observadores, que la fuerza era la que hacía el bien. La justicia solo podía administrarse con el extremo afilado de una espada. Los matones del vecindario alardeaban de sus músculos.

Pero, si indagamos un poco más a fondo, los autores de este periodo también nos cuentan que los matones no actuaban sin oposición. Por cada Guy, Rainon y Pons, había otros tantos castellanos que sostenían monasterios e iglesias, y pequeños nobles que se encargaban de llenar el vacío, en ausencia de la justicia real. Bernardo cuenta que un monje llamado Gimon, que había sido castellano, conservó sus pertrechos guerreros incluso después de ingresar en el monasterio de Conques, y salió a luchar contra aquellos de sus antiguos iguales que desafiaban los derechos de los santos. Si bien esta fusión de la profesión monástica y el combate real no era inédita en el siglo XI, no resultaba común (todavía). La mayoría de los guerreros de la historia cristiana de principios de la Edad Media que renunciaron a sus costumbres militares siguieron siendo pacíficos. Recordemos que en la Gran Bretaña de finales del siglo VII, san Guthlac de Crowland renunció a sus belicosos hábitos, «convirtiéndose» —así lo definió él, no nosotros— no al cristianismo, puesto que ya era cristiano, sino al monacato, por temor al efecto de sus actos violentos sobre su alma inmortal. Aún más famoso, san Martín de Tours —que sirvió de modelo a varias generaciones y cuya tumba se convirtió en un destino de peregrinación muy popular— había renunciado en el siglo IV a su puesto de soldado romano y enunciado su deseo de ser ermitaño, con estas palabras: «Soy un soldado de Cristo; no me es lícito luchar».

Pero en las primeras décadas del siglo X, las cosas empezaron a cambiar. Odo, el abad del monasterio de Cluny en Borgoña, escribió acerca de un noble local de la región de Aurillac llamado Geraldo, que había llevado una vida especialmente loable. Protegía a los necesitados, evitaba el pecado, vivía castamente y escuchaba a los monjes, sacerdotes y obispos. Sin embargo, condujo a su ejército a la batalla contra aquellos que vinieron a romper la paz, aunque solo luchara con la parte plana de su espada y nunca derramase sangre. En una ocasión, Geraldo acudió a su obispo y le pidió autorización para ingresar en el monasterio. El prelado rechazó su solicitud, pero permitió que el noble fuera tonsurado en secreto, como si fuera un monje de verdad. Se supone que Geraldo no volvió a tocar su espada.

La respuesta del obispo estaba plenamente incorporada en la corriente principal de la tradición cristiana, que se remonta varios siglos atrás, hasta nuestro viejo amigo Agustín de Hipona. Convertido al cristianismo y luego obispo en el norte de África a finales del siglo IV y principios del V, Agustín sostenía que la guerra podía estar justificada, podía ser aceptable para Dios, si se hacía en defensa propia y con el objetivo de traer la paz. Era su teoría de la «guerra justa». Romano por encima de todo, Agustín vivió en una época en la que el mundo parecía amenazado, en la que las fronteras de lo que él consideraba la civilización se diría que se cerraban a su alrededor. Pero sus ideas se adaptaron fácilmente a los siglos posteriores, cuando los gobernantes cristianos siguieron controlando los resortes del poder político, cuando la administración de la justicia y el mantenimiento de la paz parecían requerir la violencia. Y aquí estamos en el siglo x.

Lo que para un obispo del siglo iv y v como Agustín debía aplicarse a todo el Imperio romano, ahora podía ser aplicado por un monje regional de Borgoña a un castellano local. La verdad se manifestaba en los resultados. El poder de Dios permitió a Geraldo ganar todas sus batallas, obligando a muchos castellanos a rendirse, antes que enfrentarse a la justicia de Geraldo. Todo esto, concluyó Odo, sugería la santidad del noble, su cercanía a Dios. Tras su muerte, monjes como el propio Odo lo aclamaron como santo y construyeron una estatua de oro para albergar sus reliquias. Cien años más tarde, Bernardo de Angers la contemplaría sobre un altar en Aurillac, de camino a Conques. Así pues, la historia de Geraldo, más tarde san Geraldo, es también la historia de la estabilización política (y por tanto económica y social), la de un pueblo que buscaba la presencia de lo divino en su mundo para devolver la paz y el orden.

TEXTOS COMO LA *VIDA DE GERALDO DE AURILLAC*, de Odo, o el *Libro de santa Foy*, de Bernardo, pueden parecer triunfantes, pero en realidad dejan al descubierto profundos rastros de incertidumbre en la vida de los escritores y de su público. Los aristócratas, sobre todo los castellanos, pero también los autores monásticos, casi siempre emparentados con los nobles sobre los que escribían, eran efectivamente nuevos ricos, una clase recién surgida que había aprovechado la absoluta dispersión del poder tras las invasiones del siglo x para hacerse un hueco en el ordenamiento del mundo. Sus hermanos poblaban monasterios, sus tíos y sus primos controlaban castillos vecinos y a menudo rivales de los suyos. Compartían una cultura y un linaje estrechamente ligados al desorden que veían en el mundo a su alrededor, al desmoronamiento del imperio desde la época de Carlomagno. Incluso entonces, hacia el año 1000, recordaban su legado como nuevo pueblo elegido por Dios. Pero también creían ser conscientes de lo bajo que habían caído. Ellos mismos no eran reyes ni emperadores. Si la seguridad del pueblo elegido se había roto con francos luchando contra francos, cristianos luchando contra cristianos en Fontenoy, entonces, ¿no estaban los castellanos, al guerrear entre ellos, haciendo lo mismo? ¿Es que acaso estaban atrapados en un ciclo de pecado? ¿Eran los malos de la historia sagrada?

No había respuestas fáciles a esas preguntas, ni una estructura burocrática real o imperial reconocible en la que trabajar, así que es comprensible que se preocuparan por sus almas. Las historias de santos como Martín y Guthlac aconsejaban a los castellanos el abandono de las vidas que llevaban. Geraldo les había dicho que estaba bien permanecer en la sociedad, siempre y cuando renegaran de la violencia. En cualquier caso, parecían saber que precisaban una conexión más estrecha con Dios. Al igual que necesitaban aliados en las guerras por su tierra, necesitaban aliados en la guerra por su salvación. Necesitaban amigos como Foy y conexiones con los lugares donde vivían esos santos: monasterios como Conques.

A veces, estos castellanos recurrían a lo que les era familiar, a los modelos carolingios, y donaban tierras o dinero a los monasterios y ofrecían protección a cambio de oraciones por sus almas. Otros se limitaron a fundar sus propios centros religiosos, imitando el poder real en ausencia de tales figuras. Y, en otros casos, reclutaron monjes de estos nuevos monasterios para reformar las iglesias existentes, creando redes que abarcaban el continente y unían zonas ahora dispares a través de sus comunidades religiosas.

Pero el camino de la salvación no solo pasaba por los monasterios; se concretaba también a través de sus patronos, los santos.

Como en el caso de Foy, los santos seguían presentes en el mundo real a través de sus restos, conservados en sus relucientes relicarios. La inscripción sobre la tumba de Martín en Tours rezaba: «Aquí yace Martín... de santa memoria, cuya alma está en los brazos de Dios; pero él está plenamente aquí, presente y manifestado en milagros de todo tipo». El santo permaneció activo en la tierra, atado de algún modo a su última morada. No obstante, este no era un estado permanente. Los santos podían marcharse, podían retirar su mano protectora si esa relación recíproca se agriaba, si el castigo estaba justificado para lograr que los tutelados (monjes o castellanos) volvieran al redil.

Odo de Cluny, el mismo que escribió sobre Geraldo de Aurillac, recibió, por parte de un noble local, el encargo de reformar otro monasterio, en Fleury-sur-Loire, no muy lejos de Orleans. Cuando llegó, se encontró con las puertas cerradas y con los monjes en las murallas, amenazándole con piedras. No eran muy partidarios de la «reforma» prometida. Sin embargo, él persistió. Después de tres días en el exterior del recinto amurallado, Odo se despertó y encontró las puertas abiertas y a los monjes esperándole para pedirle perdón. Agradablemente confundido, preguntó qué había pasado. Los monjes de Fleury le contaron que, esa noche, uno de ellos había tenido una visión de su patrón, san Benito, que lo había amonestado diciéndole que abandonaran su actitud obstinada, dejaran entrar a Odo y aceptaran su reforma. Si no lo hacían, Benito abandonaría Fleury y a sus habitantes. Les retiraría su protección. Los monjes no quisieron arriesgarse y abrieron las puertas al amanecer del día siguiente.

Conocer los deseos de los santos (o de Dios) no siempre era tan sencillo. Requería una sagaz tarea de observación e interpretación, con consecuencias potencialmente mortales en caso de equívoco. Dios y los santos manifestaban tanto su agrado como su descontento a través de la guerra y la paz, la violencia y la prosperidad. Por ello, para tratar de adivinar lo que Dios quería de los fieles, se celebraban reuniones de eclesiásticos en las que se discutía cómo recomponer el mundo. Tales convocatorias dieron lugar a un fenómeno que hoy se conoce como los concilios de la Paz de Dios. En estas sesiones, los líderes religiosos se juntaban para decidir un conjunto de acciones destinadas a mantener la paz. Lo hacían bajo la atenta mirada de los santos.

Así lo describe Bernardo de Angers en cierta ocasión:

> El reverendísimo Arnaldo, obispo de Rodez, había convocado un sínodo... A este sínodo, varias comunidades de monjes y canónigos llevaron los cuerpos de los santos en cajas relicarios o en forma de imágenes de oro. Las filas de santos estaban dispuestas en tiendas y pabellones en la pradera... Las efigies doradas de san Mario... de san Amans... la caja relicario de oro de san Saturnino y la imagen de oro de santa María... y la majestuosidad dorada de santa Foy adornaban especialmente ese lugar.

Fue allí, bajo la luz dorada de un sol otoñal, entre el trigo dorado del sur de Francia y los relicarios dorados de los santos mártires, donde obispos y monjes, campesinos y nobles, hombres y mujeres trabajaron juntos para intentar comprender el plan de Dios para el mundo.

La mayoría de las veces, los resultados de estos concilios eran juramentos de mantener la paz y promesas de proteger a los necesitados. Los transgresores eran amenazados con la excomunión de la Iglesia, la condenación eterna. Los que robaban en los templos o a los sacerdotes, los que quitaban el ganado o las cosechas a los pobres o a las mujeres sufrirían el castigo eterno. Pero pensemos por un momento en tales delitos; siglos atrás eran asuntos tratados por la justicia real. Ahora ya no. Se necesitaba otro poder para cubrir ese vacío. En otras palabras, estos consejos sustituían al rey. Reemplazaban a un gobernante ausente, intentando llenar el vacío del poder temporal con una autoridad sobrenatural: la amenaza de la venganza de santos como Foy. En general, la gente creía en la intervención divina como en una fuerza real en el mundo que podía ofrecer algo de consuelo ante la opresión, porque los medievales no querían vivir en una sociedad atormentada por la violencia constante. Buscaban un camino mejor. Mientras que en el pasado Dios parecía trabajar con y a través del rey o el emperador, ahora tenía que hacerlo directamente en el mundo en ausencia de esos mandatarios.

Con todo, a veces estos concilios tomaban las riendas de la cuestión.

En tiempos posteriores, en el siglo xi, cerca de Bourges, en el centro de Francia, se reunió un ejército bajo el liderazgo del arzobispo de la ciudad. Tras convocar un consejo de prelados locales, el arzobispo decidió reunir a todos los hombres en edad de luchar y obligarlos con un juramento: no solo se comprometían a no romper ellos la paz, sino que además se unirían para hacer la guerra contra cualquier recalcitrante que lo pretendiera. El cronista Andrés de Fleury cuenta que aquel ejército aterrorizó tanto a los malintencionados que logró, en efecto, mantener la paz durante algún tiempo; al menos a un cronista contemporáneo le pareció que esta región se había convertido en un nuevo Israel, amado por Dios. Por desgracia, la codicia acabó haciendo acto de presencia. El ejército se deshizo finalmente cuando el arzobispo dirigió las tropas contra alguien que no lo merecía, masacrando a mujeres y niños. Entonces, Dios manifestó su desagrado en el siguiente enfrentamiento:

> Resonaron los cielos [indicando que las fuerzas del obispo debían] retirarse, pues ya no tenían al Señor con ellos como líder. Cuando

no hicieron ninguna intención de seguir este consejo, un enorme globo de luz relampagueante cayó en mitad de ellos. Y así sucedió como está dicho: «¡Que caiga el rayo y los disperse, que envíe sus flechas y los derrote!» (Salmo 143:6).

Y así fue. Murieron tantos miembros del ejército del arzobispo que los cuerpos represaron el río Cher y se dice que se formó un puente por el que los hombres podían pasar.

Lo verdaderamente relevante en todos estos ejemplos, desde los globos oculares que volvieron a crecer hasta la destrucción de un ejército, está en que las gentes de esa época estaban convencidas de que Dios todavía intervenía en los asuntos del mundo. Seguramente, a muchos les tranquilizaba saber que Dios no había abandonado a su nuevo pueblo elegido. No obstante, esto sirvió también para reforzar la ansiedad cultural del momento, al recordar a los francos sus responsabilidades en el progreso de la historia sagrada y cómo, hasta el momento, habían fracasado en esa labor. Esta constatación resultaba especialmente apremiante cuando se situaba en una perspectiva más amplia. Después de todo, la historia sagrada siempre se precipitaba hacia algo inevitable: la Revelación y el Apocalipsis.

En sermones contemporáneos sobre el malogrado ejército del arzobispo de Bourges y el relato de Bernardo sobre los milagros de santa Foy, otro monje describió ese inevitable final. Cuando llegue el Apocalipsis, explicó Ademar de Chabannes, los santos se situarán para observar y juzgar las almas de todos los cristianos. Este juicio final era una escena familiar para muchos, había sido tallada en piedra a lo largo del siglo XII en las fachadas occidentales de las catedrales de toda Europa y, por lo tanto, era bien conocida para cualquiera que pasara por las puertas del templo.

El juicio no tenía por qué paralizar; podía ser motivador. Esa es otra versión de la visión dorada de Rodez, los concilios de la Paz de Dios que se reunían durante aquel periodo: buenos cristianos que recurrían a los santos para pedir su intercesión ante Dios. A finales del primer milenio, en Europa, la belleza resplandeciente de un relicario y una imagen de esperanza tallada en piedra caliza eran los mejores recordatorios de que este mundo era solo un reflejo del otro. Porque entonces, en esa transición temporal, la esperanza de justicia, de paz aquí en la tierra, parecía residir en otra parte, en los cielos, en el fin de los tiempos. Durante el siguiente siglo, esa ansiedad llevaría a los pequeños señores de toda Europa a la acción, deseosos de redimir su estatus como nuevo pueblo elegido, para arrepentirse y estimular la historia a través de sus acciones, al intentar retomar Jerusalén.

Capítulo 9

Las brillantes joyas de la Jerusalén celestial

uando los atacantes irrumpieron en Jerusalén, a mediados de julio de 1099, su viaje parecía haber llegado a su fin. Después de varios asaltos fallidos a las murallas, uno de ellos había roto las defensas de la ciudad y abrió las puertas a los francos allí congregados. Entraron a raudales, matando a su paso. Uno de los participantes, un sacerdote llamado Raymond d'Aguiliers, en una crónica de los acontecimientos, escrita algunos años después, relató que en el Templo de Salomón la matanza fue tan grande que los soldados cabalgaron con la sangre hasta las rodillas, hasta las bridas de sus caballos. Aquello, continuaba el escritor, era la justicia de Dios y pretendía limpiar aquel lugar sagrado con la sangre de los blasfemos. El paganismo había sido derribado y el cristianismo, exaltado. Este, continuaba Raymond, «es el día que ha hecho el Señor; nos alegraremos y nos regocijaremos en él» (Salmos 118:24).

Las tradiciones cristianas medievales de violencia religiosa, especialmente la guerra santa, han pasado a la modernidad como uno de los momentos más oscuros de una época oscura, y no vamos a discutir el horror. De hecho, demasiados en el mundo moderno intentan excusar las campañas de finales del siglo xi como una legítima reacción defensiva, en 1099, a las conquistas islámicas en el Mediterráneo cristiano unos cuatrocientos años antes. Este pensamiento traspone la sensibilidad moderna; una aceptación de un «choque de civilizaciones» existencial que sirve a la política actual. En lugar de ello, en la medida de lo posible necesitamos ver la práctica de la guerra santa cristiana a través de los ojos europeos medievales para poder entender estos conflictos como parte del desordenado y complicado pasado humano. Al hacerlo así, observaremos cómo este tipo de guerras no eran eternas ni inevitables, por mucho que los medievales —y a veces los historiadores modernos que los siguieron— intentaran situar su efímero momento en una línea de tiempo de dimensión cósmica.

Es indudable que en el año 1099 Jerusalén fue escenario de una auténtica masacre. Todas las fuentes coinciden en que miles de personas cayeron asesinadas. Pero el lenguaje de este famoso relato es peculiar. ¿Sangre hasta la brida de un caballo en el Templo? ¿Varios palmos de profundidad? Los estudiosos a menudo consideran la descripción una hipérbole indicativa de la escala de la matanza. Probablemente sea así. Pero este fragmento en concreto revela algo más; muestra una referencia bíblica, un lenguaje extraído casi literalmente del Apocalipsis. Allí, en el capítulo 14, se relata la salvación de los justos y cómo el resto recibió una última advertencia para abandonar el mal. Los que se negaron se encontraron ante un ángel que salió del Templo con una hoz, segó la tierra y los empujó al lagar de la ira de Dios. La sangre fluyó del lagar hasta la altura de las bridas de los caballos (Apocalipsis 14:15-20).

Raymond estaba describiendo un momento en el que el cielo y la tierra parecían encontrarse, cuando la historia sagrada se hizo patente para los espectadores. Leído así, tiene sentido que continuara la evocación del Apocalipsis con una de los Salmos (sobre el «día que el Señor obró»), versos mezclados por el autor para demostrar que creía entender la voluntad divina. Dios estaba actuando en el mundo, allí en Jerusalén, mientras un ejército de francos cristianos masacraba a los que consideraban infieles. Se trataba de un caso de apocalipsis largamente buscado, una continuación de la historia sagrada llevada a cabo —empujada a ser— por el nuevo pueblo elegido.

TENDEMOS A PENSAR QUE «APOCALIPSIS» significa 'el fin', pero podría entenderse mejor como 'transformación'. El término griego άποκάλυψις (*apokálypsis*) —del que deriva el vocablo español— significa simplemente 'revelar' o 'hacer ver'. Algo que antes estaba oculto, que quizá era más verdadero que lo que conocíamos, ahora puede verse y el mundo es diferente a partir de entonces. En el Apocalipsis, por ejemplo, el mundo se transforma repetidamente ante los ojos de Juan, ya que Dios hace visible la verdad final de la historia sagrada. Esa verdad siempre ha estado ahí, pero ahora, de nuevo, Juan la ve. Esta es la paradoja del apocalipsis, de las cosas ocultas y las cosas visibles, la paradoja del miedo frente a la anticipación, de la parálisis ante el cambio que se avecina frente a la acción vigorosa para que ese cambio se produzca.

Ya lo hemos visto antes, en capítulos previos centrados en el mundo cristiano bizantino y latino. Los escritores cristianos de la Antigüedad y la Edad Media trataron de situarse en el arco de la historia sagrada, en algún lugar entre la creación y el juicio final. Pero nunca se pusieron de acuerdo acerca de en qué lugar de esa línea temporal se encontraban y, por tanto, tampoco en el trabajo que creían necesario realizar en en ese momento para llegar al punto de destino. El contexto importaba. En lo que sí estaban de acuerdo era en que las joyas brillantes iluminaban la meta final.

Revelación 21, justo al final del libro, se abre con un mundo transformado. El cielo y la tierra han desaparecido y han sido susti-

LAS EDADES BRILLANTES

tuidos por un nuevo cielo y una nueva tierra, conectados por una nueva Jerusalén. La ciudad desciende del cielo, resplandeciente, adornada con joyas que brillan, paredes de oro puro tan brillantes que parecen de cristal y puertas que nunca se cerrarán. No necesita el sol ni la luna porque su brillo genera su propia luz.

Pero para llegar a la luz, había que pasar por la oscuridad. La nueva Jerusalén solo apareció después de la guerra final entre el bien y el mal, después de las plagas, las persecuciones, la muerte, la destrucción. La nueva Jerusalén, la transformación del mundo, la vindicación de los justos, sería la recompensa solo para el pueblo elegido, los que se pusieran del lado de Dios, de los santos y los ángeles contra las maquinaciones del diablo. Y esa batalla se desarrollaría aquí en la tierra, la misma tierra a la que descendería la Jerusalén celestial, envolviendo y superando a la antigua. La clave, la esperanza, era hacer que este mundo se pareciera lo más posible al siguiente, allanando el camino, acercando el tiempo señalado para el apocalipsis, para su transformación.

Los francos del siglo XI trataron de enmarcar sus acciones en un escenario más amplio, al intentar acercar los mundos. Los cristianos europeos de dicha centuria parecían pensar que gozaban de una mejor percepción de cómo operaba la historia sagrada, de cómo actuaba Dios a través de los santos. El suyo era un campo de batalla entre el bien y el mal, entre el pueblo elegido por Dios y quienes lo hacían sufrir, los «soldados de Cristo» (*milites Christi*) contra los «enemigos de Cristo» (*inimici Christi*). Esta guerra universal no era una idea nueva, pero en esa época operaba en un registro diferente y animaba la ideología de los cristianos por razones muy específicas, en ese momento tan concreto.

La idea de la guerra santa cristiana ha estado presente desde los siglos iniciales de la religión. Hay pruebas claras de que los primeros seguidores de Jesús formaban parte del ejército romano y, en el siglo IV de nuestra era, además, el aparato del Estado romano se fundió con bastante facilidad con la Iglesia existente. El dios bajo el cual las legiones romanas conquistaban era bastante fácil de sustituir por una nueva deidad, al parecer. Desde luego, ese no fue un desarrollo ineludible o predeterminado. Muchos de los primeros seguidores de Jesús se mostraban ambivalentes —si no abiertamente contrarios— ante la idea de que la gente matara a otra gente. Pero los romanos y los israelitas formaban parte del mismo mundo mediterráneo, una cultura en la que la violencia oficialmente sancionada era simplemente una parte de la vida: una manera de ejercer el poder político, una forma de desenvolverse en ciertas partes de la sociedad. El ejército era un camino hacia la riqueza y el ascenso social, tanto para las clases bajas como para las altas.

Es difícil exagerar la influencia de Agustín de Hipona en el desarrollo de la cultura intelectual de la Europa medieval. Sus ideas relacionadas con la «guerra justa», es decir, que la guerra era aceptable si se libraba en defensa propia y con el objetivo de lograr la paz, ya eran canónicas en el siglo XI en toda la cristiandad latina. Agustín, por supuesto, vivió en una época muy diferente, consumido por la nostalgia, deseando que el poder de Roma fuera como antes, para traer la paz a través del Mediterráneo. La verdadera paz podría existir solo en el cielo, pero los gobernantes cristianos tenían la responsabilidad de detener a los «bárbaros» que estaban a sus puertas.

Esa idea —esa responsabilidad— fue sustentada por los reyes y emperadores cristianos europeos hasta el siglo IX y aun después, recorriendo los salones y albergándose en las cortes de Aquisgrán junto al Abul-Abass de colmillos de marfil. El poder de la antigua Roma fue asumido por sus herederos francos, lo que se hizo especialmente evidente tras la coronación de Carlomagno como emperador en el año 800. Pero luego, en los siglos X y XI, la ideología se desplazó junto al poder, lejos de los al parecer *lejanos* reyes. Después de todo, ¿no se había predicho todo aquello?

Una mezcla de poder romano-cristiano idealizado con la nostalgia franca —la añoranza de una época de estabilidad política y la certeza de que eran el pueblo elegido— parece haber sido una de las principales motivaciones de quienes caminaron más de tres mil kilómetros hasta Jerusalén para luchar contra un pueblo que nunca habían visto y del que casi seguro apenas habían oído hablar. Muchos relatos académicos sobre los inicios de este acontecimiento, la llamada Primera Cruzada, se centran en un episodio singular: Urbano se dirige a un concilio de guerreros y eclesiásticos reunidos en un campo a las afueras de Clermont en noviembre de 1095. Y hay buenas razones para hacerlo. El momento es dramático y lo relatan varios contemporáneos, algunos de los cuales probablemente asistieron a dicho concilio.

Cuentan la historia de un papa tronando en un sermón, la aclamación de las masas, la gente rasgándose las vestiduras para hacer cruces y jurando marchar a Jerusalén. Además, la campaña que siguió fue aún más dramática, con grandes ejércitos reunidos; algunos de Renania, otros de lo que hoy llamamos el norte de Francia, otros de Aquitania, otros del sur de Italia. Se movieron lentamente, de forma independiente, hacia el este. En su camino, masacraron y convirtieron a la fuerza a los judíos, y saquearon el campo, a veces escarneciendo a sus compañeros cristianos bizantinos. Ante las enormes murallas de Constantinopla, de más de seiscientos años de antigüedad, los ejércitos comenzaron a converger. A partir de ahí, la historia se vuelve todavía más inverosímil, proporcionando aún más pruebas a los contemporáneos de la naturaleza divina de una campaña que fue dando tumbos desde Turquía hasta la ciudad armenia de Edesa, y se atascó frente a las enormes murallas de Antioquía, aunque luego, en 1098, uno de los líderes cristianos logró sobornar a un defensor de una de las puertas de la ciudad y los atacantes entraron a raudales, obligando a los defensores a retirarse a la ciudadela. Fue un buen momento para ello, ya que, pocos días después, llegó un gran ejército musulmán procedente de Mosul.

Hambrientos, desesperados, atrapados entre el ejército de la ciudadela y el otro situado al exterior de las murallas, los cristianos marcharon contra el líder islámico Kerbogha. De alguna manera, se alzaron con la victoria y se lanzaron al ataque final hacia el sur de Jerusalén.

El asedio a esta última ciudad duró solo un mes. Sus murallas habían sido derribadas apenas un año antes por otro ejército, el de los fatimíes, que se la arrebataron a su vez a los selyúcidas. El 15 de julio de 1099, varias escaleras se apoyaron contra aquellos muros y los cristianos hicieron pie en ellos, obligando a los asediados a retirarse. Las puertas se abrieron. Los cristianos entraron. El Templo se tiñó de sangre y los exultantes vencedores celebraron una misa en la iglesia del Santo Sepulcro, un santuario supuestamente construido sobre la tumba de Jesús. Lo que ocurrió durante esta campaña no suscita mucha discusión a los historiadores; lo que significó en su momento, lo que significa hoy, estas sí son cuestiones aún objeto de amargas y a veces violentas disputas.

HAY POCO QUE DEBATIR SOBRE EL QUÉ y el cuándo de la toma de Jerusalén en 1099; lo que está más abierto a la discusión son los cómos y los porqués. Nuestras fuentes intentan situar los acontecimientos dentro de una historia que abarca desde la creación hasta el apocalipsis, con más intención de transmitir un significado espiritual (o, a veces, alegórico) que un simple recuento de acontecimientos. Estamos muy lejos de los *Anales Reales Francos*. Honestamente, no sabemos —nunca podremos saber— qué pasaba por la mente del papa Urbano II o qué salió de sus labios cuando hablaba desde aquella tribuna en un campo a las afueras de Clermont. Las cinco versiones que tenemos, reimpresas sin cesar, a menudo repetidas sin pausa, fueron escritas unos diez o quince años después del propio discurso, todas ellas redactadas después de la toma de Jerusalén y del «éxito» de la expedición. Todos los autores escribían el principio partiendo del final, viendo un milagro obrado por Dios y proyectando hacia atrás un motivo principal «acorde».

Los cronistas del acontecimiento, eclesiásticos cultos, sabían entonces, como deberíamos saber ahora, pero olvidamos con demasiada frecuencia, que no había una causa única para lanzarse a la guerra santa. También eran conscientes de operar dentro de una tradición intelectual particular que se remontaba mucho más allá de lo que acababa de ocurrir, a través de las acciones de sus gloriosos antepasados en Aquisgrán, que deambulaban por los foros de Constantinopla y Roma, y que encontraron su lugar en el templo israelita. Por ello, tenían que hacer que los enemigos fueran los agresores, mostrar que existía un precedente para vengar esos agravios y asegurarse de que la batalla que se avecinaba se enmarcara en el arco general de la historia sagrada. Así, esos autores presentaban a Jerusalén y a toda la cristiandad como amenazadas de forma inmediata, evocaban las victorias de los propios francos en generaciones pasadas y llenaban sus relatos de referencias bíblicas, afirmando que las acciones de los cristianos de la expedición eran cumplimientos de profecías. Los autores no describían necesariamente lo que habían visto o lo que les habían contado, sino que creaban una arquitectura intelectual para justificar y explicar a los contemporáneos cómo había ocurrido aquel supuesto milagro.

Aquellos autores contemporáneos coincidían en que los enemigos habían robado tierras cristianas. Según los cronistas, estaban cometiendo atrocidades, asesinando a mujeres y niños, y profanando las iglesias. El Imperio bizantino había sido desmembrado y estaba al borde del colapso. Pero grandes predecesores como Carlomagno habían vencido a los enemigos de Cristo, habían atendido las llamadas de los necesitados. Carlomagno incluso había ido a Jerusalén en persona, decían algunos de estos autores (no lo había hecho). Dirigiéndose de manera directa a su audiencia, invitaban a las gentes a recordar quiénes eran antes, el pecado que había causado la caída de su pueblo y lo que se requería para reclamar el favor de Dios. Y ese era el momento señalado para vengar esos males, concluían. De hecho, ese era el momento del que hablaban las Escrituras, tanto en el Antiguo como en el Nuevo Testamento. La historia sagrada se repetía. Los francos del siglo XI eran los nuevos macabeos, eran los nuevos israelitas que escapaban de Egipto, los nuevos ejércitos de los reyes David y Salomón. Los profetas Isaías, Daniel, Amós y otros hablaban de este momento aquí mismo. Uno de los autores, un monje de la abadía de San Remigio de Reims, llegó a afirmar que los acontecimientos que describía eran el mayor milagro desde la resurrección de Jesús.

La lucha universal entre el bien y el mal se había trasladado a esta tierra, y Dios utilizaba a sus agentes contra los siervos del diablo. Esta es una explicación más complicada de la guerra santa medieval que las acusaciones simplistas y cínicas que aseguran que se llevó a cabo por motivos económicos, que los enemigos solo eran fanáticos sedientos de sangre o (lo peor de todo) que estaban tomando una decisión defensiva ponderada y militarmente justificada en respuesta a un ataque no provocado. Pero así eran las Edades Brillantes; incluso cuando el brillo provenía del fuego de los edificios en llamas, en medio de los gritos de una ciudad conquistada, tenemos que trabajar desde la posición de estas gentes medievales demasiado humanas, tratar de ver el universo como ellos lo veían, y preguntarnos sobre el cómo y el porqué.

Así, desde su perspectiva, podemos ver cómo las consecuencias de esta victoria cristiana no terminaron en 1099. Con la toma de Jerusalén, esa lucha parecía haber entrado en una nueva fase. El plan de Dios para el mundo se había manifestado, a la vista de todos, en las acciones de los francos. Como escribieron estos cronistas medievales, un rey cristiano se sentó en el trono de Jerusalén. Una nueva forma de guerra religiosa —soldados actuando en nombre de Dios bajo el liderazgo de la Iglesia— se puso al parecer en primera línea. El arco de la historia sagrada se doblaba hacia arriba, la sangre del Templo limpiaba la ciudad y a sus nuevos residentes, haciendo visibles las brillantes joyas de la Jerusalén celestial en el horizonte.

Pero esa fue su explicación de *por qué* sucedió todo esto. No tiene por qué ser la nuestra. A menudo, este resumen de las fuentes se ha leído con demasiada ingenuidad, como si fueran una ventana transparente al pasado, en lugar de los textos teológicos —y polémicos— que son en realidad. Por ejemplo, los acontecimientos que condujeron al saqueo de Jerusalén en 1099 se han considerado como uno de los puntos álgidos de un «choque de civilizaciones», de una guerra interminable entre el islam y «Occidente» (que en realidad quiere decir «el cristianismo») que habría comenzado a finales de la Antigüedad, continuó durante la Edad Media, se reformó durante el colonialismo y se extiende hasta el siglo xxi. Estos conflictos encarnan a la vez la más oscura de las Edades Oscuras para quienes no ven más que odio religioso en ese momento, y la más brillante de las causas para quienes persiguen la violencia religiosa en el aquí y el ahora. Este es el canto de sirena de los expertos políticos que venden la guerra en Oriente Medio, de los yihadistas que piden la guerra como venganza, y también de los nacionalistas de extrema derecha y de los supremacistas blancos que exhortan y practican el terrorismo doméstico. Vemos cómo se utiliza para justificar los ataques terroristas de Daesh y cómo se grita en las redes sociales, cómo se blasona en escudos de madera caseros en la manifestación de supremacistas blancos en Charlottesville, Virginia, y cómo se garabatea en el arma de un asesino en Christchurch, Nueva Zelanda.

Pero, de nuevo, la historia contada por los extremistas no tiene por qué ser la nuestra, porque, una vez desvelados los motivos por los que este conflicto concreto ocurrió cuando ocurrió, también podemos ver que la coexistencia pudo ser posible. La vimos antes del siglo XI, a través de las relaciones diplomáticas normalizadas entre los emperadores bizantinos o los señores de la guerra vikingos y los califas abasíes, incluso a través del regalo de un elefante barritante que viajó desde Bagdad a Aquisgrán. Y aún no mucho después de la masacre que tuvo lugar en Jerusalén, veremos cómo se abre de nuevo un mundo posible para ella.

A PRINCIPIOS DE LA DÉCADA DE LOS AÑOS OCHENTA DEL SIGLO XII, un noble sirio escribió un libro. Más que una narración coherente, se trata de una serie de anécdotas; el *Libro de la contemplación* de Osama ibn Munqidh retrata un mundo que solo ha conocido una Jerusalén cristiana (la ciudad fue tomada cuando él tenía cuatro años). En ese mundo, el autor lucha contra algunos francos y tiene a otros como amigos. Cuenta un incidente, durante una visita a Jerusalén, cuando rezó en una pequeña mezquita contigua a Al Aqsa, en el Monte del Templo. Estaba mirando hacia el sur, hacia La Meca, y fue abordado por un franco que acababa de llegar a Jerusalén. El franco cristiano, curiosamente, no se opuso a que el musulmán rezara, sino que trató de decirle que estaba orientado de manera equivocada: las iglesias cristianas lo están en sentido este-oeste, con el altar al este. Esa era la dirección en la que el cristiano creía que Osama debía orar. Osama quedó desconcertado, atónito. Pero fue rescatado con rapidez por sus amigos, que acompañaron al franco a la salida, se disculparon por su comportamiento y montaron guardia para que Osama ibn Munqidh pudiera completar sus plegarias.

Fue, por supuesto, una suerte que los amigos de Osama estuvieran cerca, pero tampoco es sorprendente. La mezquita de Al-Aqsa, conocida como el Templo de Salomón por los cristianos, era el lugar donde los caballeros del Templo —los templarios— tenían su hogar. Aquí, en este caso, un noble sirio islámico que a lo largo de su carrera había luchado y dado muerte a francos cristianos, estaba rindiendo culto en una mezquita de una Jerusalén cristiana, cuando fue protegido por una orden religiosa-militar cristiana integrada por caballeros que juraron hacer la guerra santa a los enemigos de Cristo.

¿Qué podemos sacar de esta anécdota? Por resumir, la guerra santa nunca fue un estado permanente. En los siglos XI y XII, cristianos y musulmanes eran a veces enemigos, a veces amigos, pero en todos los casos convivían. La historia de estas guerras, de estos pueblos, estos reinos y estas religiones, a lo largo de la ribera del Mediterráneo oriental, como todo el pasado medieval, fue desordenada, complicada y humana, por mucho que los medievales —o los modernos— trataran de enmarcarla en simples relatos del bien contra el mal, de Oriente contra Occidente, de cristianos contra musulmanes, con el propósito de ubicarla en los confines de una guerra universal al final de los días.

Capítulo 10

Las torres moteadas por el sol en una ciudad de tres religiones

En la década de 1140, un viajero se dirigió al sur. No era un viajero cualquiera. Pedro el Venerable, abad del poderoso monasterio de Cluny, en Borgoña, cabecera (al menos informal) de una red de más de mil casas religiosas repartidas por el continente, se aventuró a cruzar los Pirineos por necesidad. Aunque Cluny contaba con una de las mayores bibliotecas de la Europa de la época, con un catálogo muy vivo y que incluía casi seiscientos manuscritos distintos, necesitaba un libro, uno nuevo que le diera la respuesta que necesitaba para saldar una cuenta pendiente. Pero nadie en Francia, Italia o Alemania lo tenía: nunca se había traducido al latín. Era el Corán.

Esta historia, como tantas otras historias medievales, no es un simple relato de una investigación intelectual, sino el símbolo de una compleja interacción entre diversas culturas que refleja el impulso hacia la coexistencia y la violencia.

El predecesor de Pedro como abad de Cluny había establecido vínculos entre su casa y el reino de León y Castilla, en cuyo centro se encontraba Toledo, al suroeste de lo que hoy es Madrid.

Uno de los antiguos monjes del monasterio llegó a ocupar el cargo de arzobispo de Toledo. En torno a la nueva catedral de la ciudad, donde otrora se levantaba la mezquita central, el arzobispo fomentó una actividad cultural que atrajo a traductores, grupos dirigidos por cristianos mozárabes (nativos de la península ibérica) que hablaban árabe pero habían aprendido latín, así como norteños que hablaban latín pero llegaban al sur para aprender árabe. El hombre que Pedro encontró, Roger de Ketton, era uno de estos últimos. Originario de Inglaterra, había emprendido el viaje para poder leer los tratados árabes de álgebra de al-Khawarizmi, así como las traducciones a esta lengua de las obras de Aristóteles.

Cuando Pedro volvió a cruzar los Pirineos de regreso a casa llevaba la primera traducción al latín del Corán bajo el brazo. No se trataba de una traducción literal, sino de un texto que, en opinión de Roger, había logrado captar el sentido del libro. Todas las traducciones incorporan un componente de interpretación, por supuesto, pero la principal diferencia en este caso, en este siglo XII, era que el traductor no tomaba sus decisiones de manera aislada, sino que trabajaba formando parte de un equipo, compuesto, con seguridad, por cristianos mozárabes, musulmanes y judíos. Roger, el cristiano latino, era un inmigrante. Los demás, representantes de tres tradiciones religiosas, habían considerado esa región y esa ciudad su hogar durante varios siglos. Si la Edad Media está formada por un gran número de redes de contacto y transformación que se superponen, creando un potencial infinito de permeabilidad cultural, los nodos de esas redes se encontraban en ciudades como Toledo y, concretamente, en instituciones como la catedral a la que viajó Pedro el Venerable.

La motivación de Pedro es importante. Su época era la de la generación inmediatamente posterior a la conquista de Jerusalén, poco más de una década después del Concilio de Troyes, que reconoció formalmente a los templarios —la institución de monjes guerreros—. Los monjes de Cluny en general, y Pedro en particular, habían apoyado fervorosamente la guerra santa cristiana, tanto en Hispania como en Oriente. En definitiva, Pedro quería el Corán para comprender mejor los «errores» del islam, de forma que más cristianos se animasen a combatirlo con la palabra, la tinta y la espada. Esa traducción, realizada en un escritorio donde desempeñaban su actividad de manera conjunta musulmanes, cristianos y judíos, pretendía ser un arma en la guerra santa.

Violencia y coexistencia en el mismo momento. Lo vimos con la paradoja de los amigos de Osama ibn Munqidh, los guerreros santos cristianos, que le protegían mientras rezaba en una mezquita de la Jerusalén cristiana. Y aquí, esta tensión se desarrolló al otro lado del mar, 2200 millas al oeste, en circunstancias muy diferentes.

LA PENÍNSULA IBÉRICA HA OCUPADO SIEMPRE un lugar extraño en el imaginario europeo. Está dentro y fuera: a menudo se escribe sobre ella como parte de Europa, pero también como algo al margen del continente. Lo mismo ocurre con la forma en que se ha estudiado la Edad Media europea y con que los propios medievales conceptualizaban su mundo. Para entender históricamente contextualizadas las relaciones entre musulmanes, cristianos y judíos medievales de la península ibérica —y el papel de los diversos grupos dentro de esas tradiciones religiosas— es necesario volver la vista atrás, a sus vinculaciones a lo largo de los siglos en el ámbito mediterráneo en su conjunto.

La península ibérica, que antes era una provincia de Cartago, fue absorbida por Roma a finales del siglo III a. C., pero su romanización solo comenzó unos doscientos años después, hacia el año 19 a. C. A partir de entonces, la región pasó a ser conocida como la provincia de Hispania, se fundaron nuevas ciudades, se establecieron vías de comunicación y se puso en marcha la integración de sus habitantes en el Imperio. De hecho, los emperadores Trajano (98-117), Adriano (117-138), Teodosio I el Grande (379-395) y, por supuesto, la emperatriz Gala Placidia (m. 450), fueron todos de origen hispano.

Pero en los siglos IV y V Hispania sufrió el mismo destino que las demás provincias romanas. A medida que la autoridad centralizada del Imperio se contraía, las legiones se retiraban y los habitantes romanizados tenían que valerse por sí mismos, estableciendo alianzas y acuerdos a veces incómodos. En este caso, tal situación acabó dando lugar a un reino visigodo unido (de nuevo el término significa 'godo occidental') durante finales del siglo V y a lo largo del VI.

Los visigodos, empujados y arrastrados hacia el sur desde sus asentamientos originarios en Aquitania, establecieron un reino que, a principios del siglo VII, abarcaba la mayor parte de la península ibérica, con Toledo como capital. La Iberia visigoda siguió formando parte del interconectado mundo mediterráneo de principios de la Edad Media, en relación y frecuentemente en conflicto con vascones y francos en el norte, y bizantinos en el sur. Gobernaron Hispania durante casi dos siglos, hasta 711, cuando la llegada de los árabes y otros pueblos del norte de África interrumpió la línea dinástica. Los norteafricanos y sus aliados, como una ola, se dirigieron hacia el norte por tierra, luego por los Pirineos, hasta que la oleada se agotó unos veinte años después, cerca de Tours, en la actual Francia.

Aunque los libros de texto han atribuido durante mucho tiempo a la batalla de Tours (a veces llamada de Poitiers) una importancia histórica fundamental, presentándola a menudo como la que «salvó» a Europa, a la cristiandad, el eslogan tiene poco que ver con la batalla en sí. Los francos derrotaron a un grupo de asaltantes, nada más; lo que estaba en juego en ese enfrentamiento era el control de Aquitania. Se trataba de una disputa entre diferentes señores cristianos, con soldados musulmanes de Hispania reclutados por uno de los bandos en lucha. Esa fue la realidad de lo ocurrido. Pero la relevancia de la batalla, el motivo por el que hoy la conocemos, es que en manos de los historiadores europeos islamófobos y nacionalistas de los siglos XVIII y XIX se convirtió en algo más. La utilizaron como un hito sobre el que construir una narrativa más amplia acerca de la formación del Estado-nación o, más tarde, un falso «choque de civilizaciones». Estos historiadores buscaban encajar el acontecimiento en relatos de mayor alcance que sirvieran a los propósitos políticos de su época, para asegurarse de que el público viera el mundo islámico como algo distinto y no europeo: otro pueblo «bárbaro» a las puertas que debía ser rechazado por las valientes potencias blancas europeas.

Pero lo cierto es que las fuentes medievales contemporáneas no pensaban tal cosa; así, sugerían que en la decisiva batalla de Guadalete contra el rey visigodo en el año 711, los ejércitos del norte de África fueron reforzados por cristianos visigodos, partidarios de un pretendiente rival a la Corona. De hecho, una de las fuentes más útiles para los acontecimientos de principios del siglo VIII procede de la *Crónica* del año 754, que justifica la conquista como una especie de castigo contra el usurpador, en la que los norteafricanos colaboran con uno de los aspirantes al trono visigodo y, en cierto modo, ponen fin a una guerra civil. Este texto fue escrito en latín, casi con toda seguridad por un funcionario gubernamental cristiano al servicio de los nuevos gobernantes islámicos de Córdoba. Pero incluso las fuentes en árabe, como la *Narrativa* (ciertamente muy posterior) de Ibn 'Abd al-Hakam, cuentan una historia muy similar.

Esa relación entre musulmanes y cristianos en la península, un lugar que se había llamado Hispania bajo Roma pero que, durante los siete siglos siguientes, se conocería como al-Ándalus, fue siempre tensa, siempre complicada, siempre más desordenada de lo que nos gustaría imaginar. Al hablar de este lugar y de este periodo, debemos recordar que no solo estamos hablando de cristianos y musulmanes. En la península ibérica, a diferencia de muchas otras regiones, había también una importante población judía, presente desde los tiempos de Roma (y quizá antes), un grupo perseguido duramente por los visigodos, en ocasiones, y que luego se quedó para encontrar una incómoda morada bajo el dominio islámico.

Las relaciones entre estos tres pueblos que habitaron en la península ibérica a lo largo de la Edad Media se conocen desde hace tiempo como «convivencia». Sin embargo, la historia de esa convivencia está ligada a la de la Reconquista. La concepción popular de la España medieval ha tendido a oscilar entre mundos imaginados: una convivencia armoniosa real interrumpida por la violencia religiosa, por un lado, y una persecución religiosa real que solo se detuvo cuando los cristianos reclamaron la tierra que era «legítimamente suya». Pero son posiciones extremas, categorías de comprensión que se han vuelto aún más contundentes debido a una lectura bastante ingenua de algunas fuentes latinas medievales que fueron incorporadas por el nacionalismo español de los siglos XIX y XX y por el reaccionario catolicismo romano contemporáneo, y luego abrazadas por los fascistas de Franco justo antes de la Segunda Guerra Mundial.

Los límites entre los dos vocablos se agudizaron debido a los conflictos del siglo XX. La «convivencia» se presentaba como símbolo de la debilidad medieval, con los cristianos «obligados» a ser tolerantes porque no podían hacer otra cosa. Para Franco, que se apoyaba en categorías contundentes para legitimar su propio poder, «reconquista» era un término más real, más auténtico; suponía una forma de establecer una conexión con el pasado. Según la nostalgia autoritaria del franquismo, al igual que los cristianos medievales lucharon contra el islam, el dictador lo habría hecho para recuperar el país una vez más, en esta ocasión de manos de republicanos, anarquistas y comunistas. No es de extrañar que este enfoque siga prevaleciendo hoy en día, y que la palabra «reconquista» siga siendo utilizada de forma aprobatoria por la extrema derecha en todo Occidente. Tampoco es de extrañar que, en cierta medida como reacción a la apropiación de la Reconquista por parte de la derecha, la izquierda transformara la convivencia en un valor liberal a finales del siglo XX: su supuesto multiculturalismo, el hecho de que cristianos, judíos y musulmanes vivieran juntos, se consideraba un precedente histórico de la singularidad y la fuerza de una España moderna y republicana.

El problema de estos marcos es que, en efecto, se trata de categorías poco precisas, que la mayoría de las veces están al servicio de una agenda moderna a la que le importa poco el pasado real. Ambos términos se basan en una comprensión particular de la política y la religión; una conceptualización que, en última instancia, aleja la una de la otra. En esta forma de pensar, la religión era algo interno; todo lo demás, todas las acciones, era política. Eso tenía sentido para los europeos blancos que vivieron después de los cambios religiosos del siglo XIX, cuando su propia visión de la religión se proyectó hacia el exterior, primero geográficamente en las colonias y luego cronológicamente en el pasado. Buscaban cosas que les resultaran familiares: lo que se catalogaba como «fe» importaba más en la categorización que la «práctica». La religión se presentaba como algo interno y supuestamente intemporal, independiente de cualquier cambio histórico procedente de fuera.

Pero, como hemos visto, esas categorías no funcionaban así en el mundo medieval. Las cosas fueron muy diferentes en Hispania, en al-Ándalus, en los reinos de Navarra, León, Castilla, Aragón y más tarde Portugal, a lo largo de casi un milenio. Cuando los

soldados visigodos ayudaron al ejército norteafricano a derrotar al
rey Rodrigo en el año 711, cuando el Cid se movía con facilidad de un
lado a otro, durante los siglos xı y xıı, para luchar a favor y en contra
de cristianos y musulmanes, cuando los zenetes musulmanes granadinos de los siglos xıı y xıv se unieron a los reyes de Aragón en su
actividad de reconquista o cuando mercenarios cristianos catalanes
viajaron al norte de África para servir de guardaespaldas a los sultanes hafsíes... Sin duda todo ello complica nuestras complacientes
—y demasiado modernas— categorías de religión, política y cultura.
No son brotes que irrumpen a través de un estado estático de coexistencia amistosa, ni son profundamente indicativas de una hostilidad
interminable entre las diferentes comunidades.

Así pues, para desenredar las múltiples y superpuestas
categorías de análisis y llegar a la experiencia vivida por los penin-
sulares, volvamos a Toledo, el lugar de la visita de Pedro el Venerable hacia 1140, una ciudad que en su día fue la capital de un reino
visigodo unido, pero que cayó en manos de los pueblos del norte de
África en el año 711, y luego del rey Alfonso VI de León y Castilla,
en 1085.

Tras el derrumbe de la línea dinástica visigoda, Toledo fue al
principio, simplemente, parte del más amplio Califato omeya que
gobernaba desde Damasco.

Pero cuando los omeyas fueron masacrados y derrocados
por los abasíes, y la capital del Califato se trasladó a Bagdad a
mediados del siglo vıı, al-Ándalus resistió y terminó separándose.
Cuando el poder centralizado de al-Ándalus comenzó a resque-
brajarse durante el siglo xı, Toledo se convirtió en una taifa (que en
árabe significa 'secta' o 'banda', pero en esencia designa un reino)
totalmente independiente.

A lo largo de esos tres siglos, en medio de las luchas políticas
internas de al-Ándalus, Toledo comenzó a mirar hacia el norte, lo

que significa que, para cuando Alfonso VI la conquistó en 1085,
o Pedro el Venerable llegó allí en la siguiente centuria, los vínculos tenían ya varias generaciones. A pesar de la persecución por
parte de los cristianos visigodos, o quizá como respuesta a ella, la
comunidad judía de Toledo floreció hasta alcanzar una población
de varios miles de personas en el siglo x. En cierto modo, fue el
reflejo del crecimiento de los judíos en todo al-Ándalus, aunque
ninguna figura singular en Toledo alcanzó la prominencia que
tendrían otras en Córdoba o Granada en los siglos x y xi. En Córdoba desarrollaron su actividad sobresaliente poetas y artistas, y
personajes como Hasdai ibn Shaprut (principios del siglo x) fueron
consejeros del califa y ocuparon destacados cargos burocráticos.
En Granada, Samuel ibn Nagrela (principios del siglo xi) y su hijo
José eran visires del gobernante, y no solo actuaban como consejeros, sino que comandaban los ejércitos granadinos en el campo de
batalla. No obstante, sobre todo durante el siglo xi, bajo el gobierno
de al-Mamum, Toledo supo aprovechar su lugar en el centro, convirtiéndose en un refugio para la cultura y los exiliados políticos.

Pero esto había sido casi siempre así. Desde su conquista por
el islam en el siglo viii, había permanecido en Toledo una importante población cristiana lo suficientemente significativa y todavía
conectada con el mundo intelectual del norte de los Pirineos como
para llamar la atención, durante el reinado de Carlomagno, cuando
el arzobispo de la ciudad, Elipando, defendió una teoría sobre la
naturaleza de Jesús (llamada «adopcionismo») que se convirtió
en el meollo de varios concilios carolingios alrededor del año 800.
De hecho, durante este periodo Toledo, siguió mirando al norte,
aunque no siempre tan al norte como Aquisgrán y los gobernantes
de la ciudad mantuvieron una relación, a veces incómoda, con los
dirigentes cristianos de León, Castilla y Navarra, llegando a solici-
tar en varias ocasiones ayuda militar contra otras taifas.

En este contexto, Toledo cayó en poder de Alfonso VI en 1085. A la muerte de su padre veinte años antes, Alfonso, como segundo hijo, había heredado el reino de León, mientras que sus hermanos se repartieron los de Galicia y Castilla. Como era de esperar, la guerra civil no tardó en producirse. Alfonso ayudó a su hermano Sancho II de Castilla a arrebatarle Galicia a su hermano menor, pero luego los dos mayores pronto se vieron enfrentados a su vez. Alfonso perdió, y a principios de 1072 se refugió en la seguridad de la Toledo islámica, donde permaneció varios meses, volviendo a León solo después de la muerte de Sancho a finales de ese mismo año. A partir de ese momento, en poco tiempo Alfonso se apoderó de los tres reinos, uniéndolos de nuevo.

Oportunamente, Alfonso atacó al vecino reino cristiano de Navarra, aunque su principal objetivo estaba en el sur. En Toledo, su protector durante el exilio, al-Mamum, había muerto en 1074 y estaba en marcha un conflicto por el control de la ciudad. Alfonso se aprovechó de ello y se dedicó a atacar las fronteras durante la agitación, apoyando al nieto de al-Mamum, llamado al-Qádir, a cambio de lo que obtuvo concesiones. En 1085, al-Qádir, cansado e incapaz de apaciguar a la aristocracia local, y enfrentado además a las presiones externas, quiso marcharse y entregó Toledo y su territorio circundante a Alfonso, a cambio del apoyo del rey para establecerse al sureste, en Valencia. Las élites islámicas que controlaban la ciudad abrieron las puertas y recibieron al leonés.

En el periodo inmediatamente posterior a la llegada de los cristianos, no cambiaron muchas cosas. Alfonso prometió que las sinagogas y las mezquitas no se convertirían en iglesias, y se concedió a cada comunidad —musulmanes, judíos y cristianos de rito latino— el derecho a regirse por sus propios códigos legales. Pero esto no duró. Aunque la comunidad judía se mantuvo bastante estable durante un tiempo, los cristianos mozárabes nativos, ciuda-

danos culturalmente arabizados de la ciudad que todavía celebraban su fe con una liturgia derivada de los visigodos a principios del
siglo VIII, fueron simplemente excluidos de este acuerdo. Y aunque
algunos se quedaron y unos pocos se convirtieron, la mayoría de
los habitantes musulmanes ricos huyeron de la ciudad hacia el sur,
y, para 1087, la mezquita había sido ocupada y transformada en la
nueva catedral.

Este lapso de tiempo, apenas unos años, muestra el problema de proyectar hacia el pasado medieval las categorías modernas, como la mencionada «convivencia». Un gobernante cristiano conquista una ciudad, pero esa ciudad le es entregada por
sus habitantes musulmanes; los habitantes de una ciudad de tres
religiones conviven, pero con tensiones cuando ese gobernante
convierte la mezquita en catedral y las tres comunidades pierden
la protección que les fue prometida.

A menudo, los estudiosos han culpado del endurecimiento
de las actitudes contra los no cristianos en Toledo, a medida que
avanzamos en el tiempo desde el año 1085, a la reina Constanza,
esposa de Alfonso VI, y a su confesor, Bernardo. Bernardo había
sido poco antes el abad del monasterio de Sahagún, en León, lugar
donde el rey había pasado parte de su exilio cuando huyó de su
hermano tras la muerte de su padre y donde, por cierto, acabaría
siendo enterrado. Pero el principal vínculo radica en el hecho de
que Bernardo fue, originalmente, un monje de la abadía de Cluny;
probablemente había cruzado los Pirineos alrededor de 1080 con
Constanza, antes de que contrajera matrimonio con Alfonso.
Ella era hija del duque de Borgoña, sobrina del abad de Cluny y
descendiente directa de los Capetos, reyes de Francia. Dadas estas
conexiones, no debería sorprendernos del todo que Bernardo fuera
nombrado obispo —un cargo tanto espiritual como político— de
Toledo justo después de que Alfonso tomara el control en 1085.

Culparlos a ellos, responsabilizar a los extranjeros de fomentar el conflicto interreligioso, es caer en la trampa de la Convivencia y la Reconquista. Quizá sea justo hasta cierto punto, pero la sugerencia de que los «agitadores externos» son los culpables de los estallidos en la vida cívica casi siempre tiene una motivación política. En este caso, tanto Constanza como Bernardo llevaban varios años instalados en León. Y lo que es más importante, un detalle a menudo olvidado cuando se discuten estos sucesos, es que, cuando Bernardo fue elevado al obispado en 1085, ¡desplazó a alguien que ya ocupaba esa sede!

Toledo había mantenido una importante población cristiana de forma continuada a lo largo de los periodos califal y taifal, una población sometida a una jerarquía eclesiástica y que practicaba la misma liturgia en la misma catedral que habían utilizado bajo el dominio visigodo. A los cristianos mozárabes nativos no les agradó especialmente la toma de posesión de Alfonso, ya que, para ellos, los leoneses que llegaron a la ciudad en el año 1085 eran intrusos que traían consigo prácticas culturales diferentes, una lengua distinta (el latín) y otros hábitos de culto (una liturgia vinculada a Roma).

El nombramiento de Bernardo como obispo en 1085 debe entenderse, por tanto, en conjunción con la conversión de la mezquita en catedral en 1087, y ambos hechos como dirigidos tanto, si no más, a los cristianos nativos como a los musulmanes de la ciudad, pues no solo se eliminaba al líder de la comunidad cristiana local, sino que también se reubicaba su espacio sagrado. Estos movimientos, en conjunto, consolidaron el control de Alfonso sobre su nueva capital, al permitir al rey instalar a gentes de su confianza en puestos críticos para el gobierno de la ciudad, sustituyendo literalmente el poder establecido. Al mismo tiempo, los traslados crearon una cadena de asociaciones, vinculando a Toledo intelectual y materialmente con el norte a través de Bernardo y la nueva catedral, traspasando los Pirineos hasta Cluny y, a través de ellos, hacia el sur, cruzando los Alpes hasta llegar a Roma y al papado. Se trata, pues, de una relación mixta de comunidades que conviven, pero que se articula dentro de una clara jerarquía.

Ese es el Toledo que, al menos durante la centuria siguiente, se convirtió en un punto de encuentro entre lenguas, religiones y comunidades; pero un punto de encuentro en el que estaba meridianamente claro de dónde emanaba el poder y de dónde no emanaría nunca.

LA «CONVIVENCIA», AL IGUAL QUE LA IDEA de las Edades Brillantes, debe abordarse como algo complicado y humano. Ambas realidades implican la toma de decisiones por parte de las personas, a veces para entenderse y colaborar, otras veces para odiarse y perjudicar. Allí donde vemos los frutos de la colaboración también encontramos las raíces del odio ideológico, y no podemos ignorar las fragantes flores ni los horrores consiguientes. A finales del siglo XII, los estudios de traducción formales habían prosperado en la nueva catedral de Toledo y sus alrededores, reflejando las relaciones de poder de la propia sede religiosa: juntos en asociación, pero con una jerarquía claramente definida. Miguel Escoto, uno de los traductores más famosos en activo durante la década de los años veinte del siglo XIII, se asoció con un erudito judío llamado Abuteus Levitaso y probablemente también empleó a mozárabes, musulmanes y judíos. Sus habilidades eran tan solicitadas que Miguel fue enviado a Palermo y luego a la corte del emperador Federico II, porque se pensaba que era brujo y astrólogo, y utilizaba las artes oscuras para pasar de un idioma a otro. Quizá sea más famoso por haber traducido al latín las obras de Ibn Rushd, conocido también como Averroes.

Ibn Rushd (Averroes), nacido en Córdoba en 1126, ocupa un puesto relevante en una línea de pensadores excepcionales. Su obra principal fue una respuesta a otra de principios del siglo XII debida a al-Ghazali (en latín, Algazel), que a su vez respondía a un tratado de comienzos de la centuria anterior de Ibn Sina (en latín, Avicena). Averroes trató de conciliar el Dios monoteísta del islam con el de la filosofía griega, defendiendo y ampliando así a Ibn Sina. Como parte de ese programa, escribió comentarios sobre las obras de Aristóteles.

Tales comentarios tendrían un efecto trascendental al norte de los Alpes en el siglo siguiente. Incluso una generación después de la muerte de Averroes, comenzando justo en la periferia, o ciertamente a la vista de la todavía en construcción catedral de Notre Dame, los estudiantes de la Universidad de París estaban tan enamorados de su trabajo que, a principios del siglo XIII, la administración eclesiástica mostraba su preocupación por que la escuela hubiera sido tomada por los averroístas. De hecho, Tomás de Aquino no podría haber completado su *Summa Theologiae* (resumen de toda la teología) de finales del siglo XIII sin el «nuevo» Aristóteles; sin Averroes y su contemporáneo, el pensador judío-islámico Maimónides. Todos estos hombres formaban parte de una gran red internacional transcultural, multigeneracional, multilingüe y multirreligiosa de intelectuales obsesionados con Aristóteles y con los comentarios de unos y otros sobre el antiguo filósofo.

Pero el papado y el obispado de París no estaban en exceso complacidos con todo aquello de Aristóteles y Averroes, dado que lo veían como una infiltración del aprendizaje pagano en el discurso cristiano. Desde luego, no veían con buenos ojos que la universidad afirmara su independencia, su capacidad de establecer su propio plan de estudios. Así que el papado actuó.

Desde su cátedra (el asiento sobre el que se sentaba el obispo, la base de nuestra palabra «catedral»), el obispo Esteban Tempier de París se encargó de concretar las exigencias del papado, investigando lo que se enseñaba en la universidad en 1277. Encontró que un total de 219 proposiciones no eran acordes con la ortodoxia, por lo que ya no debían ser enseñadas más. Se prohibieron las obras de Aristóteles, Averroes e incluso algunas del propio Tomás de Aquino, una censura, la del santo, que solo se levantó parcialmente unos cincuenta años después, cuando Aquino fue canonizado en 1323. Algunos se sintieron amenazados por esta «convivencia» intelectual, por la percepción de que se suavizaban los límites entre tradiciones religiosas, por lo que se esforzaron en endurecerlos, aplastando la colaboración en la medida de lo posible. Las motivaciones detrás del intercambio y el movimiento de ideas importan y, a menudo, las gentes medievales aprendieron las del otro solo para refutarlas. Sin embargo, tanto las ideas como los pueblos se estaban moviendo.

Capítulo 11

La luz divinia reflejada en el Nilo

Alrededor del año 1170, un mercader de joyas judío, de nombre David, salió de Egipto para ir a comerciar al Sudán. El viaje fue largo y difícil, primero hacia el sur por el Nilo y luego en caravana a través del desierto, pero, a pesar de todos los peligros, los beneficios que esperaba gracias a la compra de mercancías en el puerto de Aidhab en el mar Rojo eran grandes. El hermano mayor de David, Moisés, que estaba en El Cairo, le había dado instrucciones claras de no ir más lejos, pero, al arribar al puerto, David descubrió que en los últimos tiempos no habían llegado nuevos cargamentos de la India. Así que escribió una carta a su hermano, le explicó la situación y le dijo que tomaría un barco hacia la India. Le pidió a Moisés que tranquilizara a su mujer, «la pequeña», y a su hermana, y que se sosegase él mismo porque, después de los peligros del viaje por el desierto, uno por mar sería más seguro.

David y su familia eran originarios de Córdoba, luego vivieron en Fez, en Marruecos, y hacía relativamente poco tiempo que se habían instalado en Egipto. Cuando esta familia de judíos españoles se lanzó a comerciar en el sur de Asia, David tenía razones para pensar que el viaje era una buena idea. Los mercaderes habían atravesado los mares oscuros como el vino a lo largo de toda la Edad Media, moviéndose con facilidad entre diferentes comunidades políticas y religiosas. No mucho antes del viaje de David, otro comerciante judío llamado Benjamín dejó la ciudad española de Tudela, gobernada por los cristianos, para recorrer todo el Mediterráneo, una experiencia de la que dejó registro. Primero se dirigió a la costa de Barcelona, luego viajó por el sur de Francia y toda Italia, visitó Constantinopla, Jerusalén, Damasco y Bagdad, y aún después rodeó la península arábiga, antes de llegar a Alejandría y El Cairo, para luego emprender el regreso a España vía Sicilia. En todos los lugares por los que pasó encontró judíos dispuestos a ayudarle, viviendo junto a comunidades cristianas y musulmanas. La gente viajaba y a menudo volvía a casa sana y salva para contarlo.

Pero no todos tuvieron tanta suerte. David se ahogó de camino a la India, antes de llegar a su destino. Más tarde, Moisés calificaría aquel suceso como la mayor desgracia que le había ocurrido y escribió que la muerte de su hermano lo había dejado postrado en la cama y enfermo durante un año. El acontecimiento supuso también un perjuicio económico para él, lo que le empujó a reorientar su actividad y dedicarse a la práctica de la medicina. Como era un buen profesional, al cabo del tiempo, el visir principal (administrador jefe) lo contrató como médico de la corte del sultán islámico de Egipto, Saladino.

La tensión de la coexistencia en un mundo multirreligioso no se limitaba a la península ibérica, sino que se daba igualmente en las costas bañadas por el mar de Arabia y el Mediterráneo, así como el océano Índico. Durante las Edades Brillantes, los objetos (por ejemplo las joyas de David) y las ideas (la filosofía de Aristóteles y Avicena) se movían constantemente hacia los confines de

Oriente y Occidente. Un persa podía explicar al mundo las ideas de Aristóteles. Un inglés podía estudiar matemáticas en España y ayudar a un monje francés a leer el Corán. Un judío de Córdoba podía acabar sirviendo al sultán en El Cairo. Y sus libros podían viajar por el mundo.

Sin embargo, como hemos visto, estas interacciones no siempre eran pacíficas, sino que a menudo iban acompañadas de violencia y persecución.

Los libros de un persa podían ser quemados en París. La lectura del Corán por parte de un monje francés podía inspirar polémicas intolerantes y asesinatos en una cruzada. Un judío de Córdoba podría ser expulsado de su casa por musulmanes que buscaban volver a asumir los fundamentos puros de su religión. A veces el movimiento es todo menos voluntario. En la colaboración y la violencia, tales fueron las tensiones — y la incertidumbre — generadas por la permeabilidad de la Edad Media.

Es Moisés, y no su hermano perdido David, quien ha llegado hasta nosotros como una de las figuras importantes de la Edad Media, o incluso de cualquier época. Este Moisés, más conocido hoy en día por su apellido, Maimónides, fue el autor de la *Guía de los Perplejos*, un tratado filosófico en el que aplicó la lógica aristotélica para explicar la naturaleza de Dios, la estructura del universo, la función de la profecía y el tiempo, y cómo — a partir de todo esto y de los mandamientos bíblicos— ser una persona correcta y moral. Al mismo tiempo estaba profundamente comprometido con las complejidades del mundo, como comerciante y médico. Trató de armonizar el conocimiento religioso y el secular, de utilizar la lógica como herramienta para dar sentido a un mundo confuso, en el que su hermano podía partir al otro lado del océano y no volver jamás. Encontró respuestas en la filosofía de los antiguos griegos, así como en las obras de pensadores contemporáneos que, como él, intentaron aplicar las enseñanzas de Aristóteles a las condiciones de su presente. La obra y la vida de estos pensadores encarnaban una época que conectaba el pasado y el presente; Oriente y Occidente; el islam, el judaísmo y el cristianismo.

Moisés nació en el sur de la península ibérica, concretamente en Córdoba, en 1138; su padre era un juez judío residente durante el efímero imperio almorávide. Los almorávides gobernaron desde Marrakech, en el actual Marruecos, y extendieron su influencia desde el África occidental subsahariana hasta el estrecho de Gibraltar, y luego a través de Europa, aprovechando las rutas comerciales transaharianas establecidas desde hacía tiempo para crear un gran Estado. En las historias que contamos, tal vez no pasamos mucho tiempo al sur del Sáhara, pero no hay que olvidar que esta región tuvo su propio florecimiento del oro, su proceso de construcción de naciones, su vida intelectual y sus conflictos. Y dado que en Europa apenas proliferaba, cada gobernante que acuñaba una moneda de oro y cada fiel que contemplaba un cáliz fabricado con este metal recogía, de alguna manera, los frutos del comercio africano y asiático.

Poco después del nacimiento de Maimónides, el imperio almorávide comenzó a derrumbarse. La presión sostenida de los reyes cristianos de León al norte, junto con una cruzada que capturó Lisboa y estableció el reino cristiano de Portugal, así como un nuevo movimiento religioso islámico que se extendió entre los pueblos del sur de Marruecos, se combinaron para reconfigurar el paisaje político del sur de España.

Los orígenes del imperio almohade se encuentran en las palabras y los hechos de un predicador islámico norteafricano llamado Abu Abd Allah Muhammad Ibn Tumart. Fue una figura profética que, hacia el año 1120, estableció su gobierno independiente en las montañas de Marruecos, ofreciendo una visión en buena parte mesiánica del islam como punto de encuentro para sus partidarios, que rápidamente se expandieron hacia el exterior tras su muerte, en torno a 1130, atacando primero a sus correligionarios islámicos, los almorávides. Los almohades conquistaron Marruecos y luego se extendieron de manera fulgurante por el norte de África y atravesaron el estrecho de Gibraltar en dirección a al-Ándalus. En al año 1148, conquistaron la Córdoba de Maimónides; hacia 1170, habían sustituido a los almorávides en el poder.

El hecho de que la agitación política se produzca a través de la innovación religiosa no es algo especialmente inusual, pero sí delata la diversidad del islam medieval y nos habla de sus múltiples manifestaciones entre los pueblos de la época. Como hemos visto repetidamente, los practicantes de las religiones medievales bebían de tradiciones fluidas y vivas, de modo que constantemente surgían ideas y prácticas nuevas. A veces, las autoridades religiosas locales asimilaban estas novedades; otras, la ortodoxia intentaba aplastar o exiliar a los que consideraban desviados o heréticos, y en ocasiones estos grupos se organizaban en torno a una innovación religiosa para destruir el *statu quo* anterior y convertir su credo en la nueva ortodoxia. Se dieron casos, asimismo, de diversas tradiciones religiosas que hallaron modos de coexistencia a corto o largo plazo dentro de un mismo sistema político. La España y el norte de África que fueron escenario de los movimientos de Maimónides encarnaron todas estas posibilidades en un momento u otro.

El predicador norteafricano Ibn Tumart y sus seguidores rechazaron específicamente una visión antropomórfica (similar a la humana) de la divinidad, insistiendo en cambio en la incognoscibilidad última de Dios. Además, como reformador, sus seguidores le atribuyeron cualidades mesiánicas. La mayoría de los musulmanes asumen una noción del tiempo fundamentalmente lineal, con un punto final (como la mayoría de los practicantes de las demás tradiciones religiosas abrahámicas). Si bien la idea de algún tipo de figura mesiánica era nueva en el islam a finales del siglo VII, se convirtió en algo mucho más común en épocas posteriores. El islam chií, por ejemplo, predice el regreso de un último imán, un líder que traerá la justicia al mundo. Ibn Tumart se comprometió con una tradición mesiánica diferente cuando se reveló (según sus biógrafos, que, por supuesto, estaban contando la historia oficial del fundador de la dinastía) como el *mahdi*, el legislador y líder espiritual divinamente ordenado que ha de aparecer antes de los días finales para convertir a todo el mundo al islam. De forma crítica, los seguidores de Ibn Tumart razonaron que, si el *mahdi* había llegado, resultaba innecesario mantener el sistema *dhimmi* en virtud del cual se habían protegido las posiciones de los no musulmanes dentro de la sociedad islámica. Por lo tanto, aunque con matices en la práctica, la política oficial de los almohades conquistadores fue que los judíos y los cristianos debían convertirse o morir.

Tanto el noroeste del África medieval como la región meridional de al-Ándalus, antes de los almohades, eran sociedades políglotas y multiconfesionales que se beneficiaban del intercambio económico y cultural, tanto intercomunitario como transregional. Sin embargo, como hemos visto, la coexistencia entre diversas creencias puede crear las condiciones para el conflicto a través de las fronteras espirituales, incluso cuando al mismo tiempo la conquista no desemboca necesariamente en la eliminación de la diferencia.

No sabemos realmente cuántos judíos fueron obligados a convertirse. Hay algunas pruebas de que la vida continuó más o menos como antes, con comerciantes de esta comunidad (que nos dejaron cartas, facturas de venta y otros documentos tanto personales como relacionados con su actividad) que cruzaban las fronteras sin preocuparse de que sus colegas hubieran sido forzados a la conversión, asesinados u obligados a marchar al exilio. De hecho, tal vez en esta época la situación en la península ibérica fuera peor para los musulmanes que para los cristianos o los judíos, pues aquellos que no se ajustaban a las creencias almohades durante el periodo de expansión, tachados de herejes por estar fuera de la nueva ortodoxia islámica, parecen haber sido considerados una amenaza mayor que los «no creyentes» por parte de Ibn Tumart y sus sucesores. Por otra parte, es posible que, tras la conquista inicial, los nuevos gobernantes asumieran un conjunto de creencias tradicionales y prácticas suníes en lo que respecta al mantenimiento del estatus de *dhimmi* para judíos y cristianos.

Al final, aunque los estudiosos no se ponen de acuerdo a la hora de determinar en qué medida los almohades obligaron realmente a la conversión a los residentes judíos del reino, parecen estar de acuerdo en que ese debió de ser un escenario plausible o, cuando menos, frecuente, porque muchos miembros de la comunidad hebrea abandonaron sus hogares y partieron al exilio. De hecho, hay pruebas de que algunos fueron asesinados. Un gran erudito judío español, Abraham Ibn Ezra, compuso un lamento sobre la llegada al poder de los almohades, en el que nombraba ciudad tras ciudad, doliéndose de la pérdida de vida, fe y belleza sufrida en cada una de ellas. Escribió:

> Me afeito la cabeza y me aflijo amargamente por los mártires e hijos de Sevilla que fueron tomados, como las hijas que fueron forzadas a la extrañeza de la fe. Córdoba está arruinada, como el mar desolado, sus nobles y sabios han perecido de hambre.

La composición, por supuesto, no puede ser asumida como evidencia directa de lo que sucedió, pero sí nos habla de la elaboración de la memoria sobre la conquista. Ibn Ezra acabó abandonando la península ibérica, pasó un tiempo en Francia e Italia, quizá viajó hasta Bagdad, y dejó su legado no solo al escribir obras de crítica bíblica, ciencia y gramática, sino al optar por seguir haciéndolo en hebreo en lugar de emplear el judeoárabe (la lengua de Maimónides) de al-Ándalus y el norte de África.

La familia de Maimónides también huyó, primero hacia el sur a través del estrecho de Gibraltar hasta el Magreb, y finalmente a Fez, donde fijó su residencia. Parece probable que Maimónides se convirtiera al islam bajo presión, durante un tiempo, después de la huida de su familia al norte de África, aunque tanto los estudiosos como los practicantes religiosos modernos discuten acaloradamente si lo hizo, en parte porque las pruebas reales no son claras, pero también porque varios grupos contemporáneos pretenden reclamar su legado para sí mismos.

Tenemos que admitir que nunca sabremos los detalles de su experiencia. Si no se convirtió, al menos debió de conocer a muchos judíos que optaron por hacerlo debido a las exigencias almohades. En todo caso, sí resulta revelador que pensara y escribiera sobre la conversión forzada. Hacia el final de su vida, Maimónides escribió a los judíos de Yemen, que también experimentaron un caos similar cuando las facciones musulmanas rivales se enfrentaron allí. En la década de 1170, una rebelión chiíta contra Saladino provocó la persecución de los judíos (así como de los musulmanes suníes de la región, pues estos levantamientos casi siempre golpean con mayor dureza a los grupos correligionarios que se desvían en su identidad doctrinal). Algunos judíos yemeníes se convirtieron, pero cierta facción de rabinos argumentó que era preferible elegir el martirio que profesar falsamente el islam. Maimónides no estaba de acuerdo y opinó que era mejor fingir una conversión que morir o abandonar realmente el judaísmo. Una falsa conversión no impediría, según él, volver al redil una vez que la crisis hubiera pasado o se hubiera escapado

Techo del llamado Mausoleo de Gala Placidia, en Rávena, Italia. El dosel de estrellas se enmarca entre símbolos que representan a los Cuatro Evangelistas: Mateo, Marcos, Lucas y Juan. Datado a comienzos del siglo V d. C.

Mosaico del conocido como Mausoleo de Gala Placidia, en Rávena, Italia. Este en concreto (en su mayor parte) muestra a San Lorenzo y la parrilla en la que, según la leyenda, le asaron hasta la muerte. Nótese también las estrellas en lo alto y el mar abajo.

Interior de Santa Sofía, Estambul. Fue levantada como iglesia en Constantinopla, capital del Imperio bizantino. La convirtieron en mezquita en el siglo XV y luego transformada en museo en el siglo XX, antes de volver a ser convertida en mezquita de nuevo en el año 2018. Construida a comienzos del siglo VI.

Mosaico de la emperatriz en la iglesia de San Vitale en Rávena. La iglesia comenzó a edificarse cuando los bizantinos arrebataron la ciudad a los ostrogodos, pero se completó con los mosaicos después. Mediados del siglo VI.

Moneda de oro acuñada por el rey Offa de Mercia. En la cara de la izquierda resulta visible con claridad la inscripción latina Rex Offa (rey Offa). Pero apréciese la inscripción pseudoarábiga, realizada quizá por un artesano que no conocía esa lengua pero trató de copiar un dinar de comienzos del siglo VIII acuñado por el califa abasida al-Mansur. Finales del siglo VIII (*fondos del British Museum*).

Cruz de Rutwell, en la actual Escocia. Ubicada en la pequeña iglesia parroquial, originalmente se alzaba en un campo. Nótese los zarcillos de vid y los animales en el lateral, enmarcando la imagen tallada de Jesús (*Cortesía de la Dra. Heidi Stoner*).

ide&infantibus in muuli cofub pofitum · ADAURIUDOLORE ·
Taurinumfel cummulfo infufo emendæ · ADDURITIAS
INCORPORE · Taurinu febu cumre fina &cerum pofitum
difcuæ · ADOÑS TUMORES · Taurinum femum adomf
tumoref inpofitum nemoignonæ fanabitur · ADDURITIASIN
CORPORE · Taurinu femum cum fale omfclurcæ femendæ
XXIII · AD PROFLUUIUM RESTRINGENDUM ·
Taurufubicumq; paftuf fuerit foli ulmi arborif defimo
ipfiuf faculf ficcari &cerif puluere mollif fimum mæcipfu
puluerem ; incarbonef intcefto &deponef inualf
&fedæ mulierquep.catur inctifmadiligenē cooperta
erit fanabitur utmirerif ·

DE ELE FAN TO

Elephant

Ilustración de un elefante en un manuscrito
francés. El manuscrito en su conjunto contiene
textos científicos sobre plantas y animales. Siglo x
(*Den Haag. Huis van het boek 10D 7,f.88r.*).

Mojón de piedra tallada, mostrando la crucifixión de Jesús en Jelling, actual Dinamarca. Las
runas talladas nos dicen que fueron encargadas
por el rey Harald *Diente Azul* para conmemorar la conquista de Dinamarca y Noruega, y
su conversión al cristianismo. Algunas pinturas
originales siguen siendo visibles. Siglo x. (*Museo
Nacional de Dinamarca*).

Reconstrucción de otro mojón tallado de
piedra en Jelling, en la actual Dinamarca. Todas
esas piedras debieron estar pintadas en colores
vivos, quizá como la que creó Erik Sandquist
en 2003-4 (*Museo Nacional de Dinamarca*).

Relicario de Santa Foy, en Conques, en la moderna Francia. Las manos y brazos son una reconstrucción posterior, pero la santa sentada (en majestad), recubierta de oro y gemas, sobre un cuerpo de madera, es la original. Siglo X tardío o primeros del siglo XI (*cortesía de OTCM, Oficina de Turismo de Conques*).

Detalle del tapiz de Bayeux, en Normandía, en la actual Francia. Realizado para conmemorar la conquista de Guillermo en el año 1066, este detalle en concreto muestra la construcción de un fortín de madera en Hastings, con los obreros cavando y amontonando la tierra para formar un montículo sobre el que erigir el fortín (*Cortesía de la ciudad de Bayeux, Museo de Bayeux*).

Abside de la iglesia del Cristo de la Luz, en Toledo, en España. Se construyó originalmente como mezquita hacia el año 1000 y, en 1085, se convirtió en iglesia, después de que la ciudad se rindiera al rey Alfonso VI. El ábside fue añadido a finales del del siglo XII, manteniendo las inscripciones en arábico. Siglos XI y XII.

Imagen en un manuscrito de Aristóteles, conversando con uno de sus comentaristas, procedente de Bagdad, en el actual Irán. El manuscrito completo contiene un bestiario en el que se detallan las características y las costumbres de diversos animales. Siglo XIII (*BL OR 2784 f96r. Cortesía de la biblioteca digital de Qatar*).

Imagen en un manuscrito del papa Inocencio III excomulgando herejes (cátaros), así como cruzados matando cátaros en la Francia meridional. El manuscrito procede de Normandía y contiene una edición revisada de las Grandes Crónicas de Francia. Mediados del siglo XIV (BL Roya MS 16 GVI, f.374v, cortesía del archivo Granger de Imágenes Históricas).

Vidrieras emplomadas tras el altar superior en la Sainte-Chapelle de París. La narración de la Pasión está directamente detrás del altar. La luz que entra por los ventanales en un día soleado abruma. Principios del siglo XIII.

Hidelgarda de Bingen recibiendo la inspiración divina, escribiendo sobre una tablilla de cera y hablando con su escriba, Wolmar. Se perdió o destruyó durante la II Guerra Mundial. El manuscrito original tenía esta imagen en su primera página para trasmitir la autoridad de su autor. Finales del siglo XII.

Salvoconducto mongol, creado en tiempos de la dinastía Yuan de China. Aunque fechado en el reinado de Kublai Kan, pudo ser portado por diplomáticos y viajeros para que pudieran mostrar a otros que disfrutaban de la protección del kan. Finales del siglo XIII (*Cortesía del Museo Metropolitano de Arte de Nueva York*).

Dante y Virgilio en la orilla, bajo un manto de estrellas, antes de cruzar las puertas del Purgatorio. El manuscrito contiene el texto íntegro de la *Divina Comedia* y pudo ser propiedad primero del rey Alfonso V de Aragón, Nápoles y Sicilia. Mediados del siglo XV (*BL Yates Thompson 36, f.68, cortesía del archivo Granger de Imágenes Históricas*).

a un territorio menos hostil. Así que tenemos que preguntarnos si, al escribir sobre los judíos yemeníes, también estaba escribiendo sobre los hispánicos de su pasado, incluido él mismo.

Maimónides acabó abandonando Marruecos y se dirigió, a finales de la década de 1160, a Egipto, que en aquella época era un territorio sumido en cierto desorden, con los visires (gobernantes) fatimíes pagando tributo en oro al rey cristiano de Jerusalén, después de que este hubiera capturado El Cairo y Alejandría. Solo en 1169 las cosas empezaron a estabilizarse, cuando el caudillo islámico Saladino tomó el poder y transformó el mundo. Saladino es una figura muy conocida, quizá la más célebre, por haber destruido prácticamente los estados cruzados cristianos y haber recuperado Jerusalén para el islam en 1187. Kurdo de los alrededores de Mosul, fue en realidad un gobernante y un general de extraordinario talento que ascendió en las filas de los ejércitos al servicio de los gobernantes de la ciudad de Alepo y, luego, de Damasco. Enviado a calmar —en realidad, pacificar— los ánimos en Egipto, emergió del caos primero como visir y luego como sultán en torno al año 1171, y logró unificar casi todo el mundo islámico del norte de África y Oriente Medio bajo su bandera.

Aunque el gobierno de Saladino se asocia a menudo con el resurgimiento de la idea de la *yihad* menor, al llevar la guerra santa contra los gobernantes cristianos tanto de Bizancio como de Jerusalén, lo que hemos comprobado sobre las relaciones entre cristianos y musulmanes en este periodo es que fueron complicadas. Saladino disfrutó de relaciones fructíferas e incluso amistosas con ambas potencias cristianas en ocasiones, e incluso —algo muy común para la época— estableció alianzas militares con ellas en contra de otros grupos islámicos que amenazaban constantemente su autoridad. Y parece ser que un número importante de judíos, sobre todo en Egipto, prosperaron bajo su mandato.

Maimónides se cuenta entre los que encontraron la estabilidad en el Egipto de Saladino. Estudió la Torá, participó activamente en la política judía regional y local, y colaboró con su familia en actividades relacionadas con el comercio. Ayudó a rescatar a los cautivos judíos apresados durante un conflicto entre los egipcios islámicos y el rey cristiano de Jerusalén. De hecho, dado que ejerció como *ra'is al-yahud*, o líder de la comunidad judía egipcia, entre los años 1171 y 1173, antes de ser sustituido por un enemigo acérrimo —no obstante, Maimónides recuperaría el cargo en 1195—, disponemos de una serie de textos que escribió o, al menos, firmó, y que han llegado hasta nuestros días, incluido un recibo de esos fondos de rescate.

Además de su labor política, Maimónides ejerció la medicina, como queda dicho. Se había formado en Fez, un lugar apropiado para la especialización en dicha disciplina, pues estaba bien servido por las tradiciones científicas judías, pero también por las de la antigüedad griega, persa, siriaca y romana, todas ellas, por supuesto, filtradas, en este contexto, a través de textos árabes. En aquella época no existían escuelas formales; el estudio de la medicina se transmitía a menudo en el seno de las familias. En ese sentido, puede afirmarse que era un oficio más bien artesanal. Pero, por otra parte, este tipo de conocimiento especializado era también muy filosófico. Maimónides, más conocido por sus tratados teológico-filosóficos, seguía así los pasos de Avicena y Averroes, ambos también aristotélicos, teólogos y médicos. Tal coincidencia no significa que fuera fácil ejercer todas estas actividades a la vez. En la carta que escribió a un amigo, Judah Ibn Tibbon, un judío granadino que se trasladó al sur de Francia tras la conquista almohade y que se hizo famoso por sus traducciones del árabe al hebreo, Maimónides le instaba a no visitarlo:

Mis deberes para con el sultán son muy pesados. Estoy obligado a visitarlo todos los días... [y] debo permanecer la mayor parte del día en el palacio. También ocurre con frecuencia que uno o dos oficiales reales caen enfermos, y debo ocuparme de su curación. No regreso [a casa] hasta la tarde. Así que casi me muero de hambre... Encuentro las antecámaras llenas de gente, tanto judíos como gentiles, nobles y gente común, jueces y alguaciles, amigos y enemigos: una multitud mixta que espera la hora de mi regreso.

Mezclar la medicina con la filosofía y la política era un trabajo duro. Cuando se habla de la transmisión de ideas, se tiende a pensar en procesos lineales —de esta persona a aquella otra, y así sucesivamente—, lo que implica dar por supuesto que los filósofos y los profetas no se solapan entre sí y, desde luego, que las ideas de diversas tradiciones religiosas no se comprometen seriamente unas con otras. Sabemos que eso no fue cierto en lo que respecta a las Edades Brillantes. Maimónides y otros intérpretes judíos, islámicos y cristianos de Aristóteles practicaban su religión recurriendo a la lógica, y sus ideas se enredaban y entraban en conflicto, pero siempre interactuaban. Asimismo, siempre ha habido tradiciones místicas y proféticas dentro los tres monoteísmos, que se superponían, se complementaban y alentaban disputas académicas. A veces, incluso a menudo, una misma persona podía encarnar diversas vertientes, en un grado u otro. ¿Sabemos, por ejemplo, si el propio viaje introspectivo de Maimónides sobre la naturaleza de un Dios no antropomórfico estuvo influenciado por las preocupaciones de Ibn Tumart y sus seguidores? Es algo que no podemos afirmar, pero la similitud de los planteamientos es sorprendente.

Por lo tanto, no hay un hilo conductor sencillo para seguir, punto por punto, el compromiso con Aristóteles (y hasta cierto extremo con Platón) desde los primeros pensadores islámicos como Ibn Sina (Avicena) en Asia, hasta Ibn Rushd (Averroes) en la Córdoba almohade, pasando por Maimónides, y finalmente por los teólogos cristianos al norte de los Pirineos. Solo en contadas ocasiones cabe precisar con exactitud cómo un escritor adoptó las ideas de otro, y eso es algo que nos recuerda que este movimiento no fue inevitable; no fue una «evolución» necesaria de las ideas fluyendo hacia Europa. Por el contrario, vale la pena imaginar complejas redes multivectoriales de transmisión intelectual que se superpusieron a otras formas de intercambio. Por ejemplo, Abu Nasr al-Farabi —quizá un musulmán chiíta persa, aunque es algo que los estudiosos discuten— vivió en Bagdad y luego en Damasco a mediados del siglo X. Escribió sobre música, física y matemáticas, pero también redactó extensos comentarios sobre Aristóteles en árabe (el trabajo inicial de traducción del griego ya estaba hecho). Al-Farabi trataba de averiguar la mejor manera de estructurar la sociedad para que los individuos alcanzaran la felicidad; desarrolló una filosofía de la religión para apoyar ese análisis. Su obra, a su vez, fue retomada por su casi contemporáneo Avicena, que combinó el estudio de la medicina, las ciencias naturales y la filosofía para escribir cientos de tratados en los que desplegaba las pruebas lógicas aristotélicas para demostrar la necesaria existencia de Dios, y luego para conciliar los fenómenos naturales o científicos observables con su devoto compromiso con el islam. A partir de ahí, en su casa, en el Asia islámica de principios de la Edad Media, su influencia se extendió tanto como los libros podían viajar y, cuando era necesario, traducirse.

Para muchos pensadores medievales, los comentarios de Avicena sobre Aristóteles eran más importantes que las propias obras del filósofo griego. En la España almohade, por ejemplo, Averroes ejerció como juez principal de Córdoba y médico de la corte del califa (él y Maimónides coinciden en más de un sentido, pues son contemporáneos de diferentes tradiciones religiosas que practican la medicina y utilizan herramientas filosóficas similares para plantear preguntas parecidas). Si bien Avicena y él discrepaban a menudo en lo que respecta a las profundidades de la metafísica aristotélica, y tales diferencias no carecen de importancia en la historia de las ideas, obsérvese que, un siglo después de la muerte de Avicena, sus obras habían viajado de Irak a la península ibérica. Esto revela una red continua de flujo de información, que implicaba una animada actividad económica de venta de libros, en la que el debate sobre Aristóteles resultaba solo un pequeño componente.

Maimónides formó parte de esa red, escribiendo muchos y diversos tratados tanto de medicina como de filosofía, pero sobre todo su obra más famosa, la *Guía de los Perplejos*. Redactada en forma de carta a un estudiante que trataba de elegir entre el estudio de lo sagrado o el de la filosofía, es en realidad una extensa argumentación de que los dos modos de pensamiento pueden unificarse. Maimónides comienza con un análisis de la naturaleza de lo divino en sí, criticando el antropomorfismo teológico (de nuevo, una crítica que bien podría haber tomado de los almohades). Sostiene que Dios no es simplemente un ser humano con poderes, sino algo tan inefable que resulta indescriptible, excepto a través de la negación. Dios sobrepasa de tal manera el entendimiento de los individuos que los términos humanos son inadecuados para describir lo divino: está tan por encima del «bien», por ejemplo, que usar esa palabra hace un flaco favor a lo que Dios es. Por lo tanto, se parte de lo que Dios no es —no es débil, no es malo— y se intenta comprender lo que queda como lo divino.

De ahí que uno de los núcleos del argumento de Maimónides se oponga a pensar en Dios como en un superhombre y, en su lugar, inste al conocimiento como el mejor camino para llegar y amar a Dios. La lógica ofrecía una salida. La lógica brindaba una clave para desentrañar el problema del mal, el desafío de la profecía, las complejidades e incluso las contradicciones de las narraciones bíblicas y la ley sagrada. Como Agustín y Avicena, y de hecho como tantos intelectuales medievales de tantas tradiciones, el segundo Moisés no veía tensión alguna entre el aprendizaje y los métodos de la Antigüedad, por una parte, y su monoteísmo, por otra.

Con Aristóteles firmemente asentado como motivo de debate —tanto entre los que discutían sobre sutiles diferencias en el análisis metafísico como entre los de todas las religiones abrahámicas que consideraban heréticas tales reflexiones— en Bagdad, Siria, Egipto, todo el norte de África y la península ibérica, ¿es de extrañar que la orilla septentrional del Mediterráneo se viera también atraída por estos temas? En el siglo XIII, eruditos como Tomás de Aquino introducirían a Aristóteles (filtrado a través de sus comentaristas árabes, judíos e islámicos, incluyendo por supuesto a Maimónides) en la vida intelectual cristiana latina. De hecho, incluso después de que la Universidad de París prohibiera la enseñanza del filósofo griego y sus comentaristas en el año 1229, justo al sur, la nueva universidad de Toulouse trató con audacia de reclutar a los estudiantes descontentos, promocionándose con el argumento de que «los que deseen escudriñar el seno de la naturaleza, hasta lo más profundo, pueden escuchar aquí la lectura de los libros de Aristóteles que fueron prohibidos en París».

Las gentes del medievo, desde Irak hasta España e Irlanda, desde Cluny hasta El Cairo y Constantinopla, nunca perdieron sus conocimientos sobre los griegos y los romanos premedievales. Y eran conscientes de que se basaban en las obras de cuantos los precedieron, aquellos que habían atravesado las fronteras religiosas sin amenazar sus propias tradiciones. En cierto modo, la adaptación de Aristóteles para responder a las preguntas de los monoteístas sobre la naturaleza de lo divino refleja un tremendo despliegue de imaginación de los métodos de la filosofía clásica. Lejos de oponerse a la ciencia, fueron las instituciones religiosas del mundo medieval las que conservaron, tradujeron, adaptaron y aplicaron las lecciones antiguas que sobrevivieron a las cuestiones que en la época importaban. La historia de Maimónides trata de uno de los mayores filósofos de todos los tiempos, del movimiento de pueblos e ideas a través de las fronteras, de la integración de la lógica y las creencias, y de cómo los pensadores medievales se entendían a sí mismos en relación con el pasado. No es solo que podamos apreciar los elementos clásicos, sino que hablaban explícitamente de esto. Al parecer, a principios del siglo XII, el maestro Bernardo de Chartres señaló que él y sus alumnos no eran más que «enanos subidos a los hombros de gigantes», es decir, que los modernos de su época solo podían ver más allá que sus predecesores porque habían sido elevados por los antiguos. Aunque esto no fuera en absoluto el supuesto habitual del momento, el sentimiento revela lo conscientes que eran Bernardo y sus contemporáneos tanto de sus deudas como de sus méritos. Se mantuvieron en pie gracias a los demás, pero pudieron ver más lejos, más que sus predecesores. Las ideas se movieron a lo largo de las Edades Brillantes. Pero los instantes de creatividad luminosa no fueron únicamente competencia de los grandes hombres. Al extender ampliamente su luz, las Edades Brillantes nos permiten contemplar otros momentos, a otras personas, y darnos cuenta de cómo también fueron partícipes de cuanto hemos mencionado y más aún.

Capítulo 12

Una cierva blanca y radiante con la cornamenta de un macho

La cierva deambulaba tranquilamente con su cervatillo. Su cuerpo era impresionante, cubierto de pelo blanco y luminoso, y con una imponente cornamenta coronándole la testa. El verde del bosque contrastaba con la blancura deslumbrante del animal.

Pero, de repente, todo se tiñó de rojo.

La flecha impactó en la frente de la cierva, derribándola, pero no antes de que el proyectil rebotara contra el arquero. Alcanzado en el muslo por su propio disparo, gritó de dolor y cayó de su caballo, aterrizando junto al animal herido de muerte.

Y, entonces, la cierva habló.

Lanzó una maldición sobre el arquero, asegurando que nunca se curaría de su herida hasta hallar «una mujer que sufra por tu amor más dolor y angustia que los que cualquier otra mujer haya conocido». El hombre, Guigemar, quedó espantado, y no tanto por encontrarse ante una hembra de ciervo blanca y parlante que, sin embargo, tenía cuernos de macho que una flecha no podía atravesar, no... Se sorprendió al escuchar que alguna vez podría encontrar una mujer que lo amara tanto.

Resuelto a no morir antes de hallarla, Guigemar decidió emprender la búsqueda. Poco después, se tendió a descansar en el lecho de una barca que resultó ser mágica, pues, mientras dormía, la barca zarpó y le condujo hasta una torre solitaria cuyas paredes estaban cubiertas de murales con escenas clásicas alusivas a la obra del poeta clásico Ovidio. En el interior de la torre una joven había sido encerrada por su cruel marido, un hombre mucho mayor que ella.

Al descubrir a Guigemar, la muchacha se apiadó de él y lo curó. Por supuesto, se enamoraron casi al instante y el arquero, por fin, «recibió alivio» de su «herida en el muslo» cuando se confesaron su amor y se comprometieron durante «el acto final, que otros acostumbran a disfrutar». Esta es una historia sobre sexo, por si quedaba alguna duda.

De alguna manera, Guigemar permaneció en la torre y logró ocultarse del marido de la dama durante año y medio. Pero cuando su relación adúltera acabó siendo por fin descubierta por aquel, se vio obligado a subir de nuevo a su barca encantada, con la que nuevamente se hizo a la mar. Antes de embarcar rumbo a su hogar, su amante le hizo un nudo en el faldón de la camisa, y él, a su vez, le colocó a ella un cinturón alrededor de la cadera. Se animaron mutuamente a amar a quien pudiera deshacer el nudo o desatar el cinturón, símbolos de castidad.

Mientras los amantes estuvieron separados, suspiraban el uno por el otro, hasta que, al fin, un día, el bote reapareció mágicamente en la torre y la mujer escapó, pero solo para ser de nuevo capturada en cuanto llegó a la orilla, esta vez por otro caballero que le demandó su amor. Incapaz de soltar el cinturón que ella le mostró, decidió volver a encarcelarla. Así permaneció la joven, de nuevo encerrada en un castillo, hasta el día en que el caballero convocó un torneo al que, lógicamente, Guigemar se presentó. La mujer reconoció de inmediato al arquero y le desató la camisa anudada. Tal vez un poco torpe, él, por su parte, no estaba convencido de que fuera ella, hasta que vio su cinturón y logró desabrocharlo. Por fin reunidos, solicitaron del caballero la liberación de la joven, pero por supuesto él se negó. En consecuencia, Guigemar sitió el castillo y dio muerte a todos los que estaban dentro. Entonces, por fin, los amantes cabalgaron hacia el atardecer.

Esta historia de finales del siglo xii nos dibuja un mundo extraordinario, con barcos mágicos, valientes caballeros, enemigos funestos y una damisela en apuros. Y todo ello expuesto a la luz gracias a la brillante blancura de ese animal intersexual del bosque. Un relato que nos resulta extraño y familiar al mismo tiempo. En última instancia, se trata de una historia sobre el eros: el amor romántico, relacionado con la pasión, relacionado con el sexo. En efecto, las gentes medievales practicaban el sexo, les gustaba, pensaban mucho en ello, escribían sobre el tema —quizá incluso más— y seguían considerándose cristianos. Pero, pese a todo eso, el eros que unió a la pareja, el poeta clásico romano Ovidio que los incitó a través de las pinturas que contemplaban en las paredes de la torre, los amantes se enfrentaron a una sociedad empeñada en mantenerlos separados. En la historia nos hallamos ante el azar del encuentro —la serendipia—, un matrimonio sin amor consumido por los celos y una peligrosa diferencia de edad, otros pretendientes celosos y los peligros de la guerra.

A primera vista, parece que el caballero salva a la damisela. Al fin y al cabo, el cuento lleva el nombre de él. Pero las apariencias engañan. Tal vez esta no sea una historia sobre «él», ni siquiera sobre «ellos», sino sobre «ella». Más allá del simple entretenimiento, el poeta muestra el poder que tenían las mujeres de la época.

Guigemar, y el lector, se horrorizan ante el hecho de que un hombre trate a su esposa de esta manera: tal actitud se ve como algo inusual y abusivo. Si analizamos el asunto con más detenimiento, apreciamos que la mujer, primero encerrada en una torre y luego en un castillo, conserva su voluntad, su capacidad de actuar e influir en los acontecimientos. Es ella la que cura a Guigemar. Elige amarlo. Escapa de su marido. Se resiste a los intentos de su segundo captor. Reconoce a su amante y al final consigue pasar su vida con él. Y sin embargo, a pesar de todo esto, ni siquiera le dan un nombre en la historia.

LA HISTORIA DE GUIGEMAR CONTIENE TODOS los elementos que asociamos a lo que se conoce como el Renacimiento del siglo XII. No cabe duda de que la mencionada centuria constituyó una etapa importante en la historia de Europa. Fue un periodo de urbanización, de rápido crecimiento económico y demográfico, de centralización por parte de los monarcas, de aumento de la producción artística y literaria. Es la época de los romances y las epopeyas, de lo que luego se convertiría en universidades, de las ferias que llegarían a ser mercados regulares y que a su vez darían lugar a prósperas ciudades. Pero calificar ese periodo de resurgimiento es erróneo.

Esa expresión, Renacimiento del siglo XII, suele estar relacionada con el libro homónimo de Charles Homer Haskins, de 1927, cuya influencia en el estudio del mundo medieval continúa vigente. Seguimos viendo en el pasado un flujo del tiempo que tiene picos y valles, la fantasmal montaña rusa de lo inexorable que se mueve supuesta y simplemente para conducirnos hacia un nuevo renacer; un nuevo «renacimiento». El «renacimiento» carolingio nos saca del marasmo de la «caída» de Roma, en tanto que el «renacimiento» del siglo XII nos lleva a dejar atrás la época de los ataques vikingos. Para ser justos, hay que decir que Haskins, al igual que muchos otros a finales del siglo XIX y principios del XX, se oponía a la consideración de la Edad Media europea como un periodo de estancamiento y decadencia, carente de estabilidad política y hallazgos culturales. En ese relato caduco, la civilización solo se habría recuperado en Italia durante los siglos XIV y XV: durante el «gran» Renacimiento.

Para contrarrestar esa idea preconcebida, Haskins argumentó que la Europa del siglo XII fue testigo de su propio renacimiento: un panorama literario floreciente, escuelas pujantes y Estados centralizados. Fue, en efecto, una época de cruzadas, de emperadores y papas notables, de filosofía y de tratados eruditos. El siglo XII presenció los inicios de la escolástica y el resurgimiento del estudio de Aristóteles. Fue testigo de la teología mística y de la religiosidad violenta de Bernardo de Claraval. Monarcas como Enrique II (1154-1189) y Ricardo Corazón de León (1189-1199) de Inglaterra ampliaron tanto sus poderes efectivos como sus pretensiones de autoridad, reforzados gracias a mitos sobre sus predecesores, como Arturo.

Pero aquí se nos presentan dos problemas. En primer lugar, Haskins (y por extensión nosotros, incluso aquí, en el siglo XXI) estaba atrapado en un modelo político particular. Los «renacimientos» tienen que ver con formas de gobierno estables y centralizadas: el siglo IX las tuvo porque contaba con un imperio, el XII porque disponía de reinos fuertes que darían lugar a los Estados-nación modernos y el XIV porque las ciudades italianas florecieron bajo autoridades sabias. Pero el pasado es algo más que grandes hombres blancos con grandes logros blancos en su haber. En su magistral reflexión acerca de los siglos XIV y XV, la historiadora Joan Kelly planteó la siguiente pregunta: «¿Tuvieron las mujeres un renacimiento?». Y concluyó que no, pues el criterio utilizado para juzgar ese supuesto «renacimiento» era importante; y es que, si de verdad se presta atención a las mujeres, hay que afirmar que sus vidas empeoraron de manera notable a medida que nos acercábamos al año 1500.

De hecho, la limitada comprensión de Haskins de lo que es un «renacimiento» está relacionada con esta última cuestión. Al argumentar contra una «edad oscura» en la Europa medieval, creó de manera inadvertida una nueva. El foco de atención que puso en aquellas escuelas, y en los hombres que asistieron a ellas, dejó el resto del periodo —por no mencionar los siglos anteriores, la cultura vernácula, a las mujeres y a todos los demás en el mundo mediterráneo (es decir, a los no cristianos y a los no blancos)— en la sombra. Pero no olvidemos que en las sombras pueden hacerse cosas muy interesantes. Así que, si echamos un vistazo, si arrojamos más luz sobre el periodo, vemos que, junto a Bernardo de Claraval, estaba Hildegarda de Bingen, y que la corte del rey Enrique II fue honrada no solo con la presencia de su esposa, Leonor de Aquitania, sino también con la autora del relato en francés antiguo *Guigemar*, Marie de Francia.

No conocemos mucho sobre las circunstancias personales de Marie. Es autora de otras tres obras, además de su colección de lais (esencialmente cuentos, entre los que se incluye precisamente el que nos ocupa), y, en un mundo en el que «Anónimo» era el autor más prolífico de la época, se identificó con su nombre en tres de esas cuatro obras. Es evidente que trabajaba en el seno de una sociedad cortesana, casi con toda seguridad en la órbita de Enrique II, y que sus relatos analizan el mundo en que vivía. *Guigemar*, por ejemplo, a pesar de los elementos fantásticos que incorpora, muestra un profundo conocimiento de la cultura aristocrática, de las presiones de la política dinástica, de las estructuras domésticas en la vida cotidiana. El lay titulado *Lanval* evidencia también la familiaridad de Marie con la vida de la corte, así como con el vasto mundo intelectual de Francia e Inglaterra durante el siglo XII. Y lo que es más importante, puede leerse como una sutil crítica política y social, y tal vez sea más un poema escrito *para* la corte que *sobre* la corte; un diagnóstico o una advertencia, no tanto un panegírico.

Ambientada en el amplio universo del rey Arturo, la historia del caballero Lanval cuenta cómo el protagonista es injustamente relegado por el mítico soberano y carece de esposa y tierras propias. Un día, sin embargo, conoce a una dama mágica (quizá una reina de las hadas) de una tierra extranjera. Se enamoran al instante y consuman su relación. Ella le hace jurar que guardará el secreto, pues si revela la existencia de la relación le abandonará. Lanval acepta y regresa a la corte, donde se empeñará en llevar a cabo actos meritorios.

Su nueva actitud le hace ganar notoriedad. Gawain e Yvain, famosos caballeros de la Mesa Redonda, lo invitan a su círculo. Incluso la reina Ginebra se fija en él y, maravillada por sus hazañas, intenta seducirlo. Pero Lanval la rechaza, y ella, acostumbrada a salirse con la suya, se burla de él cuestionando su sexualidad, argumento que esgrime como única razón para rechazar sus pretensiones. A Lanval no le hace gracia tal cosa y replica que su amante es mucho más bella que la reina. Ginebra, despechada, jura vengarse y convence a Arturo de que ha sido el caballero quien ha intentado seducirla. El rey, furioso, manda prender a Lanval. El juicio, sin embargo, evoluciona con rapidez y Lanval se salva cuando su reina hada se presenta en la corte para rescatarlo, justo a tiempo. Todos están de acuerdo en que es la mujer más bella del mundo. Al final Lanval y su dama cabalgan hacia la puesta de sol.

En la época en que Marie escribía —muy probablemente en la década de los años setenta del siglo XII, en la corte de Enrique II—, el mito de Arturo ya era relativamente conocido en todo el mundo angevino; una de las primeras menciones a un personaje que hoy podríamos reconocer como el Arturo mítico data del siglo IX y se debe a un monje de Gales llamado Nennius. Sin embargo, la leyenda no se consolidó hasta el siglo XII, con la proliferación de nuevos escritos sobre el tema, por obra de Geoffrey de Monmouth y los poetas Wace y Chrétien de Troyes, casi todos ellos relacionados de alguna manera con Enrique y Leonor. Por ello, el uso que Marie hizo de Arturo habría encontrado eco entre su público cortesano.

A menudo, tendemos a pensar que Enrique II utilizó estas leyendas en su beneficio, para reivindicar un antepasado legendario como rey de Bretaña y para remedar en su corte la que se imaginaba que existió en Camelot. Se trata de una pretensión con mucho sentido, ya que Enrique, a lo largo de su reinado, se empeñó en la búsqueda de un predecesor glorioso que le ayudara a legitimar su reinado, utilizando el mito para reclamar no solo Inglaterra, sino también Gales. El periodo que ahora se conoce como «la anarquía», inmediatamente anterior a su toma del poder en el año 1154, se caracterizó por la guerra civil, por lo que Enrique II necesitaba, sin duda, un aura de prestigio que avalase sus derechos y aumentara la estabilidad; para encontrarla, se volvió hacia el pasado. Ya habíamos visto algo así antes, con Carlomagno, que se inspiró en los emperadores romanos y en los reyes israelitas. Pero, a mediados del siglo XII, esos modelos ya estaban «ocupados». Los reyes franceses y los emperadores alemanes luchaban ahora por apropiarse de Carlomagno. Inglaterra, Gran Bretaña, necesitaba su propio héroe, y lo encontró en el legendario Arturo.

Pero lo que diferencia a *Lanval* es su crítica hacia la corte del rey. El cuento muestra un reino en desorden. Nos encontramos con un noble caballero no reconocido, un monarca irresponsable y una soberana intrigante. Arturo es débil en ese relato. Ignora (y luego trata mal) a un servidor leal, se pliega a la voluntad de su reina y no puede controlar el ejercicio de la ley. Ginebra es lujuriosa, desleal y mezquina. Los caballeros de la Mesa Redonda, salvo Lanval, se muestran caprichosos y se preocupan más por la fama que por llevar a cabo buenas acciones. Los héroes, tal como nos los presentan en esta historia, son forasteros y aristócratas: la abnegada reina de las hadas, el leal caballero que da nombre al relato, los barones del juicio que simpatizan con Lanval. Esta narración es un intento de avisar al rey, y quizá una advertencia sobre su actual reina.

Por eso es importante la fecha en la que Marie pudo componer *Lanval*. Enrique II se enfrentó a una guerra civil en los años 1173-1174, justo en la misma etapa en que se compuso el lay de Marie. Sus hijos, apoyados por su esposa, Leonor, se rebelaron. Ella desconfiaba del creciente poderío de su marido y esta preocupación coincidía con la de ellos, que querían ejercer el poder por derecho propio. Vemos aquí ecos de la guerra civil carolingia. Y, al igual que en el siglo IX, esta revuelta de los descendientes de un gobernante fue finalmente un fracaso. Los hijos de Enrique pidieron la paz y Leonor fue capturada. Permaneció en prisión hasta que su hijo Ricardo subió al trono, en 1189.

Pero la reputación de Leonor sufrió todavía más. Una leyenda negra la persiguió incluso en vida: fue acusada de adulterios varios, a menudo con parientes consanguíneos. En la corte se llegó a rumorear que su familia descendía de un demonio. Lo mismo que se critica a Ginebra en *Lanval* por los desórdenes que causa en la corte del rey, a lo largo de su vida Leonor fue constantemente culpada por su papel en la guerra civil inglesa.

Nacida en 1124, hija del conde Guillermo X de Aquitania, parece ser que recibió una educación excepcional y heredó las tierras de su padre, cuando este murió en 1137. El rey Luis VI de Francia (1108-1137) se convirtió en su tutor y la prometió a su propio hijo, el futuro Luis VII (1137-1180). Él quería sus tierras, pero ella, dotada de notables habilidades políticas, se convirtió con rapidez en su consejera de mayor confianza. Pero aquello no duró. El punto crítico de su relación se produjo cuando Leonor se empeñó en acompañar a Luis a la cruzada en 1147. El desastre resultó espectacular. La decisión de la pareja de ir juntos fue, probablemente, un movimiento político astuto, en tanto aseguraba una fuerte representación en el ejército de gentes de la región natal de ella. Además, aunque los eclesiásticos no eran partidarios de la presencia de mujeres en los escenarios bélicos, esta práctica se daba con frecuencia, por lo que la posterior afirmación de que, de alguna manera, la participación femenina dañaba los esfuerzos militares, destila hipocresía; es un elemento más de esa leyenda negra.

De hecho, los fracasos de esa cruzada —y fueron casi todas fracasos— deben achacarse a Luis y sus asesores. Leonor, siguiendo el consejo de su tío, que gobernaba entonces en Antioquía, instó a su marido a dirigir su ejército en dirección a Alepo. Pero Luis se negó y decidió atacar Damasco, una ciudad que había mantenido durante mucho tiempo una tregua con los cristianos y que había sido hostil a Alepo. Esta disputa entre marido y mujer, seguramente potenciada por los chismorreos de los cortesanos (rumores de que ella había cometido adulterio con su tío, en Antioquía), que vieron la oportunidad de aumentar su propia posición a costa de Leonor, llevó a la ruptura de su matrimonio. Tras la debacle de la cruzada, volvieron a casa, a París, y se divorciaron en 1152.

Leonor volvió a casarse casi de inmediato, esta vez con Enrique Plantagenet, duque de Normandía y enseguida rey de Inglaterra (Enrique II). Al menos al principio, parecían formar una auténtica pareja. Leonor disfrutó de un poder y un prestigio considerables durante las dos primeras décadas de su matrimonio, gobernando como regente en ausencia de Enrique en varias ocasiones y dando a luz a varios hijos, el posterior rey Ricardo I y el rey Juan (1199-1216), así como a dos futuras reinas de Castilla y Sicilia.

Durante toda su vida se dedicó a ellos, colocándose a su lado, en contra de su esposo y padre de aquellos, en repetidas ocasiones. Así que quizá en *Lanval* estemos viendo un reflejo (parcialmente distorsionado) de los años 1173-1174: un rey incapaz de centrarse y que ha perdido el control sobre sus súbditos, cuya lealtad es cuestionable. Sin embargo, la reina Ginebra es la verdadera villana del relato. Trama intrigas, es lujuriosa y mezquina en la búsqueda de venganza. En un momento del lais, Marie dice que escribe para defender su reputación contra los murmuradores que se consumen de celos y la calumnian. En *Lanval*, esto puede ser una proyección, una instantánea de la leyenda negra que se cernía sobre Leonor, una advertencia de Marie contra una mujer poderosa, con sus propios planes y que fomenta la disensión entre los caballeros de su marido, sus hijos simbólicos.

Si se trataba de una advertencia para el rey, al que instaba a hacer justicia, o era más una preocupación sobre las veleidades de la reina, a quien se destinaban, Marie no fue la primera mujer en ofrecer sus sugerencias. En algún momento, antes de finales de 1170, la monja Hildegarda de Bingen (m. 1179) escribió a Enrique II y le aconsejó ser precavido contra la tiranía, administrar la justicia de forma equitativa y evitar los rumores de los aduladores. Asimismo, aconsejó por separado a Leonor para que no se desviara del camino y encontrara la rectitud volviéndose hacia Dios. Pero, a diferencia de los consejos no solicitados de Marie, Enrique y Leonor habían escrito a Hildegarda para pedirle expresamente ayuda, reconociéndola como una de las pensadoras más sólidas e influyentes de la Europa de la época.

Sabemos muy poco sobre los primeros años de vida de Hildegarda, salvo que en 1106, con tan solo ocho años, fue al parecer enclaustrada (literalmente, emparedada en una celda) con una ermitaña local llamada Jutta, en Disibodenberg, al suroeste de

Maguncia. Cuando se convirtió formalmente en monja en 1113, esa ermita ya formaba parte de un monasterio doble, como los que encontramos en la Gran Bretaña medieval. Cuando Jutta murió, en 1136, Hildegarda asumió la autoridad entre las religiosas del lugar.

En 1150, trasladó a sus monjas a una nueva fundación y las segregó del monasterio. Allí permaneció hasta su muerte (1179). Aunque disputó con los arzobispos locales y su comunidad fue excomulgada entre 1178 y 1179, en general, mantuvo relaciones excepcionales con el emperador Federico II Barbarroja, el papado y muchos de los hombres y mujeres más poderosos de Europa a lo largo de su vida. Y durante todo ese tiempo, escribió.

Como afirmaba haber tenido visiones de Dios desde los cinco años, estos momentos de supuesta revelación se convirtieron en la base de la mayoría de sus escritos, en particular el más largo, conocido como *Scivias*, compuesto entre los años 1141 y 1151. Esta obra, y en concreto la afirmación de sus visiones, atrajo la atención del papado, que envió una comisión para investigar. Sus integrantes quedaron satisfechos con lo que encontraron, y el pontífice le ordenó dar a conocer cualquier otra experiencia futura de esa naturaleza. Y así lo hizo. La correspondencia que se conserva de Hildegarda es una de las fuentes más destacadas para el estudio del periodo medieval. Incluye misivas dirigidas a reyes, emperadores, papas y a las mayores luminarias de la Europa del siglo xii. Además, Hildegarda compuso tratados sobre una amplia variedad de temas, entre otros, música, ciencia y medicina, hagiografía, vida monástica y, tal vez lo más importante, teología, un ámbito relacionado explícitamente con la reforma y la dirección de la Iglesia.

Este último aspecto constituía un territorio minado para las mujeres. Las religiosas profesas no eran, desde luego, nada nuevo en el cristianismo del siglo xii, pero la gran mayoría de las mujeres santas habían alcanzado tal consideración a través de sus acciones,

no de sus escritos. La capacidad de interpretar el plan divino era
una actividad generalmente reservada a los hombres. Y el comentario bíblico en la época era algo tremendamente popular, con cristianos eruditos (de nuevo, en su mayoría hombres) que acudían a las
páginas sagradas para comprender mejor no solo el pasado sacro,
sino también el presente y el futuro igualmente sacros. La capacidad de Hildegarda para introducirse en tal dialéctica, a través de
sus visiones, fue extraordinaria. Esquivó las restricciones patriarcales sobre la autoridad femenina al recibir primero la autorización
directamente de la divinidad y luego de la jerarquía eclesiástica; del
papado en 1147-1148 e incluso, aunque de forma laxa, del famoso
abad Bernardo de Claraval. No es de extrañar que emperadores,
reyes y pontífices buscaran su consejo.

Su carta a Enrique II, por ejemplo, es más que una simple
misiva de consuelo espiritual, es una exhortación sobre cómo
gobernar su reino: expresaba cuál era la mejor manera de ser rey.
Y Enrique no fue su único destinatario, ya que envió mensajes
similares a los emperadores Conrado III (1138-1152) y Federico II
Barbarroja (1152-1189). Este tipo de consejos constituyen un género
antiguo, que se remonta al menos a la época de Carlomagno, pero
Hildegarda le da la vuelta al asunto, insertándose como mujer en
la conversación gracias a sus palabras mesuradas. A lo largo de sus
escritos, se presenta como humilde y relativamente inculta. Dice
en su carta a Bernardo:

> Tengo un conocimiento interior del Libro de los Salmos, los
> Evangelios y otros volúmenes. Sin embargo, no he recibido estos
> conocimientos en alemán. De hecho, no tengo ninguna formación,
> pues solo sé leer [el latín] en el nivel más elemental y, desde luego,
> sin un conocimiento profundo... No tengo formación ni educación

en la materia externa, sino que solo se me ha mostrado interiormente, en mi espíritu.

Y, sin embargo, sus cartas y sus visiones rebosan de referencias a autores antiguos griegos y latinos, así como de citas bíblicas relacionadas directamente con una larga tradición de comentarios monásticos del libro sagrado que se remontan a los Padres de la Iglesia.

Por tanto, debemos concluir que su humildad era una pose, aunque no cínica. Los hombres de esa época también la utilizaban constantemente. Hildegarda era una mujer en una sociedad patriarcal y no podemos ignorar esa circunstancia, aunque reconozcamos su capacidad de acción. Lo que esto significa es que, dado el contexto en que vivió, mientras que individuos como Roger de Ketton o Tomás de Aquino podían apoyar la *auctoritas* ('autoridad') en su propia formación, la de Hildegarda no podía provenir de su educación, de su aprendizaje de la lectura de la Biblia dentro de la tradición cristiana. Se vio obligada a repetir la pleitesía que rindió a Bernardo. Su autoridad precisaba ser verificada en dos pasos; tenía que provenir de su conexión, como «profeta», con el Espíritu Santo, a través de sus visiones, e incluso entonces debía recibir, posteriormente, la aprobación papal para seguir teniendo validez.

Pero la competencia de una mujer siempre estaba en el filo de la navaja. Incluso en la cima de su fama y su autoridad, Hildegarda resultaba sospechosa. La profetisa, que gozaba de las bendiciones de reyes, emperadores y papas, fue excomulgada por el arzobispo de Maguncia en el año 1178. Ella había permitido que un hombre excomulgado fuera enterrado en tierra sagrada, en su comunidad, amparándose en la afirmación de que se había reconciliado con la Iglesia antes de su muerte. El arzobispo no estuvo de acuerdo y se decretó la pena. Hildegarda invocó primero su certeza profética, pero fracasó. Se trataba de una disputa entre la autoridad y la jerarquía, en la que ella siempre llevaría las de perder. Solo le fue levantado el castigo cuando se sometió humildemente a la autoridad del arzobispo. Puede que Hildegarda gozase de poder y prestigio, pero en el siglo XII, incluso una profetisa tenía que conocer su lugar.

Hildegarda nos resulta un hito apropiado para terminar este capítulo. Ella, al igual que Leonor, alcanzó los más altos niveles de poder, fue agente de su propio destino por derecho propio y, aun así, siempre, en todo momento, alguien le recordó con contundencia dónde estaban sus límites. Resulta adecuado contemplarlas a ambas, a Leonor y a Hildegarda, abatidas en la década de los años setenta de este siglo XII, porque la historia de Europa comenzó a dar un giro justo en esa época, un momento en el que los peligros que antes parecían únicamente externos ahora se habían infiltrado en la cristiandad. La autoridad debía estar más controlada y, los que podían ejercerla, más regulados. La amenaza contra el orden y la estabilidad se hizo más patente. No eran profetisas, sino falsas profetas las que deambulaban por la tierra. Y la única forma de limpiar la comunidad, de preservar la seguridad de la cristiandad, era purgarla con fuego.

Capítulo 13

Ciudades en llamas

E n noviembre de 1202, un ejército de varios cuerpos acampaba frente a las murallas de Zara, una ciudad de la costa adriática bajo la protección del rey de Hungría, aunque reclamada por la República de Venecia. Venecia había construido una enorme flota para transportar a las tropas cruzadas, pero primero quería recuperar *su* ciudad, y alegó que necesitaba pacificar Zara antes de que sus barcos zarparan. La mayoría de los líderes militares apoyaban la idea, pero un grupo de disconformes, liderados por un noble llamado Simón de Montfort y el abad Guy del monasterio de Les-Vaux-de-Cernay, se opusieron de manera vehemente, argumentando que aquel era un ejército que se dirigía a Egipto y Jerusalén para luchar contra los musulmanes. No habían enarbolado la cruz para enfrentarse a otros cristianos, y advirtieron a los soldados de que se enfrentaban a la excomunión si seguían adelante. De hecho, el papa Inocencio III (1198-1215), que era quien había convocado la expedición, prohibió explícitamente que el ejército atacara la ciudad.

Pero su advertencia no fue escuchada y Zara cayó. El plan original iba a sufrir aún más cambios cuando un príncipe bizantino exiliado, viendo la oportunidad, llegó a un acuerdo con aquel ejército para navegar hasta Constantinopla; así, el grueso de las tropas partieron hacia allí y emprendieron el asedio de esa ciudad. Fue la Cuarta Cruzada. Se trata de una historia complicada que no acaba bien para el príncipe bizantino —terminaría siendo estrangulado en la cárcel— y culmina con un conde de Flandes coronado como emperador romano en el trono de Constantino. Pero, por el momento, vamos a centrar nuestra atención en los disconformes: Simón, el abad de Les-Vaux-de-Cernay y el sobrino de este último, Pedro, también monje, a los que siguieron otros muchos que se negaron a participar en la operación, abandonaron la expedición en Zara y tomaron un barco hacia Tierra Santa para completar su peregrinación.

Siete años después de la dramática confrontación ante Zara, un ejército diferente, pero también en cruzada, se encontraba en las afueras de otra urbe cristiana. Aquí, en el sur de Francia, el obispo de Béziers intentó negociar un compromiso para su ciudad, que estaba sitiada. Solicitó la entrega de los impíos, los herejes que se encontraban dentro de sus muros, a los cruzados que asediaban en el exterior. Pero los ciudadanos se negaron, las murallas cayeron, la urbe fue asaltada y sus habitantes, masacrados.

En mitad de aquella carnicería, algunos soldados se acercaron al abad cruzado de Cîteaux y le preguntaron cómo podían distinguir a los buenos cristianos de los engendros del diablo. El abad, al parecer, respondió: *Caedite eos. Novit enim Dominus qui sunt eius.* ('Matadlos a todos. Dios reconocerá a los suyos'). Los soldados cumplieron alegremente, asesinando a los habitantes de Béziers, muchos de los cuales habían tratado de ponerse a salvo en la catedral de San Nazaire. Fueron las espadas cristianas quienes hicieron que la nave de ese lugar sagrado se tiñera de rojo con sangre también cristiana. El abad de Cîteaux escribió al papa Inocencio III poco después, confirmando que el ejército no perdonó a nadie; actuando como agente de la venganza divina, había dado muerte a veinte mil personas (una cifra sin duda exagerada, aunque no por mucho) sin importar el rango, el sexo o la edad. En 1217, seguramente teniendo en mente los sucesos de Béziers, un comentario sobre el derecho canónico (de la Iglesia) afirmaba con contundencia: «Si se puede demostrar que hay algunos herejes en una ciudad, se puede quemar a todos sus habitantes».

Otras masacres semejantes vinieron después, y esta particular guerra contra la herejía, conocida popularmente como la Cruzada contra los Albigenses, continuaría durante otros veinte años más. En ese tiempo, varios cronistas registraron estos «gloriosos» hechos en páginas iluminadas por las piras de herejes. Uno de esos cronistas que marchaba junto a las tropas y relató con tanta aprobación las acciones de los «soldados de Cristo» en Béziers era precisamente Pedro, el monje de Les-Vaux-de-Cernay; uno de los líderes era su tío, el abad del monasterio, y uno de los nobles que dirigió los ejércitos por el sur de Francia en busca de los heterodoxos fue Simón de Montfort. ¿Y el hombre que llamó a la guerra contra la herejía en el sur de Francia? Pues no era otro que el papa Inocencio III.

Los principales disconformes de Zara en 1202, los que amenazaron a los soldados con la excomunión, los que optaron por abandonar el ejército antes que matar a sus correligionarios cristianos, fueron los mismos que luego, en los años 1208-1209, aprobaron con entusiasmo esta violencia. ¿Qué había cambiado?

La transición (si es que se produjo) tiene mucho que ver con lo que ocurrió con la Cuarta Cruzada, después de que Simón, el abad Guy y el monje Pedro partieran hacia Tierra Santa. Según relata uno de los participantes, el asedio de Constantinopla por parte de los cruzados estaba fracasando, por lo que los eclesiásticos del ejército decidieron celebrar un concilio. Parecía que Dios los estaba castigando a través de estas derrotas, de modo que las tropas querían saber si esta aventura era realmente «la voluntad de Dios». En un apasionado discurso, los obispos aseguraron que su causa era justa, que los defensores bizantinos de la ciudad eran «traidores y asesinos y desleales... y eran peores que los judíos. [Así pues, el ejército] no debía tener miedo de atacar a los griegos, pues eran enemigos de Dios».

El pasado no se repite, pero encuentra en este suceso un claro eco. El lenguaje utilizado por los obispos aquí nos resulta familiar ya desde la llamada Primera Cruzada, cuando los cristianos latinos marcharon hacia el este, primero atacando a los judíos de Renania y luego haciendo que las calles de Jerusalén se mancharan con la sangre de los «enemigos de Cristo». Aquí, un siglo después, ese lenguaje se volvió a utilizar. Al igual que los soldados europeos marcharon en la década de 1090 para defender a sus correligionarios cristianos de Constantinopla, saquearon la ciudad en 1204. Los incendios arrasaron la nueva Roma durante días.

La cuestión aquí no era la violencia en general ni a quién se mataba. Los cristianos habían estado masacrando a otros cristianos desde la Antigüedad, continuaron haciéndolo durante la Edad Media y mucho tiempo después. La preocupación se centraba en determinar qué tipo de violencia era legítima, quién podía decidir cuándo llegaba el momento de aplicarla, cómo tratar el pecado asociado a ella y en qué circunstancias se podía justificar el asesinato. Recordemos que Agustín de Hipona había formulado muchos siglos antes dos ideales rectores y, aunque los estudiosos tienden quizá a exagerar la rigidez con la que los medievales se aferraban a tales conceptos, seguían siendo, no obstante, marcos importantes. El primero de ellos era la «guerra justa», según la cual, el uso de la fuerza estaba justificado para defender a los ciudadanos de la agresión exterior, con el objetivo de conseguir la paz después. La segunda de las ideas de Agustín procede de un comentario bíblico, concretamente relacionado con Lucas 14:15-24. En esa parábola, Jesús habla a sus discípulos de un hombre que planea una fiesta. Aunque todos están invitados, ninguno asiste, de modo que el anfitrión, harto, pide a sus sirvientes que salgan, encuentren a los invitados y los «obliguen a entrar» (*conpelle intrare*). Para Agustín, esta parábola significaba algo importante en un tiempo caracterizado por la presencia de una amplia variedad de cristianismos y en busca de una ortodoxia dominante que etiquetara a los desviados como «herejes». La parábola trataba de esos cristianismos: el anfitrión simboliza la ortodoxia; la fiesta, el cielo; los que se negaban a asistir a ella son los herejes, y luego están los siervos, el ejercicio del poder, que obligan a los rezagados. Cuando se trataba de imponer la disciplina dentro de la comunidad cristiana, Agustín sostenía que toda fuerza era legítima para asegurar la religión correcta.

Esto nos ayuda a entender lo que ocurriría ochocientos años después, en el siglo XIII. La «guerra justa» es una idea orientada hacia el exterior, sobre cómo deben reaccionar los cristianos ante otros grupos. La *conpelle intrare* es una idea interna, funciona dentro de una comunidad intelectual, y versa sobre cómo los cristianos deben enfrentarse a los grupos heterodoxos en el ámbito mismo de su creencia. Y, llegados a este punto, la cuestión crítica es a quién corresponde establecer quién está «dentro» y quién «fuera».

En el caso de Simón de Montfort y los monjes de Les-Vaux-de-Cernay, resolver ese asunto, en esa época, era muy sencillo, la respuesta era muy simple. Para ellos, el papa, y solo el papa, tenía la potestad de decidir los límites del cristianismo. Inocencio III había considerado (inicialmente) a los zaranos y bizantinos dentro del marco de la «guerra justa», mientras que a los habitantes de Béziers y el resto de Aquitania y Languedoc se aplicaba el *conpelle intrare*. El papado no siempre había tenido ese poder efectivo, aunque lo hubiera reivindicado durante mucho tiempo. En el siglo VII, por ejemplo, luchó por mantener el control de Roma y fue eclipsado, al menos en parte, por la religiosidad de Constantinopla. En el IX, los reyes francos intentaron arroparse ellos mismos con el manto de «pueblo elegido», excluyendo así a otros pueblos cristianos que encontraron (y conquistaron). En el siglo X, los monjes tendían a ser los árbitros de la religiosidad adecuada. Esta tendencia continuó en la siguiente centuria, hasta que estalló un conflicto entre emperadores y papas. La denominada Controversia de la Investidura, un debate sobre quién podía «investir» a un nuevo obispo, quién podía elevar a alguien a ese cargo tan poderoso como prestigioso, en la que ambos bandos atrajeron a líderes religiosos para su causa y se llamaron mutuamente falsos cristianos, condujo de manera directa al derramamiento de sangre.

La resolución de ese debate a favor del papado, junto a la conquista de Jerusalén en 1099, iniciada por el papa Urbano II y sustentada por el emperador, inclinó la balanza del poder de forma decisiva (eso sí, durante un tiempo) a favor del papado. Al menos en teoría, reyes y emperadores terrenales seguían a cargo de los cuerpos de los hombres, mientras que el papa pastoreaba sus almas. El camino hacia el cielo había recaído en la jerarquía de la Iglesia, sus sacerdotes, abades y obispos. La novedad fue que los cristianos europeos reconocieron de forma más abierta que el obispo de Roma, el papa, estaba en la cima de esa jerarquía.

Siempre es difícil determinar si los individuos transformadores son en sí mismos responsables de alterar el rumbo de la historia o si son meros catalizadores en medio de un cambio sistémico. El poder expansivo y la gran ansiedad del papado del siglo XII culminaron con la elección del pontífice más joven de la historia. Lothar de Segni, un hombre de alrededor de treinta años, fue elegido para ocupar la cátedra de san Pedro tras la muerte de Celestino III, en 1198, y tomó el nombre de Inocencio III por razones que desconocemos. Nacido en el seno de una familia aristocrática, en las afueras de Roma, en 1160, Lothar ingresó en el clero a edad temprana y recibió una buena educación en su ciudad natal o en sus alrededores hasta aproximadamente los quince años, cuando fue a estudiar a París. Aunque en ese momento no era una *universitas* ('universidad') formal, la escuela de la catedral en torno a Notre-Dame era ampliamente reconocida como la mejor de Europa y atraía a estudiantes y profesores (todos eclesiásticos) de todo el continente, que acudían a estudiar a nuestro conocido amigo Aristóteles, así como a sus réplicas árabes y latinas.

Tras completar su educación, Lothar siguió el camino de muchos estudiantes de artes liberales a lo largo de los siglos: fue a la escuela de derecho. En Bolonia, la universidad más antigua de Europa y el principal centro de estudios de derecho romano y canónico, se relacionó con el entorno papal y, en 1189-1190, fue nombrado cardenal diácono de la iglesia de los santos Sergio y Baccho, en Roma. Desde esta posición privilegiada en el círculo íntimo papal bajo su predecesor, Lothar fue elegido por sus compañeros cardenales a una edad precoz —algo sin precedentes— para ocupar el pontificado.

Lothar llegó al poder obsesionado con la guerra santa. Jerusalén había caído en manos de los musulmanes bajo el mando de Saladino en 1187, y la expedición masiva y nunca antes vista, lanzada en respuesta, resultó un fracaso vergonzoso y absoluto. Dirigida por los tres gobernantes más poderosos de Europa en ese momento, sólidamente financiada y con enormes ejércitos bajo su mando, terminó haciendo poco más que retomar algunas ciudades en la costa mediterránea y asegurar lo poco que había resistido hasta ese momento. El rey Ricardo I de Inglaterra (y gran parte de Francia) pasó varios años haciendo campaña contra Saladino, pero nunca llegó a Jerusalén. El emperador Federico I Barbarroja (1155-1190) fue el primero en ponerse en marcha, pero se ahogó mientras cruzaba un río en Anatolia y su ejército se deshizo. El rey Felipe II Augusto (1180-1223) intervino para retomar la ciudad de Acre, pero luego «enfermó» y volvió a casa para atacar las posesiones de Ricardo en Francia. Al cabo, Jerusalén siguió en manos de Saladino.

Así que Inocencio convocó otra campaña, la que se dirigió a Zara y luego a Constantinopla, en el transcurso de la cual, hasta el momento en que las tropas conquistaron por fin la ciudad, el papa estaba fuera de sí ante el desarrollo de los acontecimientos. Primero amenazó para que no tomaran Zara y más tarde anunció la excomunión cuando desobedecieron. Expresó su consternación al comprobar que se dirigían a Constantinopla, en lugar de a Egipto como habían prometido, advirtiendo a las huestes para que fuesen a luchar contra los verdaderos enemigos de Cristo. Sin embargo, persistieron e Inocencio tuvo que afrontar las consecuencias.

Solo entonces el tono de Inocencio cambió repentina y dramáticamente, prueba de cómo las ideas sobre la violencia pueden transformarse para adaptarse a las nuevas circunstancias. En noviembre de 1204, y de nuevo en enero de 1205, dirigió largas cartas a los responsables militares, alabando las misteriosas formas en que Dios actuaba. La conquista de Constantinopla había hecho avanzar la historia sagrada, vinculando a los «griegos» (bizantinos) y a los latinos en una sola Iglesia que podía permanecer unida contra los enemigos de Dios. Lo había aprendido, dijo, leyendo a los comentaristas bíblicos contemporáneos sobre el libro del Apocalipsis. Inocencio recordaba el año 1099. Inocencio estaba lleno de esperanza apocalíptica. Con demasiada frecuencia, el modo en que las gentes medievales pensaban sobre el apocalipsis, la violencia sagrada y su interpretación en la historia o bien se ignora — para considerar la religión como una cortina de humo cuya misión es ocultar las «verdaderas» motivaciones económicas o políticas— o bien se utiliza como prueba de que eran individuos irreflexivos, meros fanáticos religiosos. No conviene hacer ninguna de las dos cosas. Los medievales construyeron un marco mental para tratar de dar sentido a la realidad y orientarse, como hacen todas las personas. Y uno de los lugares comunes a los que recurrían era a las escrituras.

El prolífico abad y comentarista bíblico Joaquín de Fiore ofreció, a lo largo de sus escritos, una nueva visión del progreso de la historia sagrada. Por lo general, pensamos en el tiempo cristiano como en algo bidimensional y lineal: comienza en algún lugar y se mueve inevitablemente hacia otro punto. Pero quizá sea mejor, al menos en lo que respecta a la Antigüedad y la Edad Media, considerar que las gentes pensaban en el tiempo de forma más tridimensional. Sí, la historia comenzaba en algún lugar (la creación) y avanzaba hacia algo (el juicio final), pero en medio estaba el caos. El tiempo sagrado se había vuelto algo confuso después de la muerte de Jesús, un espacio en blanco de tropos que se repetían, de ciclos en bucle, hasta que los acontecimientos del libro del Apocalipsis vinieran a culminarlo todo.

Joaquín puso orden en ese caos. El tiempo se dividió en tres «etapas» superpuestas, correspondientes a la Trinidad: los estadios del Padre, el Hijo y el Espíritu Santo. Es difícil exagerar el poder que tuvo el pensamiento de Joaquín en los siglos XII y XIII (y más allá), principalmente porque el abad —e Inocencio III después de él— postuló que el mundo se encontraba en ese momento en el periodo superpuesto entre el segundo y el tercer y último estadio. El estadio final, el del Espíritu Santo, se caracterizaría por la unificación de todos los cristianos, tanto para la salvación de sus almas como para que pudieran permanecer unidos frente a sus enemigos externos (servidores del diablo). Había que reunir a los marginales.

Cuando los hechos no se alinean con los sentimientos puede surgir un problema; como mínimo, esta situación obliga a cambiar el mensaje. Inocencio pronto aprendió que los griegos no iban a aceptar con rapidez la obediencia a Roma. Además, los búlgaros del este de Europa invadieron la Grecia bizantina, infligiendo al nuevo imperio una brutal derrota en Adrianópolis y matando a Balduino (antes conde de Flandes, ahora emperador) en la batalla, lo cual dejó el nuevo régimen muy desestabilizado. Inocencio culpó de la pérdida del favor de Dios a la conducta de los soldados cuando tomaron la ciudad, recordando específicamente el saqueo de los templos y la supuesta violación o asesinato de monjes, monjas y sacerdotes. Pero nunca perdió su esperanza apocalíptica. Los apocalipsis son, después de todo, infinitamente aplazables. Dios no puede equivocarse, pero los humanos pueden malinterpretar las señales. Tal vez Inocencio erró en cuanto a la reunificación de los bizantinos con la Iglesia latina, pero entonces, solo unos años más tarde, los cristianos díscolos del sur de Francia aparecieron ante el papa como otra señal, otra oportunidad para ayudar a hacer avanzar la historia sagrada.

La herejía no era algo nuevo en la Europa medieval. Sin embargo, lo que ocurrió en el sur de Francia en esa época fue de una naturaleza diferente a cuanto había sucedido antes. Tendemos, basándonos en nuestras fuentes, a agrupar a todos estos disidentes bajo la denominación genérica de «cátaros» y a atribuirles una teología dualista formalizada: una estricta división entre las cosas «de este mundo» y las «espirituales». Así, por ejemplo, se supone que los cátaros se abstenían de tener sexo, eran vegetarianos, entre otras cosas, y contaban con una estructura institucional formal. Pero esa es una imagen construida por siglos de escritos de los enemigos de los «hombres buenos» o «mujeres buenas», como se llamaban a sí mismos. Parece que la realidad era mucho más desordenada.

No existía una religión cátara como tal. Sin embargo, sí había una animosidad generalizada y muy arraigada contra los sacerdotes (anticlericalismo), que derivaba en un escepticismo sobre la utilidad del sacerdocio en general, así como el deseo de un estilo de vida «apostólico» más puro y que rechazaba la riqueza mundana. Tales ideas no eran exclusivas de las tierras de los condes de Tolosa. De hecho, las críticas a los sacerdotes y monjes demasiado mundanos (lujuriosos, glotones, codiciosos) son un elemento básico de la literatura medieval, recurrentes sobre todo en las *fabliaux*, o fábulas, breves relatos morales, a menudo extremadamente vulgares, que rayan en lo pornográfico y que se supone que enseñan una lección (no tener relaciones sexuales con los sacerdotes, pero también cómo poner los cuernos a tu marido, etcétera). Sin embargo, parece que en el sur de Francia surgió una interesante corriente de religiosidad laica que escandalizó y horrorizó a una nueva clase de eclesiásticos de élite, con formación universitaria, como Inocencio III.

Esto no quiere decir, por supuesto, que los obispos y sacerdotes de toda la Francia meridional fueran facilitadores o promotores de sistemas de creencias disidentes (aunque a menudo eran culpados de ello por sus homólogos del norte), ni que la población de esta región no fuera cristiana. Por el contrario, al menos una parte del aumento de la preocupación por la *herejía* que se produjo tras el cambio de milenio y continuó a lo largo de la Baja Edad Media puede atribuirse a que diferentes personas prestaron realmente atención a lo que otros decían y hacían con su religión. La historia del siglo XIII de san Guinefort, «el galgo santo» (sí, un perro de verdad venerado por una población local cercana a Lyon), por ejemplo, se pone a veces como muestra de superstición campesina, pero un examen más detallado del asunto revela algo parecido a la ortodoxia. Se cuenta que Guinefort había salvado a un niño de una serpiente, pero el padre del pequeño, al volver a casa, malinterpretó la escena y mató al can. En esencia, lo que sucedió era que un tropo oral sobre el sabueso fiel se había mezclado con la historia de un santo humano y se había enfatizado un elemento de antagonismo de clase (el amo desagradecido). En realidad, se trataba de una combinación de ritos cristianos muy tradicionales y de historias sobre los santos, con algunos elementos de la narración oral que se habían fusionado durante bastante tiempo. La tradición fue anatemizada como «no ortodoxa» —y esa es la razón por la que ha llegado hasta nuestros días— solo cuando un fraile de la Universidad de París pasó por la zona en busca de herejes.

En ese caso, como en muchos otros, los eclesiásticos del siglo XIII, educados por la lectura de los clásicos romanos y los Padres de la Iglesia, intentaron ver en su propia época las luchas del pasado y utilizaron un vocabulario anticuado para describir su propio mundo. Por ejemplo, muchos de los cargos de los que se acusaba a los llamados cátaros son idénticos a los que se imputaban a los primeros cristianos en los siglos III y IV. Leemos, mil años después, sobre nuevos *donatistas* y *maniqueos*. El mundo intelectual en el que vivían hombres como Inocencio III proporcionaba el marco en el que veían el mundo, pero ese marco estaba constreñido dentro de una nostalgia por un pasado cristiano heroico.

Debido a esta forma de pensar, aquellos cristianos descarriados parecían suponer una amenaza existencial para los buenos cristianos de todo el mundo. A mediados del siglo XII, el abad de Cluny había preguntado al maestre de los templarios: «¿Contra quién debéis luchar tú y tus hombres? ¿Contra el pagano que no conoce a Dios, o contra el cristiano que lo acepta de palabra pero lo combate con los hechos?». Era una pregunta retórica con una respuesta clara: los falsos cristianos eran la principal amenaza.

En las regiones circundantes a Toulouse, los problemas se venían gestando desde hacía tiempo. Los «buenos cristianos» habían estado activos en las ciudades fortificadas durante al menos unas cuantas generaciones, antes de la época de la masacre de Béziers. Al principio, fueron enviados predicadores del norte, principalmente monjes cistercienses, con la intención de reformar al clero y debatir con los «buenos cristianos» que encontrasen. Sin embargo, a menudo resultaba difícil distinguir a los «herejes» de los «ortodoxos», ya que la realidad que encontraban nunca se correspondía con las ideas preconcebidas de aquellos eclesiásticos del norte.

Las cosas cambiaron con Inocencio III. Su modelo se inspiraba en Mateo 13:24-30. En esa parábola, el campo de un agricultor ha sido saboteado por su enemigo, lo que significa que ahora tiene tanto el trigo que plantó como cizaña. La historia termina con el agricultor permitiendo que ambos crezcan hasta la cosecha, cuando el trigo se salvará, pero la cizaña será recogida para quemarse.

Para Inocencio, el relato constituía una alegoría de su propio tiempo. La Iglesia había plantado bien con la esperanza de que el cristianismo arraigara con fuerza, pero el diablo y sus agentes habían intervenido y propagado la disidencia (es decir, la cizaña). Esos disidentes eran difíciles de distinguir de los buenos cristianos, por lo que se dejó que todo creciera en el campo. Solo en el momento de la cosecha, el apocalipsis (de nuevo), se separarán los dos elementos: los heréticos serán destruidos mediante la violencia y los buenos cristianos serán reunidos para la salvación. La esperanza apocalíptica de Inocencio nunca le abandonó. La Iglesia había sembrado, el diablo había contaminado el campo; las buenas plantas y las malas hierbas eran entonces indistinguibles en el sur de Francia.

Durante los primeros diez años de su pontificado, Inocencio III intensificó la predicación en la región, aprobando incluso la formación de un nuevo grupo de predicadores errantes comprometidos con la pobreza y con un estilo de vida ascético, liderado por un castellano llamado Domingo de Guzmán. Pronto se convertirían en los dominicos. Aquellos esfuerzos parecían estar dando sus frutos y se diría que la maleza estaba bajo control, hasta 1208.

En enero de ese año un legado papal fue asesinado. El conde de Tolosa, en desacuerdo con el papado por ayudar a reprimir la herejía, pudo o no haber estado involucrado en el asunto, pero, desde luego, no le disgustaba lo que había sucedido. El papado pidió al rey Felipe II Augusto que interviniera, pero este se negó. Sin embargo, Inocencio encontró ayuda en algunos nobles del norte deseosos de aplastar a los enemigos de Cristo y también (quizá) de ampliar sus posesiones en la región meridional mediante la conquista. La espiritualidad y el materialismo siempre han ido de la mano. El ejército marchó hacia el sur. Una de sus primeras paradas fue Béziers. Era el momento de la cosecha. Había llegado la hora de quemar las malas hierbas.

LA GUERRA CONTRA LOS CÁTAROS o albigenses duró de 1208 a 1229. En mitad de esa campaña, Inocencio convocó un gran concilio eclesiástico en el palacio de Letrán en Roma, en noviembre de 1215. Acudió una muchedumbre: obispos, arzobispos, cardenales, monjes, abades, representantes de los reyes de Francia, Hungría, Jerusalén, Aragón y Chipre, así como los emperadores de Alemania y Constantinopla, además de los líderes de los grupos involucrados en la guerra santa del sur de Francia. Al final del mes, el atado concilio había llegado a setenta y un cánones que fueron adoptados de manera universal.

El canon 1 comienza con una declaración de «fe», pero *fides* en latín no se refiere tanto a la creencia (aunque es una parte de la misma) como a la lealtad. Afirma la doctrina de la Trinidad y la humanidad de Jesús, la importancia del sacrificio. Luego está la afirmación de que «Hay una sola Iglesia universal de fieles, fuera de la cual no hay absolutamente ninguna salvación». Esta Iglesia, sin embargo, está abierta a todos, asegura el concilio a su audiencia. El bautismo permite la entrada de cualquiera y el arrepentimiento devuelve a la comunidad a quien se haya alejado de ella. El resto de los cánones enfatizan y aclaran tal declaración, definiendo la ortodoxia frente a los cátaros, reprendiendo a los sacerdotes cuya laxitud en la vigilancia había dejado florecer la herejía y justificando la violencia contra los desviados. Y luego los decretos cierran el círculo en el canon 71, el decreto final del concilio.

Habiendo definido la comunidad en el canon 1, esa comunidad ahora unificada miraba hacia afuera. El canon 71 es una llamada a la guerra santa, a una nueva expedición a Tierra Santa. El concilio llama a todos los buenos cristianos a arrepentirse de sus pecados, a devolver su *fidem* ('fe') a la Iglesia y a atacar a los enemigos de Dios. Dios concederá la victoria a sus seguidores purificados, pero, «a los que se nieguen a prestar su ayuda [a la guerra santa] la Sede Apostólica proclama con firmeza que, en el último día, se les pedirá cuentas en presencia de un juez terrible». Inocencio III y el concilio estaban recordando a su audiencia que el trigo había crecido con la maleza y que el momento de la cosecha había llegado. No iba a transcurrir mucho tiempo más. El primer lote de maleza se quemó en Constantinopla y luego en Béziers; la siguiente —y última— ciudad lista para la cosecha, lista para el fuego, debía ser Jerusalén.

Capítulo 14

Vidrieras emplomadas y olor
a vidrio quemado

l igual que el sol atravesaba las magníficas vidrieras orientadas al sur en la catedral de Notre-Dame, una pléyade
de velas iluminaba el interior de la Sainte-Chapelle, cuyos
muros, también recubiertos con semejante brillantez de vidrio
emplomado, se abovedaban hacia el cielo. Pero el fuego consume
a la vez que ilumina; guía a los cosechadores que recogen el trigo
y les permite destruir lo que creen que son malas hierbas.

El París del siglo XIII nos cuenta una historia sobre la interacción de la arquitectura y el poder, sobre la realeza y su lugar, y
también sobre el modo en que las ideas apuntalaron todo este entra-
mado. Luis IX (1226-1270) formaba parte de una nueva generación
de gobernantes que aprovechó los avances jurídicos, económicos y
políticos que se habían producido en el último siglo para construir
un tipo de gobierno que le permitía controlar más territorio de
Francia de lo que sus predecesores hubieran imaginado. Su decisión
de construir una nueva capilla, la Sainte-Chapelle, para adornar su
palacio, formaba parte de su concepción centralizada del poder.
Las vidrieras del interior, elevándose hacia lo más alto, cuentan la

historia de una *translatio imperii* (una 'transferencia de poder imperial') al detallar cómo la corona de espinas, la reliquia más sagrada de la cristiandad, viajó desde la cabeza de Jesús a la nueva Roma de Constantinopla y, por último, a la capilla del rey de Francia.

Al otro lado del Sena desde la isla de la Cité, prácticamente frente a la casi terminada Notre-Dame, y quizá a la vista de la Sainte-Chapelle, también tal vez en construcción, se encendió en la orilla derecha un fuego que iluminaba y consumía. En junio de 1241, la muchedumbre se reunió en la Place de Grève, una amplia explanada que hoy se abre frente al Hôtel de Ville. La presencia de multitudes en el lugar, emplazamiento de las ejecuciones públicas de la ciudad medieval, no era extraña; sin embargo, los que en esta ocasión se habían dado cita en la plaza no iban a asistir a la cremación de cuerpos, sino de libros: allí había una veintena de carros cargados con ejemplares de un texto considerado peligroso y herético, el Talmud.

Aunque la guerra santa contra los cátaros que vimos en el capítulo anterior había terminado, en teoría, diez años antes, las herejías seguían siendo —y seguirían— una preocupación importante para los sucesores del papa Inocencio III, y no solo en el sur de Francia. La Iglesia continuaba necesitando segadores para separar el trigo de la cizaña. El papa Gregorio IX había enviado nuevas órdenes religiosas por toda Europa para *rastrear* (*inquisitio*, de ahí el término «inquisición») la heterodoxia. Estas nuevas órdenes religiosas, cada una con el nombre de su fundador, eran los dominicos y los franciscanos.

A los dominicos, también conocidos como Orden de Predicadores, los encontramos ya en el sur de Francia. Los franciscanos son de la misma época. Su fundador, Francisco de Asís (m. 1226), hijo de un comerciante de seda del centro de Italia, llevó una vida disipada hasta que su conocimiento de un mendigo le llevó a ensalzar las virtudes de la pobreza y a predicar su estilo de vida a todo aquel que le escuchara: a la gente, a los pájaros, a un lobo (según uno de sus biógrafos). En el IV Concilio de Letrán, celebrado en 1215, recibió el permiso del papa Inocencio III para fundar una orden basada precisamente en esos dos aspectos, la pobreza y la predicación. Es muy probable que, como vimos en el último capítulo, la amenaza de los cátaros y la idea de cruzada rondaran en la cabeza del pontífice. De hecho, los seguidores de Francisco y Domingo pronto comenzaron a circular por toda Europa, predicando contra los herejes, a los que pretendían atraer de nuevo a la ortodoxia. Ambas órdenes serían vitales para la vida intelectual y espiritual de la Europa medieval, como inspiradoras de nuevos modelos de devoción y conversión (de una práctica religiosa poco activa a otra con mayor implicación), erigiéndose en vectores de conexión y conflicto a través de los continentes. Los dominicos, en particular, sirvieron a la misión papal contra la herejía ganándose el sobrenombre de «sabuesos del Señor» (literalmente, *Domini canes*) por su despiadada persecución de todos aquellos que se consideraban de dudosa ortodoxia.

Así que, con la Inquisición incendiando toda Europa, quizá no sorprenda que, en 1239, Gregorio IX pidiera a los gobernantes de toda la cristiandad que concentraran sus esfuerzos en investigar determinado libro por su posible herejía, preocupados por si se desviaba de la verdad bíblica. La mayoría ignoró la petición papal, pero el joven rey Luis IX de Francia respondió con entusiasmo y reunió un tribunal que sería presidido por la reina madre.

De modo que en 1240, el todavía joven monarca se tomó en serio y al pie de la letra la llamada de Gregorio para analizar ese libro, el Talmud. La acusación sería dirigida por el canciller de la Universidad de París, junto con el obispo de la ciudad, el arzobispo de Sens y varios frailes. Los juzgados, en este caso, no eran presuntos herejes cristianos, sino rabinos de París que se enfrentaban a la acusación de que los judíos seguidores del Talmud eran, ellos sí, herejes dentro del judaísmo, pues aquella colección de comentarios sobre la ley y la tradición constituía una desviación de la Biblia hebrea. La disputa tenía una conclusión prefijada de antemano, por supuesto; nunca se habría permitido que los judíos de París ganasen el juicio. Aunque gozaban de un estatus teóricamente protegido en la Europa cristiana, tal posición seguía estando limitada por un antagonismo intelectual que podía —y a menudo lo hacía— derivar con rapidez hacia la violencia física. Nuestro viejo conocido, Agustín, había argumentado mucho tiempo atrás que el estatus servil de los judíos «probaba» la veracidad del cristianismo y que la historia había demostrado, mediante la destrucción del templo israelita y el surgimiento del cristianismo, que el plan de Dios para el mundo era un «castigo» por la negativa de los judíos a aceptar a Jesús. Para los cristianos medievales, los judíos necesitaban que se les recordara su sumisión, a menudo mediante la violencia: acoso, segregación y, a veces, agresión y asesinato. Así que, en un juicio solicitado por el papado, apoyado por el rey de Francia, con personal eclesiástico cristiano, el resultado nunca estuvo en duda.

La mayoría de los jurados estuvieron de acuerdo en que el Talmud era blasfemo; había que prohibirlo y quemar sus copias. En consecuencia, en junio de 1241, cientos, si no miles, de manuscritos fueron trasladados a la Place de Grève, apilados y prendidos. Es posible que el fuego ardiera tanto que se reflejara en las vidrieras de Notre-Dame, al otro lado del río. El rabino Meir de Rothenberg, que presenció la quema, se lamentaría más tarde en estos términos:

> Moisés hizo añicos las tablas, y otro repitió su locura
> consumiendo la ley en las llamas...
> Fui testigo de cómo recogieron el botín que os pertenecía
> En el centro de una plaza pública...
> y quemaron el botín de Dios en lo más alto.

Angustiado, relató cómo el fuego que ardía tan alto, tan brillante en la Ciudad de las Luces, paradójicamente «nos deja a mí y a ti en la oscuridad».

OCURRE QUE PARÍS no fue siempre, en absoluto, el centro del poder real y, de hecho, había llegado a serlo muy recientemente. Muchos gobernantes de la Europa medieval se autodenominaban reyes, pero el título, por sí mismo, no conllevaba ninguna autoridad. La cuestión era hasta qué punto podían reunir soldados, adquirir un flujo de ingresos estables o ejercer la autoridad judicial más allá de su propia corte. Así que los reyes viajaban para escuchar las peticiones y hacer visible su presencia, afirmando así su influencia. Cuando el imperio de los carolingios se dividió, por ejemplo, el rey de Francia occidental (Carlos el Calvo y sus sucesores) se desplazaba constantemente entre sus diversos centros de poder, repartidos en palacios como el de Compiègne, obispados como el de Senlis y monasterios como el de Saint Denis. Cuando la siguiente dinastía, la de los Capetos, se hizo finalmente con el poder (tras un comienzo fallido), con Roberto II el Piadoso (996-1031), centró su atención en torno al Loira, más cerca de la ciudad de Orleans y de la abadía de Fleury. Solo en la época de su nieto, Felipe I (1060-1108), al pasar el año 1100, la atención del monarca se centró de forma más permanente en torno a la Île-de-France y París.

Felipe reactivó la relación de la monarquía con la abadía de Saint-Denis, ubicada al norte de la ciudad, en parte para controlar las amenazas a su poder procedentes de importantes señores, tales como los duques de Normandía y los condes de Flandes, pero también como forma de asegurar la importancia del monasterio cuando puso la educación de su hijo (el futuro Luis VI, 1108-37) al cuidado de aquellos monjes. En esa época, Luis y un monje de su misma edad se hicieron íntimos y lo seguirían siendo durante el resto de sus vidas. Suger, que se convirtió en abad de Saint-Denis hacia 1122 y que sería una auténtica espina en el costado de Leonor de Aquitania, pasó mucho tiempo en las cortes real y papal, serviría como regente del reino para el hijo y sucesor de Luis VI y transformaría el paisaje físico no solo del monasterio de Saint-Denis, sino también de París. Su idea era que, a través de la remodelación de los espacios, de la expresión de la grandeza arquitectónica y de la luz, se elevaba al rey, no tanto a un monarca concreto, sino la idea misma de la realeza cristiana y el vínculo entre la Corona y la Iglesia. Sucedió, por supuesto, que su monasterio natal fue también elevado junto con el rey cuando todo aquel proceso se concretó.

Según afirmó más adelante en sus escritos, cuando Suger se convirtió en abad, el estado material de la abadía era deplorable. Así que se puso inmediatamente a reconstruir. Se trataba, al menos en parte, de un tropo: la pretensión de una «reforma» necesaria, dirigida por un líder pseudo-visionario —aunque quizá fuera cierto en parte, pues un líder que busca legitimidad necesita un problema que supuestamente solo él puede solucionar—. En cualquier caso, la iglesia abacial de Saint-Denis, reconstruida y reimaginada desde sus fundamentos, se completó a principios de la década de 1140 y se elevó hacia los cielos. Ha sido considerada durante mucho tiempo la cuna del estilo gótico, alejado de los pesados y gruesos muros de épocas anteriores que soportaban una estructura pero que, a menudo, dejaban poco espacio para las ventanas y, por tanto, para la luz.

La iglesia de Suger brillaba. Y eso era algo intencionado. Tenía un plan para construir un espacio sagrado que transportara al espectador de la tierra al cielo, al tiempo que apoyaba las pretensiones monárquicas de que el rey era el agente de Dios en la tierra. Los monarcas medievales ascendieron gracias a una gran variedad de medios: a través de contiendas militares, reformas fiscales, control judicial. Pero para hacerse valer, necesitaban un relato. Y ahí es donde entraban en escena los religiosos como Suger, así como el arte que financiaban. De tal modo que Suger encargó la representación de historias de los reyes francos y la conquista de Jerusalén en 1099 como programa iconográfico de sus ventanas. Invertía dinero en el templo, anotando cuidadosamente el peso del oro y las gemas que necesitaba. Más tarde, los críticos de la riqueza eclesiástica, como Bernardo de Claraval o Francisco de Asís, encontrarían obsceno tal despliegue, pero Suger no era un hipócrita que predicara la pobreza mientras vivía en el lujo. Por el contrario, este clérigo severo veía ese brillo, el resplandor de la luz del oro pasando a través de los cristales de colores y reflejándose en las piedras preciosas, como lo más parecido a una réplica del cielo en la tierra, una manera de elevarse desde esta hacia aquel.

Para quienes identifican la Edad Media con años de oscuridad, incluso los arcos apuntados, el metal brillante y las vidrieras resplandecientes son signos de decadencia. El vocablo «gótico» fue acuñado como descripción negativa del arte medieval por el italiano del siglo xvi Giorgio Vasari, que quería condenarlo como algo bárbaro, al igual que habían sido condenados los pueblos que saquearon Roma. Más tarde, las enormes iglesias ornamentadas se convirtieron en un símbolo de la explotación, de cómo los ricos utilizaban la religión para oprimir a los trabajadores. Por eso es tan importante dejar de lado los prejuicios modernos y abordar el arte medieval, la grandeza medieval, en sus propios términos. Y Suger plasmó sus mejores argumentos en sus escritos y en el arte que encargó.

En las puertas de bronce del templo, por ejemplo, Suger hizo que los artesanos grabaran la siguiente leyenda:

Maravíllate no del oro y el gasto, sino de la artesanía de la obra. Brillante es la noble obra; pero, siendo noblemente brillante, la obra debe iluminar las mentes, para que puedan viajar, a través de las verdaderas luces, a la Verdadera Luz donde Cristo es la verdadera puerta.

En las Edades Brillantes, el espectador podía ser transportado alegóricamente a otro lugar, al mismísimo cielo, con un modelo intelectual de diseño sagrado que impulsaría a los constructores de catedrales, en particular, a levantar espacios que maximizaran la luz.

Pero el poder y la belleza rara vez permanecen estables. La reconstrucción de Saint-Denis desencadenó una especie de «carrera armamentística» arquitectónica en París y sus alrededores a finales del siglo XII y principios del XIII. A medida que París se convertía en el centro del poder real, los actores en juego competían por el favor regio, por el derecho a ser la pieza central de esa conexión de la monarquía con lo divino. La primera salva la lanzaron los obispos de la ciudad, que decidieron reconstruir su propia iglesia —la catedral de Notre-Dame— justo después de que la remodelada Saint-Denis estuviera en gran parte terminada, y lo hicieron, sin lugar a dudas, a modo de respuesta.

Lo que se completó casi un siglo después, alrededor de 1250, no era exactamente igual a la icónica estructura que se quemó de manera trágica y accidental en abril de 2019. Era la más coherente declaración arquitectónica sobre el papel de la Virgen María (Notre-Dame significa 'nuestra señora') en la historia de la salvación y sobre cómo los obispos de París habían salvaguardado su legado, conectándola con la ciudad y, por lo tanto, con el rey y, a partir de ahí, con el reino en su conjunto.

A veces, al contemplar desde la modernidad la piedra desnuda y el magnífico espacio vacío de los templos medievales, olvidamos que —al igual que una cruz de piedra en un campo de

Gran Bretaña— estaban destinados a ser experiencias sensoriales globales. El visitante veía que la escultura de la fachada de piedra funcionaba, en palabras de Rebecca Baltzer, de manera semejante a una «valla publicitaria gigante diseñada como una representación gráfica de todo lo que el visitante necesitaba saber sobre la salvación». En el caso de Notre-Dame, ese programa iconográfico contaba una historia que arrancaba con los reyes de Israel y Judá, se detenía en la Encarnación, en la figura de Denis (el primer obispo de París) y conducía hasta el Juicio Final. Al entrar, los devotos olían el incienso que ardía entre el canto casi perpetuo de la misa. Escuchaban el recitar de una liturgia estructurada para conectar a la Virgen con el París del siglo XIII a través de su obispo y, por mediación de este, con su rey. Si se adentraban en la iglesia, tal vez hasta la cripta, donde se guardaban las reliquias, podían apreciar de cerca el sabor de la santidad. De hecho, los templos a menudo tenían que colocar guardias alrededor de aquellas por temor a que los visitantes, en su devoción, arrancaran joyas de los relicarios, trozos de tela o incluso huesos. Y, de pie en el interior de una nave vacía, sobre todo en un día soleado, los fieles llegaban a sentir los colores en su propia piel.

Todo conducía hacia arriba en este nuevo estilo gótico donde los techos de la nave de la iglesia a menudo alcanzaban una altura superior a la de diez pisos. Los arcos apuntados y los soportes exteriores, denominados «arbotantes», aliviaban el peso de la cubierta descargándolo hacia el exterior y permitiendo en consecuencia que los muros, antes sólidos y semejantes a los de una fortaleza, se hicieran ahora etéreos y ligeros. En un mundo hecho de madera, la piedra impresionaba; pero, para un mundo anterior a la electricidad, lo más importante era la luz. No hablamos de un entorno únicamente iluminado por el fuego, sino, más importante, alumbrado por el sol. Permitir la penetración de la luz del astro rey, permitir que un interior resplandeciese, era capturar algo de lo divino. Así que los pesados muros de piedra se sustituyeron por vidrieras de colores translúcidos y radiantes.

Las iglesias cristianas están orientadas de este a oeste, con la entrada a poniente y el altar en el extremo oriental. En la mayoría de las catedrales, las vidrieras flanquean la nave al norte —con escenas del Antiguo Testamento— y al sur —donde la iconografía se inspira en los relatos del Nuevo Testamento—. Se trataba de una declaración teológica: en París, como en cualquier otro lugar del hemisferio norte, el lado meridional de cualquier edificio recibe más sol, por lo que el Nuevo Testamento estaría iluminado aunque el Antiguo permaneciera en las sombras.

En torno al año 1200, la catedral parisina era un núcleo de interés no solo debido a la personalidad del obispo y al propio carácter emblemático del edificio. A partir de 1100, la educación de las élites comenzó a alejarse de los monasterios locales y a dirigirse hacia las catedrales y los centros urbanos que las albergaban. La aparición de ciudades más grandes, de economías estables y de estructuras religiosas y políticas más organizadas hizo que esas ciudades fueran lugares más atractivos para la formación. Los estudiantes que se graduaban en estas nuevas escuelas catedralicias eran, en aquella época, muy solicitados por los eclesiásticos y los nobles, que buscaban ayuda en un mundo cada vez más alfabetizado y que se adhería a formas más complicadas de derecho religioso y secular. Y, a medida que avanzaba el siglo XII, la escuela anexa a Notre-Dame empezó a brillar con más fuerza, con hombres (¡y mujeres!) jóvenes procedentes de toda Europa.

Luego, en 1200, se produjo una suerte de pelea de bar. En ese año, un estudiante alemán y sus amigos, todos alumnos de la escuela de la catedral y habitantes de la orilla izquierda, salieron a comprar vino. Al parecer, el tabernero trató de estafarlos, lo que se supone que molestó a los jóvenes (para entonces, oh sorpresa, probablemente borrachos), cosa que les llevó a agredir al tabernero y a destruir el establecimiento. El hombre acudió entonces a las autoridades seculares, que reunieron un pelotón, y, en el enfrentamiento que vino después, acabaron matando a varios estudiantes como represalia. Los profesores de la escuela, en solidaridad con los alumnos, se negaron a dar clase y amenazaron con trasladar el centro docente a otro lugar si el rey no hacía justicia. Y, en efecto, el soberano la hizo. Las autoridades seculares y su pelotón fueron encarcelados y Felipe II Augusto (1180-1223) promulgó un decreto que protegía la escuela, a sus profesores y a sus alumnos. El monarca los reconoció como un colectivo que gozaba de derechos legales; algo que podríamos denominar una «corporación». Se llamaban a sí mismos una *universitas*.

Aunque el término no se aplicó formalmente a la escuela hasta más adelante, durante el siglo XIII, la Universidad de París siguió gozando del apoyo real. No obstante, dado que su origen estaba en la catedral, el obispo y sus seguidores estaban ansiosos por seguir ejerciendo su control sobre este colectivo, por dominar su reconvertida universidad al tiempo que su reconvertida catedral se elevaba hacia el cielo.

Entonces estalló otra pelea de bar.

En 1229, otro grupo de estudiantes disputó con otro posadero sobre el precio del vino. En aquel momento fueron apaleados, pero volvieron al día siguiente para vengarse, destrozando la posada. Como hemos apuntado en otras ocasiones, la historia no se repite, pero a veces tiene eco. La reina Blanca de Castilla, en calidad de regente de su hijo, Luis IX, ordenó el arresto de los jóvenes, y los sargentos reales arrasaron el barrio estudiantil, hiriendo a muchos y matando a algunos. Una vez más, los profesores se pusieron del lado de los estudiantes y exigieron justicia. Esta vez, sin embargo, la reina, el legado papal en París y el obispo de la ciudad rechazaron sus exigencias. Aunque, según el cronista contemporáneo Matthew Paris, todo se debió al «pene del legado» (se rumoreaba que tenía una aventura con la reina), los tres tenían sus razones para oponerse a la universidad: la reina porque había dado la orden inicial, y el obispo y el legado porque querían frenar el creciente poder de la escuela. El colectivo —la *universitas*— se disolvió. Maestros y alumnos abandonaron la urbe en la primavera de 1229 y juraron no volver en al menos seis años. Algunos se fueron a otras escuelas catedralicias de Francia, mientras que otros se unieron a la Universidad de Oxford y hubo también quien se marchó «a casa», a Italia o España.

El rey, la reina y el papa quedaron horrorizados ante el cierre de la universidad, ya que las escuelas eran entonces motores de prosperidad y prestigio para las comunidades. La crisis no se resolvió hasta 1231, cuando el pontífice emitió un decreto que reconocía la autoridad de la universidad para autorregularse, limitando los poderes del monarca y el prelado sobre profesores y estudiantes. «París —comenzaba diciendo—, la madre de las ciencias... ciudad de las letras, brilla con luz propia, grandiosa, pero que suscita aún mayores esperanzas en profesores y alumnos». El diablo había estado trabajando para desbaratar la universidad, para sumir a Europa en la oscuridad; no obstante, al permitir la libertad, reconociendo formalmente la *universitas,* se esperaba devolver sus luces a la ciudad.

Con todo, la escuela, esta nueva universidad, no era lo único que se alejaba de aquella catedral construida durante la década de 1230. Incluso desde el punto de vista arquitectónico, Notre-Dame fue superada antes de estar concluida. La carrera armamentística arquitectónica e iconográfica continuó, esta vez simplemente trasladándose al otro lado de la misma isla del Sena, a una nueva capilla encargada por el rey Luis IX y que desde entonces se conoce como Sainte-Chapelle.

Para cuando Luis IX ejerció el poder en solitario, París ya era el centro indiscutible de la monarquía. Se benefició en gran parte de las medidas centralizadoras de sus predecesores, que habían introducido importantes reformas burocráticas, jurídicas y financieras destinadas a aumentar el control monárquico sobre sus súbditos. El auge de la realeza administrativa, como la han bautizado algunos historiadores, no se produjo sin tensiones. Inglaterra fue testigo de amargas guerras civiles, una de las cuales dio lugar a la firma de la Carta Magna, que teóricamente limitaba la autoridad del soberano. En muchos sentidos, las guerras contra los cátaros —libradas principalmente por el papado, pero con ejércitos reclutados en los dominios del rey de Francia— también podrían considerarse otra guerra civil más en su fase final, que acabó asegurando el control real sobre el sur del territorio. Y ahora, ese poder se centraba en la ciudad de París, más concretamente en la isla en mitad del Sena, en el centro de la urbe.

A principios del siglo XIII, los reyes franceses habían convertido el Palais de la Cité, ubicado en el extremo occidental de la isla y con vistas a Notre-Dame, en su residencia principal. Pero en 1238 ese palacio se volvió repentinamente insuficiente para sus residentes, no el propio rey, sino el llamado Rey de Reyes. Ese año, Luis había dado un golpe de efecto, comprando a Constantinopla las reliquias de la pasión, gracias un complicado acuerdo de alivio de la deuda del asediado imperio latino. Entre aquellas sagradas piezas ocupaba un lugar preeminente la corona de espinas de Cristo.

Los emperadores bizantinos, al igual que todas las élites cristianas medievales, habían traficado a menudo con las reliquias; normalmente se trataba de recortar pequeños trozos de objetos ya conocidos que, por ejemplo, se enviaban como regalo. Eso era bastante fácil de hacer con astillas de madera de la verdadera cruz, gotas de la sangre sagrada o diminutos fragmentos de hueso. El traslado, o *translatio*, de la corona de espinas, el madero de la Vera Cruz y otras reliquias asociadas a la pasión se basó en esas tradiciones, aunque las superó en cuanto a magnitud. Cuando los objetos sagrados se desplazan, reordenan la geografía imaginaria del mundo, o al menos suministran un argumento para tal reordenación. Luis y sus partidarios podían esgrimir que el centro del mundo cristiano, que Cristo mismo, que Jerusalén, habían llegado con esas reliquias. Al igual que la *Vida de san Daniel* afirmaba en el siglo V que Constantinopla se había convertido en una nueva Jerusalén, ahora Luis podía afirmar que Jerusalén había emigrado aún más lejos, de la ciudad de Constantino a la ciudad de París. El esfuerzo artístico y el ritual político cimentaron esta afirmación. La corona de espinas fue recibida en París con una solemne procesión encabezada por el rey, que caminaba descalzo y solo vestía una túnica, quizá portando él mismo el relicario. Se detuvo en Notre-Dame, pero solo brevemente. Su destino final era otro: la capilla privada del monarca en su palacio, entonces dedicada a san Nicolás.

Poco después de comprar las reliquias, Luis se dedicó a reconstruir la capilla palatina para preparar la recepción de la corona. Aunque no estaba terminada en el momento de la llegada de la reliquia, fue consagrada en 1248. Y los actos del soberano durante la procesión parecen bastante intencionales: remarcan la relación que preveía entre la catedral de la ciudad (y su obispo) y la «capilla santa» del rey (Sainte-Chapelle), sustanciada en piedra y cristal. La Virgen María (Nuestra Señora, o Notre Dame) era, por supuesto, importante, pero no tanto como el propio Hijo de Dios.

Incluso antes de que se terminara la Sainte-Chapelle, había recibido una exención papal especial de la jurisdicción episcopal, lo que significaba que el obispo de París, al otro lado de la isla, no tenía ningún control sobre ella. Solo pertenecía al rey y al pontífice. Aunque se trataba de un templo privado dentro del palacio real, parece que se permitía el acceso público al patio del palacio y a la propia capilla en días festivos especiales. En su interior, los paramentos estaban ocupados casi por completo por vidrieras. Azules y rojos brillantes hacían resplandecer el oro de los relicarios, iluminando las vibrantes pinturas que adornaban las paredes.

La Sainte-Chapelle contaba una historia sobre la realeza. Las estatuas de los apóstoles flanqueaban sus muros, mientras que las vidrieras narraban un relato específico sobre la historia de la salvación, pero centrada en Jerusalén y en cómo se había «desplazado». Empezando por la esquina noroeste, los paneles del lado septentrional contaban la historia del Antiguo Testamento cristiano, desde el Génesis hasta la lucha por tierra santa en Jueces. El extremo oriental, que rodeaba el altar y la reliquia de la corona de espinas, era la culminación de la alegoría y la historia. Aquí, el árbol de Jesé —que contiene la genealogía de Jesús— está emparejado con el profeta Isaías, seguido de Juan el Evangelista, junto a la infancia de Jesús. La historia de la pasión aparece directamente sobre el altar. Por último, la pared sur, la más iluminada (tanto figurada como literalmente, por el sol), se dirige de manera específica a la realeza, con los dos gobernantes del Antiguo Testamento y un ventanal entero que representa la recepción de las reliquias en Francia por parte de Luis IX. Y todas las ventanas están adornadas con la flor de lis del reino.

Nada del programa era precisamente sutil. Ya hemos visto la historia de la salvación antes, pero lo cierto es que en esta ocasión conducía finalmente a Luis IX como *christianissimus rex* ('rey más cristiano'). De hecho, la historiadora del arte Alyce Jordan ha señalado incluso que las escenas bíblicas que aparecen en los vitrales, a veces, *borran* a los sacerdotes de la historia. Por ejemplo, en las representaciones de coronación del muro sur, los reyes no son coronados por aquellos, sino por los ejemplos de la realeza (es decir, los reyes de Israel), y luego son aclamados no por sus pares, sino por el pueblo en su conjunto. Este arte sitúa a los gobernantes seculares como agentes divinos sin necesidad de sacerdotes, obispos ni papas como interlocutores. La carrera armamentística de la arquitectura sagrada, que comenzó con el abad de Saint-Denis y continuó con el obispo de París, termina aquí con un rey que los anula a todos.

En 1250, con una nueva catedral y una capilla resplandeciente e independiente en el centro de París, Francia ya no estaba bajo la protección de san Dionisio y sus monjes, al norte de la ciudad. Ya no estaba bajo la protección de la Virgen y su obispo. Francia tenía un nuevo rey, un soberano en medio de las velas y la luz, inundado de azules y rojos, mirando a sus predecesores, que fueron los reyes de Israel, tanto en el Antiguo Testamento cristiano como en el Nuevo.

En 1240, se pronunció la sentencia contra el Talmud. Pero la quema del año siguiente estuvo a punto de no producirse. Toda esta historia tiene que ver con la contingencia, con las decisiones que podrían no haberse tomado, o con cómo las cosas podrían haber sido diferentes. El arzobispo de Sens, el más poderoso de los jurados del «juicio», intercedió para convencer al rey de que devolviera los libros a la comunidad judía. También el papado afirmó entonces que el Talmud debía ser tachado de material «ofensivo», pero no prohibido, ni quemado.

Sin embargo, a pesar del mandato papal y de las protestas del arzobispo, en 1241 llegaron a la Place de Grève, a petición de Luis, carros cargados con ejemplares del libro en cuestión. El monarca se tomaba muy en serio las lecciones aprendidas y enseñadas, al igual que las narraciones de sus monasterios, sus iglesias, su palacio y su capilla. Un rey «cristianísimo» tenía una responsabilidad especial ante Dios de velar por su pueblo, y tal responsabilidad requería celo. El rey debía ser diligente en el cuidado de los pobres, asegurando que se hiciera justicia. Tales eran las cantinelas habituales de los monarcas y se escuchaban a lo largo de los siglos. Pero al rey más cristiano, el que recibió la corona de espinas de Bizancio, también se le exigía diligencia contra quienes, según la mentalidad medieval, perseguían a su Señor. Los judíos debían ser castigados. Los musulmanes debían ser derrotados o convertidos. El mundo tenía que ser purificado, tenía que ser llevado a Dios por su vicario aquí, en la tierra, que no era otro que el propio Luis.

En las décadas siguientes, en medio de la belleza de las magníficas vidrieras, la Corona intensificó sus esfuerzos por convertir a los judíos, por recordarles su sometimiento. Luis libraría la guerra santa contra los musulmanes en el norte de África, no una, sino dos veces. En años sucesivos, tal vez mientras se encontraba frente a la Sainte-Chapelle, fue testigo de las piras en la Place de Grève y de los fuegos que había provocado mientras asediaba Damieta en Egipto. Pero tal vez también imaginó incendios que nunca había visto, como los que siguieron a las conquistas mongolas que se materializaban en tierras al mismo tiempo lejanas pero lo suficientemente próximas como para resultar relevantes. Casi con toda seguridad, Luis pensó largo y tendido en las llamas que alumbraron Karakorum, la capital del Gran Khan, especialmente en 1259, después de que el emisario real ante los mongoles regresara a París con noticias sobre una posible alianza. ¿Serían los mongoles, al igual que Luis (como él mismo se imaginaba), agentes de la voluntad divina para reclamar finalmente tierra santa, si antes purgaba su reino de aquellos que consideraba herejes, infieles y obstáculos a su poder?

Capítulo 15

Nieve resplandeciente en la estepa oriental

L os hombres de la corte de Möngke Khan se preguntaban por qué aquellas gentes del oeste no llevaban zapatos. No era extraño que fueran cristianos o que tuvieran una idea exagerada de su propia importancia: ambas cosas eran bastante comunes en todo el imperio. Pero, desde luego, hacía frío en la estepa, y ¿acaso no querían evitar la congelación de los dedos de sus pies? La curiosidad de los cortesanos se resolvió cuando los hombres fueron reconocidos por un sirviente húngaro del khan como frailes franciscanos que habían viajado desde la corte del rey Luis IX, en una misión para convertir a los mongoles al cristianismo.

El húngaro cristiano explicó al khan y a su corte los votos de pobreza de los frailes, y, dado que el ascetismo extremo era también bastante habitual en el ámbito general de las prácticas religiosas de toda Asia, todo el mundo se relajó. El secretario jefe del khan, que era cristiano (en concreto nestoriano, la fórmula de cristianismo dominante en Asia central y oriental), se hizo cargo de todo con rapidez y proporcionó alojamiento a los hombres de Occidente. Más tarde, el khan les ofreció vino de arroz para beber, los interrogó sobre la riqueza agrícola de Francia y les indicó que podían quedarse en su corte —o viajar a la cercana capital de Karakorum— y esperar protegidos a que pasara la estación fría. Así lo hicieron, ahora calzados con zapatos, aunque no tuvieron éxito en su misión. Aun así, los frailes cruzaron gran parte de Asia, entre 1253 y 1255, y volvieron a casa para contar su historia con los dedos de los pies intactos.

DESDE EL PUNTO DE VISTA TRADICIONAL DE LA HISTORIA DE EUROPA OCCIDENTAL, los viajes de los frailes franciscanos al imperio mongol podrían implicar una transformación en virtud de la cual el atrasado Occidente habría llegado por fin a la sofisticada Asia. Puede que haya algo de verdad en todo esto. Los mongoles eran un pueblo nómada en la periferia de China que salió de la estepa a un mundo más amplio, urbanizado y agrario. Cuando los europeos arribaron a Karakorum, los mongoles ya habían construido un imperio de un tamaño sin precedentes. Entre otros factores, la unidad que aportaron a vastas franjas de Asia —unidad forjada con sangre y muerte, sin duda, pero también con gran número de soldados desplegados para mantener la seguridad de los caminos— permitió un viaje más fácil y seguro a través de gran parte del continente. Los cristianos latinos de Europa, al igual que muchos pueblos, tanto dentro como en los márgenes del mundo mongol, se aprovecharon de dicha facilidad para desplazarse. Pero, como hemos visto, la gente siempre había atravesado fronteras, voluntaria o involuntariamente, a lo largo de la Edad Media, llevando consigo bienes materiales, ideas e incluso, a veces, agentes patógenos. En ese sentido, las conquistas mongolas de gran parte de Asia aceleraron e intensificaron los vínculos preexistentes.

Además, esta intensificación de los encuentros transregionales se manifestó a lo largo de múltiples vectores. Los europeos se dirigieron al este. Los asiáticos orientales, al oeste (y al norte y al sur). Los centroasiáticos viajaron en todas las direcciones. La gente se desplazaba con libertad o se veía obligada a hacerlo, tanto por el caos de la guerra como por la esclavitud, y a menudo aprendía varias lenguas para progresar o simplemente para sobrevivir. Así que no es una sorpresa que un húngaro parezca haber estado al servicio de Möngke Khan, listo para traducir. Más tarde, en el mismo siglo (el XIII), un mercader veneciano llamado Marco Polo pudo viajar a la China gobernada por los mongoles y servir a Kublai Khan como un extranjero útil. Aunque nunca sabremos con certeza si contó la verdad sobre sus viajes, sí sabemos que mucha gente vagaba, lejos de su casa, en busca de fortuna, fama, conocimiento, santidad, por exigencias de la diplomacia o simplemente huyendo. El ascenso de los mongoles, que intensificó los vínculos entre Asia oriental y Europa occidental mediante la conquista y el comercio, reconfiguró las posibilidades de desplazamiento de los individuos en el mundo premoderno. Los monjes iban a pie de China a Constantinopla, a Roma y a Bagdad. Los mercaderes se embarcaban en Venecia rumbo a China. Los diplomáticos iban y venían. Una vez que entendemos que Europa siempre ha estado conectada, vemos el cambio que aportaron los mongoles bajo una luz muy diferente.

LOS ACONTECIMIENTOS HISTÓRICOS que tuvieron lugar en Europa y que llevaron al franciscano Guillermo de Rubruck hasta el khan y a la ciudad de Karakorum entrelazan los hilos de la historia de los siglos XII y XIII que se han ido tejiendo en los últimos capítulos. Tenemos a un rey de Francia con aspiraciones ilimitadas, predicadores cristianos dispuestos a viajar, un mundo islámico a la vez poderoso y dividido, y luego llegan los mongoles, para remodelar el mapa del mundo.

El hombre que se convirtió en Chinggis (*Gengis*) Khan nació como Temujin en 1162 y se crio entre los numerosos pueblos nómadas que ocupaban esa región de la estepa. Su ascenso, hasta llegar a gobernar un enorme imperio transregional, fue algo dudoso, por decirlo suavemente; quizá uno de los acontecimientos más dudosos de la historia mundial. Su padre, un jefe tribal, fue asesinado cuando el niño tenía nueve años. Temujin no consiguió reclamar el puesto de su progenitor, y él y su familia tuvieron que llevar una vida marginal dentro de la comunidad mongola, una situación peligrosa en la implacable estepa. A los diecisiete años fue capturado y esclavizado, pero logró escapar y a partir de ahí comenzó a forjarse una reputación como líder militar.

Aunque, por supuesto, la complicada interacción de conflictos y alianzas dentro de las comunidades mongolas tiene su propia historia, también es cierto que la región había fucionado durante siglos a la sombra de varios estados de China. De hecho, en gran parte de Asia, los centros agrarios y urbanizados interactuaban a través de las fronteras, no solo entre ellos, sino con grupos cambiantes de nómadas pastores que se ganaban la vida mediante la crianza de animales a gran escala. Estos encuentros podían ser fructíferos, fomentar el comercio y el intercambio cultural, pero a menudo desembocaban en tremendos conflictos cuando, por diversas razones, esos grupos itinerantes cruzaban los límites y comenzaban a asaltar las tierras de los más sedentarios. Los estados chinos, por tanto, trataban de mantener a los nómadas de su frontera envueltos en conflictos internos, mientras seleccionaban grupos particulares como clientes y agentes preferentes en la estepa.

Pero Temujin, gracias a una larga y compleja serie de movimientos políticos y militares, consiguió unir a los pueblos del norte del territorio de la dinastía Jin de China, para convertirlos en lo que hoy conocemos como la Confederación Mongola. En 1206, adoptó el nombre de Chinggis Khan, 'gobernante feroz', para marcar su nuevo dominio. Poco a poco, bajo su liderazgo, su pueblo conquistó grandes franjas del noroeste de China (sus descendientes sojuzgarían el resto). Desde esa base de operaciones, su atención se centró en las redes comerciales que se extendían hacia el oeste, a través del conjunto de vías interconectadas que a veces llamamos Ruta de la Seda, y envió emisarios a la frontera de un gran sultanato de Asia central llamado Khwarazm, para organizar el comercio. Pero sus funcionarios fueron acusados de espías por el gobernador local; para ser justos, probablemente lo eran. El gobernador los hizo matar. Un segundo grupo de emisarios fue igualmente humillado y luego asesinado. Y entonces se desencadenó la guerra.

Durante las siguientes décadas, casi nadie derrotó a los mongoles en una batalla campal, en parte porque los guerreros esteparios, de gran movilidad, simplemente evitaban la confrontación cuando las condiciones eran desfavorables. Además, aunque los mongoles tienen una justificada reputación de cometer atrocidades despiadadas, como forma de castigar a sus enemigos, desde los primeros días Chinggis tuvo cuidado de abrir cauces para que los pueblos conquistados —especialmente los que se rendían sin resistencia— se unieran a su milicia y a su imperio. Creó una nueva identidad panmongola para minimizar las enemistades inmemoriales e incorporar a sus dominios a los grupos mongoles derrotados. Los no mongoles podían alcanzar posición y poder, así como grandes riquezas, alistándose con el Gran Khan. La estrategia no es tan diferente de la que hemos visto practicar a francos y bizantinos.

Incluso mientras conquistaba, Chinggis tenía la vista puesta en la logística y la economía. Al tiempo que el ejército se movía contra Khwarazm, los mongoles establecieron una red de rutas y pequeñas bases. Estas últimas, a medio camino entre puestos comerciales y oficinas de correos, disponían de caballos de refresco para que las noticias pudieran circular rápidamente de una región a otra, incluso a través de grandes distancias. En tiempos de paz, se convertían en los nodos de esas grandes redes que mantenían unido el imperio. Los mongoles sellaban pasaportes metálicos con inscripciones trilingües que indicaban que el portador se encontraba en misión oficial imperial. Equipado con un salvoconducto y una montura bien descansada, un jinete afortunado podía cruzar gran parte de Asia en cuestión de semanas.

En el siglo XII, Asia central y occidental estaba formada por una gran variedad de Estados gobernados principalmente por musulmanes de diversas tradiciones: turcos, persas, árabes, kurdos y otros pueblos. Había centros de poder, como la ciudad de Samarcanda en el sultanato persa de Khwarazm, en Bagdad en menor medida y en Egipto. Caerían uno a uno. La conquista de Khwarazm, con Temujin dirigiendo una columna de sus tropas a través del desierto y evitando así que un ejército mucho más numeroso bloqueara las rutas menos áridas hacia Samarcanda, dio al Gran Khan el control de las grandes ciudades y las rutas comerciales de Asia central. El oeste de Asia y la riqueza de los Estados islámicos del moderno Oriente Medio estaban al alcance de la mano.

Pero, una vez más, el proceso de conquista no constituye una narración de enemistad cultural o religiosa; todos los gobernantes y sacerdotes cristianos de Europa occidental esperaban que los mongoles se convirtieran (ayudando así a completar su visión de la historia sagrada a la que tantas veces hemos aludido). Los mongoles eran pragmáticos respecto a las creencias, tanto por razones prácticas como culturales, lo que facilitaba los viajes a través de su imperio y allanaba el camino para la acogida que recibían los frailes. Los cristianos no les resultaban ajenos, como tampoco lo eran los miembros aparentemente «extraños» de las nuevas sectas ascéticas.

La Ruta de la Seda había sido, a menudo, un refugio para los herejes que, o bien decidían marcharse, o bien se veían obligados a abandonar sus tierras natales, y esa heterogeneidad continuaba todavía. Además, a medida que la hegemonía mongola se extendía, los gobernantes del nuevo imperio se enfrentaban a un gran problema: no había suficientes mongoles para dirigir un territorio tan vasto. Para remediarlo, las élites esteparias se casaron con miembros de familias gobernantes locales, tanto hombres como mujeres, optando por utilizar las redes económicas y de poder preexistentes para estabilizar con rapidez las tierras recién conquistadas. Chinggis envió a sus hijas, en matrimonios diplomáticos, a nuevos aliados, no simplemente como peones de un gran juego, sino para gobernar y administrar por derecho propio. Pero no importaba cuántos hijos alumbraran los mongoles o cuántos casamientos concertaran; la inmensidad de su imperio requería gobernadores, burócratas, soldados e incluso generales no mongoles. La mayoría de estos extranjeros eran musulmanes; otros, cristianos nestorianos. Chinggis y sus mongoles adoraban a Tengri, el cielo eterno, pero eran conscientes de la existencia de otros dioses, y no encontraron ninguna razón para perseguir o relegar a los pueblos por culpa de su religión.

Los nestorianos eran parte de aquellos «herejes», un grupo expulsado de Bizancio en el siglo v por una disputa sobre la naturaleza de María y Jesús. Consideraban que María no era la madre de Dios, sino solo la mujer que lo había engendrado. Además, creían que la personalidad de Jesús estaba de alguna manera separada de su divinidad, había sido quizá más inspirada por Dios que realmente divina. Condenados con rotundidad por varios concilios eclesiásticos de Bizancio, se vieron obligados a desplazarse hacia el este, fuera del Imperio.

Los nestorianos continuaron su exilio y acabaron convirtiéndose en la modalidad dominante del cristianismo en Asia central y oriental. Una estela de piedra en relieve conmemora la llegada de estos heterodoxos a la capital de la China Tang, Xi'an, en el siglo VII, aunque fueron expulsados unos siglos después. Sin embargo, quinientos años más tarde podían encontrarse más o menos en todo el continente y, para entonces, los mongoles también habían llegado hasta —y conquistado— los cristianos ortodoxos y armenios. A pesar de que los propios frailes se sorprendieron al toparse con otros cristianos (si bien herejes desde su perspectiva), esto significaba que cuando los correligionarios coincidían a menudo descubrían puntos en común a pesar de sus diferencias en cuestiones doctrinarias. El viaje de los frailes es un signo de aceleración del movimiento, pero no algo totalmente nuevo.

Tampoco los reinos de Europa occidental parecían tan ajenos a los mongoles; el legado de miles de años de movimiento de pueblos e ideas había ido allanando durante mucho tiempo el camino para que los frailes acabaran en la corte del khan. Desde luego, los pormenores de la transformación geopolítica de Asia central tardaron mucho en filtrarse a Occidente, viajando de boca en boca y confundiéndose en el camino. La niebla de la guerra oscurecía los detalles e, incluso en tiempos de paz, las noticias a menudo solo contenían fragmentos de la verdad cuando por fin llegaban a oyentes lejanos.

Andando el tiempo, los europeos occidentales tuvieron conocimiento de que un nuevo ejército había conquistado grandes ciudades musulmanas y derrotado a potentes enemigos. Parece ser que oyeron hablar de cristianos que dirigían las fuerzas mongolas. La esperanza de un nuevo aliado contra la dinastía ayubí, fundada por Saladino y con sede en Egipto, floreció en Occidente. Los autores cristianos latinos —de una manera no muy diferente a como se había extendido la historia de san Guinefort— reaccionaron a todo esto acuñando la idea de un gobernante llamado Preste Juan, un sacerdote y rey al que ubicaban en algún lugar lejano del este, tal vez la India, tal vez Etiopía, que contaba con un poderoso ejército cristiano y acabaría por derrotar a los musulmanes que detentaban la ciudad de Jerusalén. El mito del Preste Juan halló fortuna en la literatura, el arte, las crónicas de guerra, en toda la cultura medieval. En el intento de revelar la verdad sagrada del Preste Juan o de forjar una alianza militar basada en la *realpolitik*, muchos fueron del oeste al este y del este al oeste. Por supuesto, el movimiento hacia el este siempre se vio afectado por el etnocentrismo europeo. Como ha demostrado la estudiosa Sierra Lomuto, los viajeros procedentes de Europa nunca fueron observadores neutrales, ya que llegaban a Oriente cuestionando —en realidad, dudando de— la humanidad fundamental de aquellos a los que se encontraban e insistiendo en su propia superioridad racial. Esperaban descubrir un espejo de sí mismos en sus destinos y despreciaban a los que hallaban diferentes.

Los frailes viajaron hacia el oeste una vez que se constató que Europa no iba a sufrir invasiones mongolas. Algo que no tuvo nada que ver con las actuaciones de los propios europeos y sí con la política interna de los mongoles (y con las dimensiones de Asia). Chinggis murió en 1227 y le sucedió su hijo Ögedei, que había sido designado como su heredero. Los mongoles volvieron a arrasar el oeste, pero esta vez como un pueblo fracturado. El nuevo gobernante estableció su capital en Karakorum, en la principal ruta migratoria mongola, pero, en las generaciones que le sucedieron, los hijos, hijas, nietos y otros familiares y parientes políticos de Chinggis se repartieron los territorios conquistados y el imperio comenzó a fragmentarse en principados más o menos independientes (khanatos). Desde la perspectiva de los gobernantes de Karakorum, tal evolución no era del todo inoportuna. La gran extensión de los reinos mongoles requería autonomía, incluso pese a que los gobernantes ampliaron la red de estaciones de postas, para mejorar la comunicación.

Puede que los europeos no conocieran toda esa política interna, pero sí sabían que tenían problemas. Batu Khan, nieto de Temujin, dirigió un gran ejército hacia las tierras de la Rus de Kiev en 1237 y acabó por derrocar a los principados eslavos, que nunca lograron unirse para hacerle frente. Luego, los mongoles dirigieron su atención hacia el oeste; en 1241, dos ejércitos distintos invadieron y obtuvieron importantes victorias en Polonia y Hungría, alcanzaron Zagreb y llegaron a sopesar la posibilidad de un asalto a Viena. Pero tal ataque nunca se produjo. Ögedei murió, al parecer por su excesiva afición al vino, y la noticia de su muerte viajó rápidamente por las rutas de postas, hasta los ejércitos de Europa. Los descendientes de Chinggis se dieron la vuelta rumbo a Karakorum, donde participarían en la elección del siguiente Gran Khan.

Los cristianos de toda Europa dieron las gracias por su salvación. Luego, las misiones religiosas, mercantiles y diplomáticas partieron hacia el este, aprovechando la infraestructura de carreteras y puestos comerciales implantada por los propios mongoles. Los franciscanos y las élites que los apadrinaban deseaban emprender tales misiones; después de todo, eran una orden que viajaba y soportaba dificultades físicas, modelándose a sí misma a imagen de san Francisco, que había ido a predicar al sultán de Egipto.

El papa Inocencio IV envió a fray Juan de Plano Carpini en misión diplomática y religiosa a los mongoles, en 1245. Los frailes llevaban bulas papales que instruían al khan en la doctrina cristiana básica, advirtiéndole de que, si no se convertía y se arrepentía de sus pecados contra las poblaciones cristianas que habían sufrido las depredaciones de los mongoles, Dios seguramente le haría caer a él y a su imperio. Y la advertencia tuvo los resultados que cabría esperar. El Gran Khan Güyük (hijo de Ögedei) señaló: «Desde la salida del sol hasta su puesta, todas las tierras me han sido sometidas. ¿Quién podría hacer algo así en contra del mandato de Dios?». De modo que, bien al contrario, ordenó que el papa se sometiera a él, que acudiera a su presencia y se pusiera a su servicio: «Si ignoras mi orden —auguró—, te consideraré mi enemigo. Te haré entender que, si me contravienes, Dios sabe lo que haré». Estaba claro que hablaban el mismo lenguaje diplomático, aunque discreparan sobre quién de los dos era más importante.

Aun así, el viaje no fue inútil desde el punto de vista de los cristianos. Fray Juan fue testigo de la elevación formal del khan al poder y aumentó su conocimiento del Estado mongol. Él y sus compañeros hallaron en el camino a otros correligionarios y aprendieron algo sobre el cristianismo global, como la abundante presencia de nestorianos viviendo cómodamente por toda Asia. Y descubrió formas de comunicarse a pesar de las diferencias lingüísticas. De hecho, la variedad en este sentido resultó asombrosa, ya que la gente hablaba latín, italiano, griego, árabe, persa, diversas variantes del turco y mongol (que para entonces ya no era una lengua exclusivamente oral, gracias al uso de la escritura turca uigur). La gente casi siempre se expresó en más de una lengua durante las Edades Brillantes, pero la hegemonía mongola sobre Asia y parte de Europa reforzó los lazos culturales, lingüísticos y económicos entre continentes ya conectados, haciendo más fácil —y necesario— encontrar posibles traductores.

La propia embajada del rey Luis IX a los mongoles partió apenas unos años después de la del papa, enviada tras un desastre militar en Egipto, desastre que muestra una vez más las continuas conexiones entre Asia central y el mundo mediterráneo. Luego de que Luis quemara el Talmud y llevara las reliquias de Jesús a su capilla privada, entró en guerra, proclamando su deseo de conquistar Jerusalén. Al igual que antes, estos arrebatos de piedad militante, dirigidos en primera instancia contra los musulmanes, se tradujeron a menudo en violencia y persecución estatal de los judíos europeos. Mientras se preparaba para una campaña en Egipto, prohibió el préstamo de dinero con intereses, calificándolo de usura, y ordenó la confiscación de propiedades hebreas para enriquecer a la Corona (no está claro hasta qué punto se cumplió esta orden). En teoría, esos esfuerzos debían promover la conversión de los judíos al cristianismo, lo que no era más que una de las muchas fantasías de conversión masiva dirigidas a judíos, musulmanes y politeístas de la estepa. En la práctica, sentaron las bases para la futura expulsión de los judíos de Francia a principios del siglo XIV.

Concluida la construcción de la Sainte-Chapelle en 1248, la actividad arquitectónica dio paso a la expedición militar. La campaña de Luis en Egipto comenzó de forma prometedora con la toma de Damieta, un importante puerto en el Mediterráneo, en el verano de 1249. Pero se convirtió con rapidez en un desastre para los cristianos y sus aliados. El clima de Egipto era caluroso y las tropas, propensas a las enfermedades. Al remontar el Nilo hacia El Cairo, las huestes de Luis vieron obstaculizado su avance por la crecida anual del gran río. Un viaje de semanas se convirtió en otro de meses, y durante todo ese tiempo se vieron acosados por los asaltantes locales. Mientras tanto, el sultán al-Malik, gobernante de la dinastía ayubí fundada por Saladino, había muerto, pero su esposa Shajar al-Durr lo mantenía en secreto.

Aquí es donde la estepa asiática llega a Egipto: Shajar al-Durr era turca, de niña había sido esclavizada y conducida al país del Nilo, donde acabó convirtiéndose en concubina del califa. Aprovechó el periodo que siguió a la muerte de al-Malik para ganarse la lealtad de los soldados turcos que, como ella, habían sido llevados a Egipto como esclavos. Este uso de esclavos (o personas previamente esclavizadas, convertidas al islam y luego emancipadas) como tropa leal era una pauta común en varias sociedades musulmanas de la época; no obstante, siempre existía el riesgo de que llegasen a formar un grupo cohesionado, independiente y a menudo deseoso de poder. Los soldados-esclavos turcos habían arrebatado el gobierno a los califas abasíes en siglos anteriores, y ahora estos mamelucos se apoderarían de Egipto. Shajar al-Durr convocó al hijo que había tenido con el sultán, Turanshah, y falsificó un documento que lo proclamaba heredero. Los mamelucos respaldaron su estrategia; estaban unificados y preparados para enfrentarse a Luis IX.

Mientras tanto, el ejército de Luis avanzó lentamente hasta llegar a la ciudad de Al Mansourah. Un general mameluco llamado Baibars al-Bunduqdar —un hombre que acabaría conquistando toda la región— ideó el plan de abrir las puertas con la esperanza de que los franceses pensaran que no estaba defendida. Los franceses entraron a caballo y, cuando los mamelucos los atacaron, el ejército cristiano quedó deshecho. Turanshah en persona tomó el mando y se proclamó públicamente sultán. Unas semanas más tarde, Luis IX y sus hermanos fueron capturados y obligados a entregar Damieta, así como a pagar un cuantioso rescate. Humillado, el rey francés se dirigió desde allí a los asentamientos cristianos latinos que quedaban en la costa oriental del Mediterráneo.

Después de aquel fracaso, mientras trabajaba para apuntalar las defensas de lo que quedaba de la tierra santa cristiana, el rey Luis dirigió su atención hacia el este, preguntándose si los mongoles podrían ser aliados potenciales, preguntándose si el Preste Juan habría llegado por fin. Pero, aunque los misioneros regresaron a casa, proporcionando ricos detalles etnográficos, la era de las grandes expediciones militares desde el oeste para conquistar Egipto o Jerusalén había terminado.

Obsérvese el movimiento: de París a El Cairo y a Karakorum. Los ejércitos mongoles marchando a través de Asia, la esclavitud y la migración forzada de niños turcos a los mercados de esclavos en ciudades muy alejadas de sus posesiones meridionales, los judíos preparándose para dejar Francia hacia España y el norte de África, los objetos sagrados desfilando hacia el oeste desde Constantinopla, un fraile sin zapatos caminando hacia el este. Todo ello acompañado de un flujo cotidiano e incesante de bienes de lujo a través de largas distancias, así como de alimentos, especialmente cereales, transportados desde el interior hasta los mercados exteriores. Pero nada de esto era totalmente nuevo. La gente y las cosas se han desplazado a lo largo de todas esas rutas durante toda la Edad Media. Los mongoles y los mamelucos, los reyes y los papas aportaron una aceleración a los vectores de permeabilidad existentes desde tiempo atrás.

EL FINAL DE LAS GRANDES INVASIONES mongolas arroja todavía más luz sobre las conexiones entre regiones y religiones. Hülegü, hermano de Möngke y gobernante del Iljanato —la zona persa— del imperio mongol, destrozó fortalezas en Irán, saqueó Bagdad en 1258 y luego volvió a centrar su atención en cuestiones sucesorias, al morir Möngke. En su ausencia, el ejército mongol se enfrentó a tropas mamelucas en 1260 en el denominado «manantial de Goliat», o Ain Jalut. Allí, casi por primera vez, el avance mongol fracasó. El general de ese ejército mameluco era Baibars, que pronto se convertiría en el nuevo sultán. Había presenciado la muerte de sus padres a manos de los mongoles y fue capturado, esclavizado y vendido en los mercados de Anatolia. Ahora, iba a hacerse con el control firme del extremo sureste del Mediterráneo, acabando definitivamente con la presencia de los cristianos latinos en el este, al tomar la ciudad de Acre en 1291.

Con el final de las grandes campañas llegó la estabilización de las fronteras. Los líderes mongoles, al casarse con familias de la élite local, comenzaron a convertirse al islam. Muchos dependían del acceso a los centros de producción de China para su riqueza, por lo que estaban profundamente comprometidos con el mantenimiento de la libre circulación del comercio y de los pueblos. Las mercancías y las ideas iban en todas direcciones, no solo las misiones de Occidente y la seda de Oriente. Por ejemplo, a partir de la década de 1260, un sacerdote nestoriano llamado Rabban —'maestro'— Bar Swama abandonó la zona cercana a la actual Pekín y se embarcó en una peregrinación a Jerusalén que se convirtió en un extenso periplo que le llevó a través de Asia Central a Bagdad, Constantinopla, Roma y de nuevo a Bagdad. Al igual que otros religiosos viajeros, no solo buscaba conversos; también desempeñaba un papel diplomático, esforzándose por crear una alianza militar eficaz para sus gobernantes mongoles en Persia, con los reyes de Occidente, con el fin de atacar a los mamelucos. Como en todas las acciones de este tipo, la logística y los objetivos a veces contradictorios de las distintas partes implicadas hicieron imposible una alianza efectiva. Concluidos sus viajes, el final de su vida transcurrió en Bagdad, donde escribió sobre lo que había visto. Es posible que se cruzara con Marco Polo, un mercader veneciano que pasó décadas en China sirviendo como funcionario de Kublai Khan, otro nieto de Chinggis. Años después de su experiencia, Polo supuestamente contó su historia a un escritor de romances medievales, un hombre llamado Rusticello, mientras el veneciano estaba bajo arresto domiciliario en la ciudad rival de Génova. Gran parte de su relato es creíble, lo que no quiere decir que sea cierto. Al fin y al cabo, la dinastía mongola de China convocaba a extranjeros de toda Eurasia para que sirvieran en su corte, con el fin de evitar que las élites chinas se rebelaran.

En cualquier caso, las ediciones de los viajes de Marco Polo se difundieron rápidamente, se tradujeron a multitud de lenguas y, como mínimo, reflejan el interés y los conocimientos europeos sobre Asia, además de constituir un ejemplo de la actividad viajera de los habitantes del continente hacia Oriente. Lo mismo puede decirse de la misión de Rabban Bar Swama o de la esclavitud de Shajar al-Durr. La gente se desplazaba. No obstante, son pocas las pruebas de ello que han llegado hasta nosotros, una sola gota en un torrente de viajes a lo largo del vibrante siglo de la dominación mongola sobre Eurasia.

Cuando la gente se desplaza, lo hace la humanidad en su conjunto, pues los cuerpos son vectores de cultura, lengua y, como queda dicho, enfermedades. Y en algún momento del siglo XIII, una bacteria llamada *Yersinia pestis* saltó del animal al ser humano, se transformó y mutó, y corrió por la estepa. Esta bacteria, causante de la peste negra, acabaría por reconfigurar todo el mundo medieval.

Capítulo 16

Velas silentes y estrellas fugaces

En la ciudad de Siena, según un ciudadano de profesión zapatero llamado Agnolo di Tura, la «mortandad» (la peste negra) comenzó en mayo de 1348. Llegó de forma repentina y terrible. Las familias se rompieron cuando las gentes intentaron poner en cuarentena a los infectados, pero la peste siguió propagándose, avanzando gracias al «mal aliento» o incluso a veces por el contacto entre miradas. Los muertos yacían insepultos en sus casas y en la calle. Nadie se molestaba en tocar las campanas de las iglesias para llorar por los fallecidos. La ciudad comenzó a abrir fosas comunes en las que se arrojaba a las víctimas. Cada día se cavaban más.

Agnolo calculó que unas ochenta mil personas murieron en Siena en pocos meses, apenas quedaron diez mil en la ciudad. Los objetos de valor se acumulaban en las calles, no había nadie para recogerlos y a nadie le importaban ya. El mundo se había vuelto del revés, y las posesiones materiales ya no eran valiosas ni, en muchos casos, necesarias. Cuando la peste empezó a remitir, Agnolo concluyó: «Ahora nadie sabe cómo poner su vida en orden».

No podemos confiar del todo en las cifras de Agnolo (los datos de los cronistas medievales son notoriamente poco fiables, y las estimaciones modernas sugieren que el número de muertos fue inferior a ese ochenta y nueve por ciento que él sugirió), pero, al menos, transmiten una idea de lo que vio: una muerte masiva a una escala sin precedentes y un mundo transformado, con un futuro incierto. Incluso una década más tarde, cuando la peste negra se prolongaba y reaparecía por momentos (como la mayoría de las pandemias), la gente no estaba segura de lo que acababa de suceder y, más importante aún, de lo que significaba todo aquello.

Jean de Venette, un fraile que escribía en París hacia 1360, también había sido testigo de un mundo devastado. Sin embargo, según escribió, el mundo parecía repoblarse, y las mujeres solían tener gemelos o trillizos. «Pero lo más asombroso —añadía—era que los niños nacidos después de la mortandad... por lo normal solo tenían veinte o veintidós dientes en la boca, cuando antes de ese momento los niños en el curso normal de los acontecimientos tenían treinta y dos dientes». Jean se preguntaba en voz alta qué podía significar aquello, y concluía vacilante que el mundo había entrado en una nueva era.

También aquí debemos tener cuidado con lo que nos cuenta Jean. Es obvio que la fisiología humana no había cambiado; los adultos tienen treinta y dos dientes, mientras que los niños tienen veinte (y siempre ha sido así). La afirmación de Jean tenía que ver en buena medida con la cuestión del principio de autoridad; el pensador de la Grecia antigua Galeno, muy leído durante toda la Edad Media europea por cuantos se interesaban en la disciplina médica, había afirmado que todas las personas tenían treinta y dos dientes. Pero quizá lo más importante sea considerar la verdadera intención de Jean: el fraile pretendía lanzar la advertencia de que el mundo había experimentado la ira de Dios en forma de plaga, luego fue perdonado y se le concedió otra oportunidad, que los humanos estaban desperdiciando. Según Jean, Dios había cambiado incluso la constitución física del hombre. Eso era una señal.

Lo anterior no implica, por supuesto, que las gentes medievales no fueran conscientes del mundo que les rodeaba, que la peste negra fuera lo que por primera vez les hizo prestar atención a sus vecinos, que del mugriento montón de cadáveres surgiera un renacimiento. Las cosas no fueron en absoluto así. Pero lo que sí es cierto es que la plaga cambió el mundo. La naturaleza global de la pandemia —un acontecimiento con el que estamos demasiado familiarizados en el siglo XXI— tuvo efectos generalizados a corto y largo plazo que trascienden las líneas, a veces demasiado nítidas, que solemos trazar entre religión, política, economía, cultura y sociedad. Fue una enfermedad que afectó a tres continentes, se mantuvo endémica en algunas zonas durante quinientos o seiscientos años y mató a cientos de millones de personas. Ahora bien, esta letalidad de la peste negra fue resultado de lo que había ocurrido antes; todas las sociedades sufren las consecuencias de sus historias, y las Edades Brillantes no fueron distintas en este sentido.

RECIENTEMENTE HEMOS ASISTIDO A UNA REVOLUCIÓN en los estudios sobre la plaga que nos ocupa, impulsada por una aproximación diferente a lo que estos novedosos enfoques denominan la segunda pandemia de peste (la Peste de Justiniano, de los siglos VI al VIII, habría sido la «primera»). Gracias al trabajo de arqueólogos, como los que excavaron el cementerio de la peste de East Smithfield, de Londres, y los genetistas que han rastreado el ADN antiguo (ADNa) de la enfermedad, los historiadores tienen una idea mucho más clara del carácter destructor global que tuvo.

Como la mayoría de las pandemias, esta comenzó como una propagación accidental, cuando una bacteria relativamente benigna saltó de los animales a los humanos. Hace tiempo que entendimos esa parte del proceso. Los investigadores han tendido a considerar la peste negra como algo limitado a los años 1347-1350, cuyo origen podría situarse en algún punto de la Ruta de la Seda y que habría experimentado transmisiones transasiáticas y norteafricanas en las décadas anteriores y posteriores al periodo señalado. Gracias al trabajo de muchos estudiosos en muchos campos, y especialmente el de Monica H. Green, historiadora de la ciencia y la medicina, hemos tenido la oportunidad de escribir un relato completamente nuevo.

Ahora sabemos que, cuando Jean de Venette tuvo su revelación sobre el número de dientes en la boca de una persona, una cepa mutada de *Yersinia pestis* llevaba matando probablemente cerca de ciento cincuenta años; con casi total seguridad la enfermedad había viajado alrededor de siete mil kilómetros desde su lugar de origen, y la cepa que golpeó a Europa fue solo una de sus muchas mutaciones recientes. Seguiría acabando con la vida de la gente en Europa, a lo largo del Mediterráneo, en el África subsahariana (quizá a través de una variante diferente) y por toda Asia aún durante quinientos años, lo que demuestra que, antes de las vacunas, las enfermedades nunca desaparecían sin más.

Aunque los estudiosos han hablado durante mucho tiempo de diferentes «tipos» de peste en esa época —bubónica, neumónica, septicémica—, en realidad solo hay una, y los tres términos se refieren a diferentes manifestaciones sintomáticas de la citada *Yersinia pestis*. La peste bubónica, famosa por la inflamación de los ganglios linfáticos, comienza con la picadura de una pulga o garrapata infectada. Si la infección llega al torrente sanguíneo, en ausencia de antibióticos, entre el cuarenta y el sesenta por ciento de los enfermos mueren en el plazo de una semana, de peste septicémica. La peste neumónica se produce cuando se inhala la bacteria. La muerte llega entonces más rápidamente, en solo un par de días.

En el pasado, solíamos culpar a las ratas de la propagación de la peste, o más concretamente a las ratas y a los barcos, al considerar que la bacteria se alojaba en el intestino de una pulga o una garrapata que, a su vez, se encontraba en el lomo de una rata, alojada, por su parte, en los barcos mercantes europeos (sobre todo italianos) que viajaban desde el mar Negro a Europa. Las pulgas, las ratas, la gente..., todo facilitó la propagación de la enfermedad. Algo de eso aún se sostiene. Las ratas eran, casi con toda seguridad, un vector para transportar las garrapatas hasta sus huéspedes finales, y un mundo comercial interconectado seguramente ayudó a la extensión de la enfermedad. Sin embargo, el salto de los animales a los seres humanos parece haberse producido por primera vez a partir de la marmota peluda, cazada tanto por su carne como por su piel, en algún lugar del actual Kirguistán o del noroeste de China, en algún momento posterior a 1200. Desde allí, transportada por los caballos, la ropa, los carros de grano y los cuerpos de los mongoles, la plaga se extendió hacia el exterior.

Durante el siglo XIII se difundió en China, tal vez en las costas orientales del mar Negro y probablemente en Bagdad y, más al oeste, hacia Siria. En la siguiente centuria siguió avanzando por China, arribó al sur de Europa y se desplazó hacia el norte en pocos años, recorrió el norte de África e incluso parece haber cruzado el Sáhara, alcanzando lo que hoy es Nigeria en el oeste y Etiopía en el este. En el siglo XV se produjo otra oleada que llevó la peste negra más al sur, hasta la actual Kenia, pero también a la península arábiga y a Europa central. A partir de ahí, siguió siendo endémica en toda Europa, África y Asia hasta al menos el siglo XIX, subsistiendo en «reservorios» ocultos en los lomos de todo tipo de roedores peludos y saltando periódicamente a los humanos para devastar amplias poblaciones.

Por supuesto, aunque las pestilencias no le fuesen ajenas, el mundo premoderno no conocía las bacterias y estaba del todo perplejo ante lo que estaba sucediendo. Las reacciones de las gentes son instructivas y no solo por sus similitudes, sino por la forma en que se enfrentaban a este desastre. Uno de los mitos más persistentes de las Edades Oscuras es que no había ciencia, que la superstición gobernaba. Pero ese es un argumento de mala fe, una lectura cínica y condescendiente de personas y fuentes que no tienen el conocimiento acumulado de setecientos años más de historia. Puede que los observadores de China, Siria, España o Francia no hayan acertado (¡ni de lejos!), pero las fuentes de las que disponemos revelan una comprensión de cómo se propagó la enfermedad, de la importancia de las medidas preventivas para el bien de la sociedad y de cómo los medievales trabajaron para dar sentido al desastre.

En la primera mitad del siglo XIV, un observador de Alepo, en Siria, informó de que la peste se había extendido desde el río Indo hasta el Nilo, sin perdonar a nadie. El autor pensaba que la causa era clara: la enfermedad era la recompensa de Dios para los creyentes (a los que habría convertido en mártires) y el castigo para los infieles. Otros observadores islámicos, como un médico del sur de España llamado Ibn Khātima, que se inspiraba tanto en los escritos de médicos musulmanes como en los antiguos —Hipócrates y Galeno—, comprobaron cómo la peste pasaba rápidamente de los infectados a los no infectados, y cómo el aire fresco y circulante mejoraba la lucha contra su propagación, al igual que el lavado de manos. En última instancia, Ibn Khātima también tuvo que llegar a la conclusión de que Dios, como juez definitivo, decidiría quién se infectaría y quién escaparía.

Las autoridades cristianas europeas respondieron de forma similar a sus homólogos chinos e islámicos. Los médicos y las facultades de Medicina de varias universidades achacaron la causa última de la enfermedad a Dios, pero también sospecharon del «aire envenenado» que se podía inhalar. En su libro *Gran Cirugía*, el médico papal Guy de Chauliac buscó, como sus homólogos, precedentes en obras históricas, sin hallar ninguno. También él concluyó que la causa última del mal era el aire envenenado (la transmisión por el aire de algún patógeno invisible a simple vista, un terror familiar en la era de la COVID), que a su vez perturbaba los fluidos internos de la humanidad. Al intentar expulsar esos fluidos envenenados, el cuerpo los empujaba hacia el exterior, provocando la hinchazón de los bubones en las axilas y las ingles. Por tanto, una vez más, las sangrías y los purgantes eran los mejores tratamientos para los ya infectados. Pocos de los remedios mencionados aquí curaron realmente la enfermedad, pero resultan interesantes porque informan sobre cómo resolvían el problema las gentes: sus premisas eran erróneas —no disponían de la teoría de los gérmenes, por supuesto—, pero, aun así, se las arreglaron para describir eficazmente cómo se movía la bacteria.

Las cifras son muy difíciles de precisar en el mundo medieval, pero es absolutamente incuestionable que la peste negra resultó catastrófica. Tras la aparición del primer brote, China perdió alrededor de un tercio de su población (unos cuarenta millones). En Europa, en solo sesenta años, entre 1340 y 1400 aproximadamente, las muertes podrían haber supuesto entre un cincuenta y un sesenta por ciento del total de habitantes del continente. En el mundo islámico, tanto en lo que hoy es Oriente Medio como en el norte de África, investigaciones recientes estiman que las tasas de mortalidad eran más o menos las mismas que en otros lugares: en general, alrededor del cuarenta por ciento de la población, con cifras a menudo mucho más altas en las zonas urbanas, de alta densidad.

Pero, más allá de los números, las fuentes de que disponemos apuntan a la angustia permanente experimentada por quienes
vivieron la pandemia. Agnolo di Tura, a quien conocimos al principio del capítulo, se lamentaba de haber enterrado a cinco de sus
hijos con sus propias manos y de que ya nadie se dolía, porque la
muerte estaba en todas partes. Aunque escribió a principios del
siglo xv, Ibn Alī al-Maqrīzī se hizo eco de Agnolo al recordar que
habían muerto tantas personas en El Cairo que la ciudad se había
convertido en «un desierto abandonado». El autor medieval italiano Giovanni Boccaccio relató en su *Decamerón* que la peste se extendía «con la rapidez de un fuego que corre a través de las sustancias
secas o aceitosas que se ponen a su alcance». Tal percepción coincidía con la realidad, continuaba Boccaccio, ya que parecía que los
médicos y sus medicinas eran impotentes contra ella.

Pero los médicos no eran, por supuesto, los únicos sanado-
res en la Edad Media. La Facultad de Medicina de la Universidad
de París, a la que el rey de Francia pidió opinión, pensó que el
aire envenenado (de nuevo, un patógeno invisible) era la causa
última de la enfermedad y que los médicos debían ser, sin lugar a
duda, consultados para ayudar a curar a los enfermos. Sin embargo,
también advirtieron al rey de que los sacerdotes desempeñaban
un papel más importante. Dios castigaba a los pecadores, y ese
pecado se manifestaba exteriormente en la enfermedad física; Él
podía eliminar la enfermedad de la tierra si su pueblo actuaba de
manera adecuada.

Como hemos visto una y otra vez, la religión proporcionó a las gentes medievales —lo mismo que a las modernas— un
marco mediante el que explicar la realidad. Para los monoteístas
del ámbito mediterráneo, limpiar el mundo de pecado era, en
cierto modo, más fácil de conceptualizar que librar al mundo de los
vapores invisibles. Al fin y al cabo, lo habían intentado varias veces,

y los cánones del IV Concilio de Letrán son un ejemplo patente. Además, existían muchos rituales y prácticas en los que podían confiar, tradiciones de respuestas anteriores a la peste —como la procesión de Gregorio Magno en Roma contra la antes mencionada primera pandemia— que tal vez ayudaran ahora. Las acciones de los líderes religiosos sirvieron de modelo, y hay muchos ejemplos de sacerdotes, rabinos e imanes que permanecieron en sus comunidades, ofreciendo el consuelo que podían a los afligidos. A menudo servían junto a los médicos y promovían la caridad hacia los enfermos, así como la oración, la peregrinación y el sacrificio para aplacar a un Dios iracundo. Se invocaba a los santos para que volvieran a actuar como protectores de sus devotos seguidores, se recogían donaciones caritativas y a veces se organizaban ayunos para extirpar las tentaciones corporales. Todo esto, por supuesto, podía hacerse con moderación o llevarse a los extremos.

Ante una crisis, el recurso a medidas extremas es siempre una tentación. La peste negra no fue diferente. En Europa, los llamados flagelantes (del latín *flagellum*, que significa 'látigo' o 'azote') hicieron honor a su nombre. Aunque tuvieron una existencia relativamente corta y se limitaron sobre todo a Renania y los Países Bajos, estos grupos de cristianos viajaban de ciudad en ciudad azotándose literalmente, realizando una especie de martirio público al dañar sus cuerpos, pidiendo que Dios advirtiese su sufrimiento voluntario y reconociera su arrepentimiento y eliminara la peste del mundo. Aunque a menudo estaban compuestos por laicos, estos colectivos de flagelantes también podían incluir a eclesiásticos que se reunían para convertirse en una comunidad errante, dirigiendo su ira contra los magistrados y sacerdotes locales que, supuestamente, no hacían lo suficiente para gobernar bien sus ciudades y pueblos. Un monje de Tournai, en la Bélgica moderna, describió cómo la llegada de los flagelantes (comandados por un fraile dominico) atrajo a una gran multitud que observaba su procesión y la autoflagelación masiva en la plaza del pueblo. Luego siguió un sermón que dirigió las iras contra los franciscanos —a los que calificaba de «escorpiones y Anticristo»— y los sacerdotes, reafirmando que las acciones de los flagelantes eran más meritorias que cualquier otro acto «aparte del derramamiento de la sangre de nuestro Salvador». No es de extrañar que discursos como este alejaran a mucha gente de los templos y provocaran un desorden general.

En efecto, los flagelantes rechazaban el canon 1 del IV Concilio de Letrán, la idea de que las estructuras y los rituales de la Iglesia eran el único camino para la salvación. Por ello, el observador monacal se horrorizó y se apresuró a informar de que tanto el rey de Francia como el papa condenaban aquellas prácticas. Pero hay otro punto importante en todo esto. Parte del tema del sermón del dominico era proselitista, por supuesto, sostenía que los flagelantes constituían una «mejor» salida para la religiosidad, pero también usaba la táctica del chivo expiatorio, algo probablemente indicativo de la omnipresencia del anticlericalismo tardomedieval que vimos con los herejes de siglos atrás. Las formas tradicionales de ayuda habían fracasado y por eso buscaban algo nuevo. Todas las estructuras de autoridad, en este caso manifestadas en la desafección a la Iglesia, se exacerbaban en tiempos de crisis aguda.

Las crisis casi siempre recaen con más fuerza sobre las comunidades tradicionalmente marginadas. Los sistemas de violencia preexistentes, estatales o de otro tipo, se abaten sobre los más vulnerables. En toda Europa, los enfermos de larga duración y los judíos fueron señalados como culpables y sometidos a una violencia espantosa. La idea de que la peste era, como hemos visto, una especie de «aire envenenado», llevó a grupos de cristianos a señalar a los judíos como responsables, afirmando que habían envenenado pozos o alimentos para vengarse de la mayoría cristiana; sin tener en cuenta que, por supuesto, ellos sufrían y morían junto a sus vecinos cristianos. Estas acusaciones contra los judíos florecieron a partir de un germen más largo y profundo de antijudaísmo incrustado en el tejido del propio cristianismo latino. El papa Clemente VI actuó para tratar de proteger a los hebreos de la persecución extrajudicial en toda Europa, pero su bula prohibiendo a los cristianos dañar a los judíos, «aunque detestamos justamente la perfidia de los judíos», nunca fue respetada universalmente. Su mandato parece tan solo haber trasladado esos ataques a los tribunales, donde los judíos eran a menudo procesados, juzgados sumariamente, declarados culpables y asesinados.

A principios de julio de 1348, poco después de la llegada de la peste negra, en la ciudad catalana de Tárrega los cristianos marcharon contra sus vecinos judíos y los masacraron. Las fosas comunes, excavadas en 2007, confirmaron la exactitud de los hechos descritos, revelando en los esqueletos las heridas sufridas y que algunos de los asesinados eran niños de apenas tres o cuatro años. El informe sobre los cristianos llamando «traidores» a los hebreos confirmó la motivación; lo único que estos podían haber «traicionado» en este caso era a Jesús, y tal traición, ese supuesto pecado continuo, tuvo eco en el presente de los cristianos medievales y dio lugar a decenas de fosas comunes llenas de hombres, mujeres y niños judíos. Cuando los líderes no pueden detener una crisis o deciden no hacerlo, o a veces la intensifican, los más vulnerables son demasiado a menudo abandonados a su suerte o masacrados. A mediados del siglo xiv, las élites optaron con demasiada frecuencia por las teorías conspirativas y la búsqueda de chivos expiatorios, algo que costó la vida a miles de personas.

Cuando hablamos de la peste negra, nuestro enfoque suele ser en exceso limitado. Pensamos en un continente. Pensamos en unos pocos años. Pensamos en las estadísticas. Pero si hemos aprendido algo de la pandemia más reciente del siglo XXI — todavía es una cuestión abierta— ha sido sobre los peligros de pensar de manera tan estrecha. En al menos tres continentes, a lo largo de varios cientos de años, en oleadas, la peste negra causó el sufrimiento de cientos de millones de personas, cada una de las cuales tenía una madre, un padre, quizá hijos, una pareja, amigos.

La gran mayoría de las personas que fueron enterradas en el cementerio de la peste excavado en East Smithfield, en Londres, murieron antes de cumplir los treinta y cinco años. De los aproximadamente setecientos cincuenta cuerpos recuperados, casi el treinta y tres por ciento (unos doscientos cincuenta) eran niños. La enfermedad se los llevó a todos. De los aproximadamente sesenta esqueletos de Tárrega, muchos correspondían también a niños pequeños. Aquí, sin embargo, no fue la plaga la causa de la muerte, sino la gente. Pero en todos los casos, alrededor de cada alma perdida había dolor. Se lloraba a los muertos. El lenguaje del sufrimiento que vemos en nuestras fuentes, registrado sobre vitela, sepultado en la tierra, representa el dolor a una escala que está casi más allá de nuestra comprensión. Todas nuestras fuentes, desde China hasta Siria y Francia, se esforzaron por averiguar «por qué». Miraron al pasado con confusión, miraron al cielo con asombro, se miraron unos a otros con odio, sin darse cuenta de que la verdadera causa estaba en sus propios cuerpos, prácticamente invisible.

Casi podemos remontarnos hacia atrás, invirtiendo las oleadas de la enfermedad que barrían la tierra y el mar. Los bubones que se hinchaban en las axilas y la ingle, causados por la picadura de un piojo o una pulga. La pulga saltando de una rata o un ratón u otro roedor que simplemente se había acercado demasiado, tal vez viviendo entre los humanos en una ciudad o tal vez cazado para obtener comida y pieles, en el caso de algún roedor autóctono. O quizá la bacteria de esa pulga saltó de persona a persona en el curso de las interacciones cotidianas. Pero en cualquier caso, individuos y roedores europeos que portaban las pulgas infectadas con la bacteria fueron, a su vez, infectados desde otros lugares. Llegaron en carros de grano junto a los ejércitos mongoles. Los mercaderes que se desplazaban por el Mediterráneo, navegando desde los puertos italianos a Siria, a Egipto o al mar Negro, llevaron la enfermedad consigo. Otros comerciantes la trasladaron desde Egipto y Siria a la península arábiga y, a través del mar Rojo, al África subsahariana.

La peste negra, la segunda pandemia de peste, es una de las historias de la Edad Media. Se trata de la expansión del imperio mongol, que conquistó no solo China, sino grandes partes de Oriente Medio, e incluso llegó al Danubio en Europa. Es una historia de guerra y política. Pero también de economía, de mercaderes que a veces viajaban miles de kilómetros para conectar China y Europa, que se desplazaban por el Mediterráneo y a veces por el Sáhara como algo natural.

Hace tiempo que tenemos constancia de desplazamientos a través del Sáhara antes de mediados del siglo XIV; la peregrinación de Mansa Musa (1312-37), gobernante del imperio maliense, a La Meca, en 1324, fue la más famosa. Un rey cristiano de Nubia pasó una temporada en Constantinopla a principios del siglo XIII (con planes de continuar hacia Roma y luego hacia Santiago de Compostela, en el noroeste de España), y parece que también hubo al menos una embajada de Nubia que llegó a la corte papal a comienzos de la siguiente centuria, ofreciendo a sus compañeros cristianos ayuda en la lucha contra el islam. Pero las rutas comerciales, tanto a través del Sáhara como, sobre todo, hacia el interior del océano Índico a través del Cuerno de África, eran aún más extensas. Y, con los conocimientos actuales sobre el modo en que viajaba la peste, cabe afirmar que estas rutas bien podrían explicar la evidencia arqueológica de que ciertos asentamientos en África oriental y central se despoblaron con rapidez e incluso fueron abandonados en esta época. Entre ellos se encontraban puestos de avanzada en la costa, así como posiblemente ciudades más grandes del interior, como el Gran Zimbabue —no obstante, aún falta mucha investigación—. Además, aunque escasos, algunos escritos etíopes de la época y documentos sudaneses de fechas posteriores aluden al impacto de la plaga, citando la generalización de la enfermedad y, en Etiopía, el culto nuevo a santos considerados eficaces contra ella (como san Roque) en torno al siglo xv.

Pero la enfermedad también es una historia de cultura, de cómo las comunidades empezaron a deshacerse y a unirse para afrontar la calamidad. Al final, la historia de la peste negra se desarrolla a cámara lenta, a lo largo de cientos de años, a lo largo de miles y miles de kilómetros, y nos habla del sufrimiento de cientos de millones de personas. Podemos estar de acuerdo con Jean de Venette en que, cuando la primera oleada de la pandemia retrocedió, dejó un mundo transformado. Puede que Jean se equivocara al afirmar que los seres humanos habían cambiado físicamente, pero no erraba al sostener que tenían que adaptarse a las nuevas realidades. La peste negra, en otras palabras, puede no haber sido el fin del mundo, pero fue un apocalipsis (en el sentido literal de la palabra), una revelación de una verdad oculta. La peste negra reveló que la gente siempre había entrado y salido de Europa, a través del Mediterráneo, hacia y desde Asia. La peste negra reveló que el universo mental y material de esas personas tocaba los océanos Atlántico y Pacífico. La peste negra dio lugar a un mundo posterior que comenzó a desplazar su mirada, a centrarse en diferentes puntos de luz.

Una de las teorías más extrañas sobre los orígenes de la peste negra afirmaba que la había causado una estrella. Guillermo de Nangis escribió que, en agosto de 1348,

> ... se vio una estrella muy grande y brillante en el oeste sobre París. Una vez caída la noche, mientras observábamos y nos maravillábamos enormemente, la gran estrella envió muchos haces de luz separados, y después de disparar rayos hacia el este, sobre París, se desvaneció por completo.

Esto, concluyó Guillermo, parecía presagiar una gran mortandad. La peste negra hizo que sus víctimas y sus narradores se detuviesen a observar la boca de sus vecinos, sí, pero eso nunca impidió que al mismo tiempo mantuvieran su atención en algo más grande, en cómo Dios actuaba en el mundo, en los cielos y, en palabras de varios poetas del siglo XIV, en las estrellas.

Capítulo 17

Estrellas sobre una cúpula octogonal

C orría el año 1292 y el pueblo de Florencia, es decir, «ciertos hombres buenos, comerciantes y artesanos», estaba encolerizado. Según las *Nuevas crónicas de Florencia*, escritas en el año 1300 por Giovanni Villani (muerto alrededor de 1348), comerciante de lana, banquero y parece que también contratista corrupto del gobierno, la urbe había llegado a ser «feliz en todos los aspectos» y sus habitantes, «gordos y ricos». Pero la tranquilidad trae consigo el orgullo, y el orgullo trae la envidia, por lo que los ciudadanos comenzaron a pelearse entre sí. Los magnates, las familias más grandes de Florencia, eran los peores de todos. Villani decía que, tanto en la ciudad como en el campo, estos potentados tomaban lo que querían, mataban a cualquiera que se interpusiera en su camino y dejaban a los acomodados, una especie de «clase media alta», con una única salida: hacerse con el poder.

Y así lo hicieron. El *Secondo popolo*, como lo llamó Villani, promulgó las Ordenanzas de Justicia, que elevaban a los miembros no pertenecientes a las élites de los gremios de la ciudad, limitaban los poderes de las familias más encumbradas y las excluían de los cargos más altos, castigando a los patricios por sus delitos. Luego, tras tomar el control, el *popolo* miró a su alrededor y decidió que su iglesia era demasiado pequeña para una ciudad tan rica y grandiosa. En 1296, el consejo comunal asignó fondos para el diseño inicial y la reconstrucción del edificio, y contrató a un escultor como maestro de obras. En 1300, los trabajos habían comenzado: los constructores levantaron una nueva fachada y ofrecieron al consejo un plan que declararon «magnífico».

Pero la obra se paralizó al cabo de un par de años. Estalló otra guerra civil, el rey francés y el papado se involucraron, y muchos de los gobernantes fueron asesinados o forzados a exiliarse. Entre los que huyeron de Florencia, para no volver jamás, estaba el poeta y político medieval Dante Alighieri.

Las obras de la catedral no se reanudaron hasta la década de los años treinta del siglo XIV. Para entonces, Dante había muerto en el exilio, en Rávena, y pasaría otro siglo (1436) hasta que los ciudadanos de Florencia pudieran celebrar la consagración formal de su catedral, un majestuoso edificio con una cúpula octogonal que se eleva hacia el cielo, verdaderamente, una de las grandes maravillas del llamado Renacimiento italiano. Pero, como todo en el Renacimiento italiano, la historia de la catedral florentina tiene sus cimientos, literal y figuradamente, en la Edad Media. Y esto se refiere no solo al edificio en sí, sino a los procesos y sistemas de gobierno que lo hicieron posible: es decir, la democracia.

MIENTRAS NOS DIRIGIMOS AL FINAL de las Edades Brillantes, echemos un vistazo rápido a su comienzo.

En la Alta Edad Media disminuyó la pujanza de la vida urbana en Europa occidental, pero las ciudades nunca desaparecieron por completo. A lo largo de todo el periodo medieval, las personas vivían muy cerca unas de otras, integradas en economías diversificadas, con tierras interiores que proporcionaban alimentos y otros productos agrícolas que circulaban a través de economías de mercado localizadas. Las ciudades ibéricas e italianas, algunas con orígenes que se remontaban siglos atrás, y otras, como Venecia, relativamente nuevas, siguieron existiendo a lo largo de toda la historia de la Europa occidental altomedieval. Sin embargo, a medida que se acerca el cambio de milenio, la mayor parte de esta actividad y densidad gravitó hacia el Mediterráneo oriental y, en general, hacia las costas, donde las temporadas agrícolas son más largas y los climas más templados. Este movimiento hacia el este también fue estimulado por el mundo islámico en expansión, que impulsó el desarrollo urbano y levantó nuevas ciudades de grandes dimensiones (como la Bagdad abasí del siglo VIII). Incluso en el norte, los vikingos construyeron ciudades portuarias, pequeñas para los estándares mediterráneos, pero reconocibles como tales.

Aun así, los mayores asentamientos urbanos de Europa, fuera de Bizancio, requirieron un importante desarrollo político, económico y agrícola para mantener su crecimiento durante los siglos. Los cambios en los procesos de cría de animales y las técnicas agrícolas, y un clima relativamente benigno permitieron disponer de un excedente de alimentos y la población experimentó un aumento, lo que impulsó las economías locales. A medida que estas economías se desarrollaban en algunas regiones de la Europa medieval, las autoridades políticas consideraron ventajoso ceder parte de la supervisión directa sobre estas comunidades, a cambio de los beneficios económicos que podían aportar unos asentamientos más poblados y diversificados. A partir de los siglos XI y XII, la ciudad volvió a ser uno de los rasgos nucleares del paisaje europeo occidental, un centro de vida religiosa e intelectual (sede de universidades y catedrales), así como capital de la autoridad política. Y con las ciudades tenemos a los ciudadanos, su cultura y su gobierno. Tenemos la democracia medieval.

La ciudadanía en estas urbes era un concepto formal, algo así como una categoría exclusiva, y a menudo de género, que otorgaba ciertos derechos y privilegios, pero a veces también podía extenderse informalmente a cualquier persona que viviera dentro de los límites de una localidad determinada. Así, los ciudadanos participaban en múltiples formas de comunidad superpuestas. Un habitante de una ciudad medieval podía ser ciudadano de la urbe, miembro de una parroquia concreta, integrante de una asociación benéfica voluntaria y/o de un cuerpo profesional, residente en un distrito político determinado (un barrio, por ejemplo), identificarse con una vecindad y participar en cualquier subcomunidad dentro de estas estructuras. A veces, estas asociaciones combinaban sus funciones: un gremio de un oficio específico podía realizar actividades benéficas, o un organismo fraternal semirreligioso podía existir dentro de una jerarquía parroquial. Estas comunidades semiigualitarias superpuestas desafían la noción de la sociedad medieval como algo rígidamente jerárquica o simple. La gente de entonces, al igual que la de ahora, llevaba vidas complejas y se movía con frecuencia entre comunidades diversas.

Los gremios fueron uno de los elementos definitorios de la vida urbana medieval. Los más conocidos eran los de carácter comercial o artesanal (gremios de mercaderes, de tejedores, de tenderos, etcétera), en los que personas de profesiones afines se unían para formar a nuevos miembros, pero también para establecer normas, controlar los precios, minimizar la competencia y participar en otros tipos de mediación, regulación y celebración. Las parroquias podían organizar gremios religiosos en torno a determinadas fiestas, ritos públicos o actividades benéficas. Los gremios sociales podían constituirse en torno a la vecindad, la clase social, la caridad o simplemente con el fin de asegurar la diversión bebiendo juntos. En resumen, las funciones de los gremios podían superponerse y a menudo no eran rígidamente económicas, religiosas o sociales.

Al constituirse, las comunas urbanas adquirieron la tradición de redactar estatutos y establecieron sistemas de votación especialmente singulares. En cuestiones de gobierno, podían elegir alcaldes, jueces u otros funcionarios. Los residentes de un barrio podían designar a un concejal u otro representante. Los miembros de los Ayuntamientos grandes votaban a los miembros de los Ayuntamientos pequeños. Ninguno de estos sistemas era una democracia universal: las ciudades reservaban el derecho de voto solo a los ciudadanos varones, los gremios a menudo solo a los maestros, los barrios a veces tenían requisitos basados en la riqueza y la propiedad. Sin embargo, esa clase de criterios de selección también estaban presentes en las antiguas repúblicas —Atenas, Roma— que suelen mostrársenos como los grandes modelos de los sistemas electorales modernos. Y es que no hay que olvidar que los sistemas electorales casi siempre construyen un electorado mediante la exclusión de personas, entonces como ahora. El derecho a elegir a los gobernantes siempre está celosamente guardado por quienes ya tienen el poder. En todo caso, el voto era una componente habitual de la vida urbana medieval.

Las ciudades de Italia son solo un ejemplo, pero uno importante. Grandes y pequeñas, a lo largo de las costas, con diferentes grados de supervisión por parte de los poderes imperial, papal y real, las repúblicas italianas enviaban barcos a través del Mediterráneo. Acogían a los mercaderes del extranjero y eran el medio para que las personas (no todas voluntariamente; el comercio de esclavos era una importante fuente de ingresos para algunas de ellas), los bienes y las ideas pudieran extenderse al resto de Europa. La clave es entender estas ciudades no como rarezas en el tejido de la historia europea medieval, sino como un elemento familiar. Forman parte de lo que debemos imaginar cuando oímos la palabra «medieval», tanto como un castillo en Gales, una catedral en Alemania o una granja en Islandia. Y lo anterior es válido no solo por la certeza de la conexión entre estas ciudades y el mundo medieval en su conjunto, sino porque sus formas de vida y sus sistemas de gobierno, así como las culturas materiales en las que se insertaban, no habrían parecido extrañas a un londinense, un parisino o incluso a un labrador que trabajara los campos.

Las votaciones ocupaban un lugar destacado en la vida urbana medieval, a veces para gobernar el conjunto de la ciudad, otras para organizar las estructuras locales. Los sistemas medievales de votación eran a menudo secretos e inteligentes, al parecer diseñados para limitar la creación de bloques de votos o facciones, pero, a menudo, simplemente para asegurar que los que tenían el poder lo conservaran. Aunque esto variaba según la época y el lugar, por supuesto, las zonas más rurales dependían generalmente de la nobleza para su protección, y estaban sujetas a sus caprichos económicos y sociales. Las ciudades, en cambio, gracias al poder colectivo, podían trabajar en beneficio propio o vivir enfrentamientos de facciones. La ciudad inglesa medieval de Bath y Wells, por ejemplo, tenía una corporación que agrupaba a las élites de numerosos oficios, que podían evitar otro tipo de procedimientos judiciales utilizando procesos de arbitraje internos cuando los miembros tenían desacuerdos entre ellos. Capitales como Londres o París funcionaban como la anterior, si bien tenían que negociar su relación con la Corona. En Londres, las semiélites tendían a ponerse del lado del rey en contra de la nobleza terrateniente, posición que les valió una considerable independencia y autoridad política, gracias a la concesión real en el siglo XIII.

Durante los siglos xi y xii, a medida que la nobleza buscaba hacerse con el control de estas ciudades, recelosa de sus movimientos hacia formas de autogobierno, los habitantes de las urbes se rebelaron y exigieron una creciente independencia de los gobernantes hereditarios, ya fueran señores locales o regionales. A veces, esto podía conciliarse de manera amistosa, ya que las oportunidades de obtener mayores beneficios del comercio regional y a larga distancia inducían a los reyes, duques y condes a aflojar su control sobre las ciudades a cambio de una parte de los ingresos, en forma de impuestos y peajes. Una «comuna» —un cuerpo corporativo formal compuesto por ciudadanos que determinaban cómo se gobernaría su ciudad— se podía formar pacíficamente a raíz de tal acuerdo. Pero, a medida que pasaba el tiempo y más ciudades buscaban la independencia, los líderes urbanos tenían que decidir cómo posicionar su ciudad en relación con poderes mayores como el Sacro Imperio Romano y el papado. Incluso mucho después de que la era de las revueltas comunales hubiera terminado y los sistemas democráticos de gobierno se hubieran afianzado para los siglos siguientes, la política urbana podía derivar fácilmente en una lucha armada entre facciones. En estos casos, el paso del gobierno hereditario a la democracia, o al menos a la oligarquía electiva, parecía requerir de la violencia.

Florencia, que llegó tarde al poder político, alcanzó la independencia en medio de tumultuosos conflictos entre nobles regionales, papas y emperadores. Cuando el emperador Enrique V (1111-1125) nombró a un conde leal a Alemania para que se hiciera cargo de la Toscana, los habitantes de esta región se rebelaron y acabaron dando muerte al conde en batalla y estableciendo una comuna independiente, con capital en Florencia y dirigida por un puñado de familias aristocráticas de élite. Técnicamente, seguían formando

parte del imperio, pero no respondían ante ningún noble hereditario y mantenían una relación incómoda con el emperador. Aunque
se encontraban en el interior, gracias a su posición en el ancho río
Arno podían participar en el comercio internacional y en la política
internacional, lo cual aseguró su prosperidad a lo largo del siglo xii.
Pese a que la ciudad perdió brevemente su independencia durante
las conquistas del emperador Federico Barbarroja, hacia el año 1200,
la comuna florentina había vuelto a imponer su dominio.

    Sin embargo, el imperio seguía proyectando una larga
sombra, y estas cuestiones de Estado daban lugar a luchas internas
entre las ciudades y dentro de ellas. A finales del siglo xiii, la familia
de Dante Alighieri estaba en auge en Florencia, y el propio Dante
fue el primero de su estirpe en alcanzar un rango cívico importante.
Al mismo tiempo, por desgracia para él, las principales familias de
la ciudad se dividieron en dos facciones vehementemente opuestas,
que seguían, de manera difusa, las causas papal e imperial. Una
facción apoyaba al emperador, la otra al papado, aunque, para ser
justos, es probable que este cisma fuera una excusa para la mutua
competencia de esos linajes principales por el dominio de la urbe.
En todo caso, las batallas se volvieron brutales y los florentinos
no alineados —incluido el propio Dante, al parecer— trataron de
expulsar a los peores malhechores. La facción con la que Dante se
había alineado inicialmente tomó el poder y comenzó a construir
la catedral. Pero, para 1302, el bando opuesto había regresado y
retomado el control, de modo que asesinó o envió al exilio a sus
enemigos, entre los que ahora se encontraba Dante. Si la democracia
era medieval, también lo era la intrincada política de las facciones,
la seducción, el asesinato y la pérdida.

    En sus años de exilio, en la primera parte del siglo xiv, Dante
comenzó a escribir su *Divina comedia*, un extenso poema dividido en
tres secciones, escrito en toscano (una versión vernácula del italia-

no) y centrado en la visión del propio vate en su visita al infierno, el purgatorio y el cielo. El primer canto del primer libro se abre con el poeta vagando, solo, en un bosque, en la oscuridad. Dante en el exilio. Pero levanta los ojos y ve el amanecer, y a continuación sube a una colina para buscar la luz. La obra es la culminación de siglos de evolución, un texto propio de las Edades Brillantes.

En muchos sentidos, esta búsqueda de la luz —que al final tiene éxito— es la narración medieval por excelencia, ya que es fruto de siglos de interacción transregional, del traslado de Aristóteles a Europa occidental y de su impacto en la teología cristiana, y de la comprensión medieval de la astronomía, las matemáticas y la medicina. Pero la *Divina comedia* no es una meditación teológica inerte. Dante se apoya también en un rico sentido de la historia, que incluye el nunca olvidado pasado clásico. El poeta romano Virgilio guía a Dante por el infierno y el purgatorio, y otras figuras clásicas, tanto mitológicas como reales, abundan en el texto. Asimismo, entre los «paganos virtuosos» que eluden la eterna condena, están Saladino, Avicena y Averroes (entre otros), que se sientan junto a sus homólogos clásicos. Dentro de su cosmovisión, Dante no podía permitir que los no cristianos ascendieran al cielo, pero encontró para ellos un lugar alejado del tormento eterno.

El Infierno de Dante es quizá la obra que más perdura en la imaginación moderna, estimulando y espantando a partes iguales. Sin embargo, el objetivo de esas visiones no es simplemente moralista; el poeta también ofrece una mordaz sátira política. Está enojado por su exilio, y coloca a rivales políticos y figuras religiosas contemporáneas por docenas en el infierno, y en última instancia —a través de la versión poética de sí mismo en el texto— aprende sobre la relación entre Dios y el mundo, la aplicación de la justicia, el curso de la política. La parte más profunda del infierno está reservada a los traidores. Recorriendo ese noveno círculo, Dante encuentra a los peores personajes de la política facciosa italiana: un arzobispo que acusó a su cómplice de conspirador y lo encerró junto a sus hijos para que murieran lentamente de hambre, un fraile que masacró a sus invitados en un banquete, y luego el propio Satanás con sus tres bocas royendo eternamente a Judas, Bruto y Casio. Pero en ese momento más oscuro, Dante se abre paso, escalando literalmente el cuerpo de Satanás, pasando por el centro de la tierra para emerger al otro lado y ser recibido por estrellas brillantes en lo alto. Al concluir el Infierno, a través del caos y las facciones, los pecadores y la tortura, Dante llega a una visión de luz y unidad tanto en este mundo como en el siguiente.

La *Divina comedia* en conjunto conduce hacia la *luce etterna* ('luz eterna'). El Infierno se caracteriza por su ausencia, y el paso de Dante por él le permite entender el amor divino como la fuente de la luz, originada por un manto de estrellas. El Infierno comienza con Dante en la oscuridad total, pero termina con Virgilio y él ascendiendo literalmente del Infierno para «salir una vez más bajo las estrellas». De hecho, Dante termina cada uno de los tres libros con esa palabra, «estrellas», símbolo de la esperanza divina. El Purgatorio concluye con Dante limpio, renacido y dispuesto para el Cielo, «curado de las cicatrices del invierno, perfecto, puro y listo para las estrellas». Y luego, al final del Paraíso, Dante vuelve a la tierra habiendo visto la luz eterna, su «instinto e intelecto equilibrados por igual... por el Amor que mueve el Sol y las otras estrellas». Se trata de un todo que une el conjunto de la creación, tanto la vida como el más allá. Al final, hay esperanza; siempre hay esperanza.

Esta insistente referencia a las estrellas tiene sentido cuando volvemos, aquí, al final de la Edad Media, a Rávena. Allí, en la ciudad antigua, entre sus relucientes mosaicos, el Dante del exilio habría tenido muchas oportunidades de contemplar representaciones luminiscentes de Dios y la eternidad. Se embarcó en el Infierno, pero ascendió con sus guías a través del Purgatorio y, finalmente, accedió al Paraíso. Este último, su visión del cielo, está lleno de pájaros, flores y belleza natural y, por supuesto, de luminosidad. Quizá, en Rávena, el poeta encontró la inspiración en el mismo lugar donde empezamos este libro, bajo las brillantes estrellas de Gala Placidia y entre ellas. No sabremos nunca si, en efecto, fue al mausoleo y contempló ese cielo azul y dorado, pero sí sabemos que, en un momento del Paraíso, rompió la narración para dirigirse a nosotros de manera directa: «Lector —exhorta—, levanta tus ojos conmigo para ver las altas ruedas... allí comienza a mirar con anhelo el arte de ese Maestro». Y añade: «Ahora, lector, no dejes tu banco, sino quédate a pensar... tendrás mucho deleite antes de cansarte».

Dejemos a Dante, pues, en Rávena, su última morada. Pero antes, imaginémoslo vivo y luchando por encontrar las palabras con las que describir una visión del cielo. Imaginémoslo en su propio banco, en el mausoleo vacío de Gala Placidia, contemplando un cielo azul de lapislázuli y estrellas de cristal impregnado de oro, colgadas allí por los artesanos casi mil años antes. Imaginemos a Dante recogiendo su estilo, desesperado por su exilio pero inspirado por la visión celestial, concluyendo su viaje por la eternidad con palabras sobre una luz que transitaba a través del milenio, parpadeando sobre él desde un dosel cuajado de estrellas.

Epílogo

Las edades oscuras

E n el año 1550, en el reino de Castilla, en la ciudad de Valladolid, una gran multitud se congregó en la catedral para escuchar un debate sobre lo que significaba ser humano. El tema en cuestión era, más concretamente, qué —no «quiénes»— eran los nativos del llamado Nuevo Mundo y, por extensión, qué derechos tenían sobre ellos los monarcas de España y sus terratenientes colonizadores. En el bando de los terratenientes estaba un destacado humanista, Juan Ginés de Sepúlveda, devoto seguidor del nuevo saber griego, versado en Aristóteles, que se adhería al objetivo de romper con la oscuridad del mundo medieval y restaurar la luz de la Antigüedad. Frente a él estaba un fraile dominico, de una orden religiosa nacida en el crisol de la Inquisición y la cruzada, Bartolomé de las Casas, él mismo antiguo terrateniente en el Nuevo Mundo, pero ahora convertido y empapado de la mejor formación eclesiástica «medieval» disponible.

Sepúlveda sostenía que el poder español tenía un alcance casi ilimitado en las Américas porque, siguiendo a Aristóteles, los nativos eran «bárbaros» que no conocían la civilización. Su inferior capacidad racional, según Sepúlveda, se manifestaba en su demoniaco paganismo y justificaba su conquista, pacificación y, en última instancia, su conversión. El padre De las Casas, sin embargo, pensaba que esto era brutal, injustificado e ilegal. Invocando la convivencia, el fraile argumentó que los pueblos indígenas de América eran politeístas, sí, pero eso no los diferenciaba (a ojos de los cristianos) de los musulmanes y judíos de Europa y, por tanto, tenían el mismo derecho a vivir en paz que cualquier otro. De hecho, continuó, tratar de convertir a los nativos por la fuerza condenaría no solo sus almas, sino también las de los españoles. La conversión al cristianismo (que Bartolomé de las Casas apoyaba) debía hacerse solo mediante la predicación pacífica.

El debate en sí, celebrado ante un consejo de teólogos y representantes del rey, terminó técnicamente sin resolución. No se ofreció ningún juicio formal. A corto plazo, Bartolomé de las Casas pareció haber ganado. La Corona española amplió su supervisión directa sobre los terratenientes y se responsabilizó del bienestar de los nativos, limitando muchos de los abusos sufridos. Pero a la larga, Sepúlveda debe considerarse como el vencedor final. El papel de los frailes en la defensa de los nativos fue lentamente anulado y los terratenientes ampliaron su poder a costa de la población indígena. Y lo que es más importante, en el siglo XVI, se impuso en Europa la definición de «barbarie» de Aristóteles, desplegada por católicos y protestantes unos contra otros en las guerras de Religión, justificando la violencia estatal contra los nativos de las Américas, así como la de unos contra otros.

Se trataba de un debate, en el fondo, sobre lo medieval frente a lo moderno, sobre la religión frente al laicismo. Sepúlveda era el laicista moderno, que utilizaba a Aristóteles y la ley natural para el Estado centralizador y el «progreso» para justificar la colonización, la violencia y la opresión. Pero el que defendía la paz, la tolerancia, era el padre Bartolomé de las Casas, el religioso medieval. Aunque él no lo supiera en ese momento, estaba argumentando a favor de un mundo perdido, de unas Edades Brillantes ya eclipsadas.

Este resultado del debate en Valladolid en 1550, quizá mejor que cualquier otro momento, significa el triunfo de la modernidad. La complejidad del mundo europeo medieval, todas sus posibilidades, todos sus horrores y todas sus esperanzas se derrumbaron sobre sí mismos en una iglesia, frente a los teólogos, en nombre de un emperador del Sacro Imperio Romano, mientras debatían sobre un mundo que apenas sesenta años antes había estado más allá de su imaginación.

Si bien cabe afirmar que las Edades Brillantes quizá terminaron a mediados del siglo xvi, su declive puede remontarse mucho tiempo atrás. Los periodos históricos, por supuesto, nunca «comienzan» ni «concluyen» sumariamente, pero los cambios acumulados empiezan a pesar en nuestro análisis y en algún momento se hace evidente que las cosas son cualitativamente diferentes de lo que había antes. En la década de 1370, alguien al menos —el poeta Petrarca— estaba tan seguro de que su propio tiempo acababa de abandonar una época de oscuridad, que generó nubes de oscuridad de las que todavía estamos tratando de salir.

Petrarca, autor de impresionantes composiciones poéticas en toscano (la lengua de Dante) que bailan entre la celebración de la belleza terrenal y la alegoría religiosa, también escribió una hosca prosa en latín. En la lengua de Cicerón, como él mismo imaginaba, se quejaba de sus críticos y se alababa a sí mismo como el creador de la nueva era; nueva era de producción cultural e intelectual. Según él, inició un «Renacimiento», por así decirlo.

Pero no todos estaban de acuerdo con su teoría. En una «disculpa» a sus críticos franceses (en realidad una diatriba contra ellos), lamentó el entorno intelectual del arte y el pensamiento que le habían precedido, diciendo que estaban envueltos en «oscuridad y densas tinieblas». Eran Edades Oscuras. Caracterizó el pasado clásico como una edad de «puro resplandor» y, en otra carta, expresó su convicción de que la Antigüedad «fue una época más afortunada y [que] probablemente volverá a haber otra igual; en medio, en nuestro tiempo, se ve la confluencia de las miserias y la ignominia». Petrarca se veía a sí mismo en el final —así lo esperaba— de esta edad media o medieval.

Aunque (con razón) se atribuya gran parte de la culpa del concepto a Petrarca, la idea de una «edad oscura» no era del todo nueva cuando llegamos a finales del siglo XIV. Los pensadores de las centurias anteriores estaban profundamente interesados en la estructura y organización del tiempo. Creían que el patrón general había sido trazado en sus escrituras sagradas y que el mundo se dirigía, de manera inevitable, hacia el desorden y el caos justo antes del fin definitivo: bueno, malo y, por último, bueno otra vez. Pero la campaña de Petrarca estaba en otro nivel. En lo que respecta a la actividad propagandística, el periodo que hoy conocemos como «el Renacimiento» tuvo un éxito espectacular. Petrarca y sus contemporáneos sostenían que el conocimiento de la Antigüedad se había perdido durante mil años, pero que ahora se recuperaba, renacía, se traducía en esa Italia suya de los siglos XIV y XV. Este argumento era tanto político como cultural; Petrarca, por ejemplo, pretendía que los florentinos fueran tan devotos de Florencia como sus romanos idealizados lo eran de Roma, que estuvieran dispuestos a morir por su república. Fue una campaña que pudo lanzar, cosa irónica, solo gracias a una tradición de siglos de compromiso, comentario y reproducción de textos y conocimientos clásicos. También necesitó el desarrollo previo de las tradiciones literarias vernáculas, como la de Dante, para poder producir su propia poesía. Es cierto que hubo movimientos artísticos innovadores centrados en la adaptación de las normas clásicas en la Italia de finales del siglo XIV y del siglo XV, pero ese movimiento dependía de la vida intelectual y artística preexistente, incluso cuando Petrarca afirmaba rechazarla. A pesar de sus aseveraciones, no lo construyó él solo.

Es más, Petrarca y los que le siguieron, llamándose «humanistas» consideraban que su misión era vital no porque vivieran en una gloriosa edad de oro del arte y la belleza, sino porque las circunstancias eran terribles. La guerra y la enfermedad asolaban Italia, con facciones y luchas internas, aumento de la tiranía, corrupción manifiesta y cosas peores. En 1506, un capitán general florentino instó a Maquiavelo a retomar su plan de escribir una historia de la república. «Sin una buena historia de estos tiempos —escribió el capitán general—, las generaciones futuras nunca creerán lo malos que fueron y nunca nos perdonarán haber perdido tanto con tanta rapidez».

Pero al igual que no podemos separar el humanismo renacentista de la vida intelectual medieval, tampoco podemos separar los horrores renacentistas de las prácticas medievales. Las famosas obras de arte del Renacimiento, ya sean cívicas, devocionales o personales, requirieron vastas sumas de dinero de un mundo cada vez más desigual y se beneficiaron de prácticas centenarias ahora con formas bastante novedosas. Estudiosos recientes, por ejemplo, creen que la modelo de Leonardo da Vinci para la *Mona Lisa* fue la esposa de un tratante de esclavos. Podemos contemplar la *Gioconda* y admirar su sonrisa y la brillantez de Leonardo, pero no podemos hacerlo e ignorar al mismo tiempo que la riqueza de su clase procedía, al menos en parte, del crecimiento de una economía alimentada por el tráfico masivo de personas. Como hemos visto a lo largo de nuestra historia, al menos algunas gentes no eran libres en todas las sociedades medievales. No ser libre podía significar, y de hecho significaba, diferentes cosas, e implicar una amplia variedad de derechos, protecciones, obligaciones y caminos —o no— para obtener la libertad. Sin embargo, aunque la esclavitud —la compra y venta de seres humanos— era más común en el Mediterráneo urbanizado que en otros lugares, un factor de entrada más fácil a los mercados, el principio de la compra y venta de individuos era conocido por los medievales, igual que por los antiguos, igual que por los modernos. En la Baja Edad Media, el acceso a los puertos del mar Negro trajo nuevas oleadas de pueblos esclavizados al Mediterráneo y a Europa: una cultura comercial común a cristianos y musulmanes, italianos y egipcios. Los medievales también crearon las ideas fundacionales sobre la diferencia racial y la alteridad que apuntalaron el comercio transatlántico de esclavos que tanta miseria provocó. Como han demostrado estudiosos como Geraldine Heng, Dorothy Kim, Sierra Lomuto, Cord Whitaker y otros, las raíces de la supremacía blanca moderna no surgen de la fantasía de una Europa racialmente pura (que nunca existió), sino de los fundamentos intelectuales del encuentro cristiano con judíos, musulmanes y mongoles.

Las edades oscuras hoy en día

A lo largo de este libro, nos hemos esforzado por mostrar un mundo medieval lleno de luminosidad. La luz del sol atraviesa las vidrieras. El fuego consume los libros juzgados heréticos o sagrados para los judíos. Los relicarios dorados y enjoyados brillan cuando se elevan sobre los ejércitos que marchan a la guerra. Grandes conflagraciones consumen las ciudades. Los alimentos especiados y los textos refinados, el conocimiento de la Antigüedad, la música y las bellas artes se mueven por el gran mundo medieval, inspirando e iluminando los sentidos y la mente. Los pueblos esclavizados son expulsados de sus hogares y vendidos junto a esos productos finos, tal vez justo al lado de donde los estudiosos de tres tradiciones religiosas diferentes trabajan juntos sobre Aristóteles. Los africanos viven en Gran Bretaña, los judíos son vecinos de los cristianos, los sultanes y los frailes mantienen debates teológicos; y con la misma frecuencia, todos se enfrentan con violencia unos contra otros. Nuestras Edades Brillantes no son simples ni limpias, sino desordenadas y humanas, y creemos que es lo más cercano a la verdad.

Mientras tanto, la historia de las Edades Oscuras y de una Europa medieval aislada, salvaje y primitiva sigue impregnando la cultura popular. Nunca fue cierta y, sin embargo, el desarrollo y la supervivencia del mito ha hecho mucho daño a lo largo de los siglos. Su pervivencia nos da un lugar donde colocar nuestro yo no reconocido, las cosas que no queremos admitir cuando nos miramos en el espejo.

Puede que Petrarca y sus contemporáneos hayan sentado los cimientos para considerar el mundo medieval como algo atrasado y oscuro, pero la Ilustración de los siglos XVII y XVIII construyó la casa en la que esa idea todavía se alberga. Fue entonces cuando los ciudadanos de las potencias monárquicas europeas intentaron explicar cómo habían llegado donde estaban, atendiendo a sus raíces. Partían de la premisa de que su mundo era «mejor» que el precedente. Supuestamente, Europa había salido de las tinieblas para entrar en la luz. Esos términos tan familiares —oscuridad y luz— reflejaban el juicio de valor que había detrás de esta investigación del pasado, que privilegiaba selectivamente la piel blanca. Al fin y al cabo, se trataba de países donde hombres blancos ricos gobernaban para otros hombres blancos ricos. Por eso, al buscar la historia de ellos mismos, ignoraron las de aquellos que no reconocían; las de personas que no actuaban, pensaban o se parecían a ellos. Eso fue así incluso cuando tales acontecimientos eran fundamentales para la historia europea y mediterránea. Hemos tratado de contar algo acerca de ellas a lo largo de este libro: un relato que debe incluir los puntos de vista de quienes hablaban árabe, turco y hebreo, entre otros; historias escritas o representadas por mujeres o personas de color.

Aunque estas primeras historias modernas de Europa comenzaron como leyendas nacionales, los pensadores de los siglos XVIII y XIX llegaron a considerar a los pueblos germánicos del siglo IV como sus antepasados puros y blancos, con un legado cultural distintivo que debía ser valorado. Este enfoque, en alianza con el estudio «científico» de épocas anteriores, el racismo científico, el comercio internacional de esclavos y el colonialismo, empezó a cambiar la forma de entender el pasado. Ya no se trataba de naciones individuales —ni tampoco de «Europa», por la necesidad de incluir a Norteamérica—, estos pensadores utilizaron el término «Occidente» para englobar una (supuesta) herencia común que explicaba por qué los hombres blancos debían gobernar el mundo. La civilización occidental, entonces, se convirtió en la historia de una genealogía supuestamente ininterrumpida que se extendía desde Grecia a Roma, a los pueblos germánicos, al Renacimiento, a la Reforma y al mundo blanco contemporáneo. En medio, en el medio, hubo un periodo de aberración contaminado por la superstición (es decir, el catolicismo, cuando los historiadores protestantes del norte de Europa se encargaron de contarlo).

Todo esto significaba que, hacia 1900, era bastante común que los líderes europeos trataran de apuntalar su narrativa política remitiéndose a la Edad Media. La legitimidad necesitaba raíces profundas. El káiser Guillermo II, por ejemplo, viajó con su esposa a Jerusalén en 1898 y se vistió como un supuesto cruzado. Incluso obligó a sus anfitriones a retirar una sección de las murallas de la ciudad para poder entrar en ella por el mismo lugar por donde lo había hecho el emperador Federico II en el siglo XIII. Durante la Primera Guerra Mundial, varias publicaciones británicas se refirieron a la toma de Jerusalén por parte de Allenby, en 1917, como una «finalización» de la inacabada Tercera Cruzada del rey Ricardo I. Podrían contarse historias similares de casi cualquier nación europea y de cómo esa vuelta hacia el pasado medieval sirvió para justificar ambiciones coloniales y pretensiones políticas contemporáneas.

Por supuesto, Estados Unidos formó parte de todo eso: aprovechando una herencia «anglosajona» construida, y una caballerosidad imaginaria y gentil basada en la clase y la raza, justificó su propia supremacía blanca tanto antes como después de la guerra civil. No es una coincidencia que los miembros del Ku Klux Klan se llamaran a sí mismos «caballeros» y que, desde la época de Thomas Jefferson, el término «anglosajón» fuera valorado como una categoría racial que «ennoblecía» a los estadounidenses blancos. Esto es algo que, como Matthew X. Vernon y otros han mostrado, los negros estadounidenses han impugnado sistemáticamente, insistiendo con razón en que el mundo medieval también les pertenecía a ellos.

Sin embargo, este tipo de medievalismo ancestral fue fundamental para que las naciones de «Occidente» construyeran un pasado aprovechable en los siglos XVIII y XIX, que sirviera a las necesidades del imperialismo. Pero no podemos olvidar que se trata de un pasado virulentamente racista, a menudo asociado a actos de agresión nacionalista y al desarrollo de prejuicios. Y ningún sector de la sociedad fue ajeno a ello. Los eruditos del siglo XX participaron a menudo en esta labor, construyendo voluntariamente relatos nacionales que se comprometían con, y a menudo apoyaban, estos ideales coloniales.

Hoy vivimos con el legado de todo esto en nuestra propia época oscura. Los supremacistas blancos siguen recurriendo a la historia europea medieval para contar una historia sobre la blancura, un sentido de masculinidad perdido (pero imaginado) y la necesidad de derramar sangre. Lo vemos en toda Europa cuando se disfrazan de cruzados en las concentraciones contra los inmigrantes, cuando se blanden escudos pintados con esprai con la leyenda *Deus vult* en las manifestaciones de Virginia, cuando se publican proclamas que los vinculan con unos nuevos caballeros templarios imaginarios en Noruega, cuando invocan las batallas entre musulmanes y cristianos para justificar una masacre en Nueva Zelanda. Se basan en las historias populares, políticas y académicas de las Edades Oscuras, pero utilizan las nuevas tecnologías para conectarse a través de los océanos. Quieren volver a su imaginada Edad Media. Dondequiera que encuentres supremacistas blancos, encontrarás medievalismo, y casi siempre encontrarás asesinatos.

La lucha contra las Edades Oscuras abarca siglos. Sigue siendo de vital importancia, pero no solo porque la gente tenga falsas impresiones del mundo medieval. La verdad sobre todos los periodos históricos sufre bajo el peso de los mitos actuales. Sin embargo, esta lucha es crítica porque lo que une a todas estas apropiaciones de lo medieval es el vacío absoluto. Es decir, la oscuridad particular de las Edades Oscuras sugiere la nada, un espacio en blanco, casi ilimitado, en el que podemos colocar nuestras preocupaciones modernas, ya sean positivas o negativas. Las Edades Oscuras son, según qué públicos, tanto retrógradas como progresistas, tanto un periodo que hay que aborrecer como uno que hay que emular. Se utilizan de la forma que más convenga, como «justificación» y «explicación» de esas ideas y acciones porque, supuestamente, se remontan muy atrás en el tiempo.

Escribimos este libro en un momento de gran agitación mundial, durante una pandemia global desatada, un cambio climático radical y una agitación política generalizada. Al redactar estas páginas, en su mayor parte desde el interior de nuestras casas con motivo de una cuarentena, hemos visto una y otra vez cómo el mundo medieval se adelanta al nuestro, cómo «plaga» y «cruzada» y «apocalipsis» se han convertido en términos habituales para describir los acontecimientos contemporáneos. La tentación de sucumbir a los lamentos por unas nuevas Edades Oscuras que se avecinan, de llamar «feudales» a nuestros sistemas económicos hipermodernos, de criticar la respuesta de 2020 al virus de la COVID-19 comparándolo con la peste negra, puede llegar a ser abrumadora. Volvemos a la comodidad de las Edades Oscuras para distanciarnos de aquello que no soportamos ver en nuestro propio mundo, para imponer al menos cierta alteridad cronológica entre el entonces y el ahora, entre el horror y la esperanza.

Pero resulta insoportable. Las comparaciones simplistas con el pasado violentan no solo aquel tiempo, sino también el nuestro. Al pretender que *esto* es *así*, nos excusamos de intentar comprender realmente el «cómo» y el «por qué» de lo que lamentamos o de lo que adoramos. La analogía histórica se convierte en una explicación simple para lo que inevitablemente es un fenómeno complejo. Y como historiadores, siempre es nuestro trabajo recordar a la gente que cualquiera que ofrezca ese tipo de narrativa banal está vendiendo algo. Siempre es tarea del historiador decir «es más complicado que todo eso». De hecho, siempre es más complicado que todo eso.

Esperamos que *Las Edades Brillantes* estén a la altura de este reto, iluminando la historia de lo que llamamos Edad Media. Empezamos con Gala Placidia mirando un manto de estrellas en un mausoleo de Rávena, y una Antigüedad, una Roma, que no cayó. Terminamos con Dante, que al final de su viaje textual se inspiró quizá en el mismo dosel que vio Gala Placidia casi un milenio antes. Ambos, a su manera, mientras contemplaban las teselas que brillaban por encima de sus cabezas, quizá se regocijaban en lo que el poeta llamó «el Amor que mueve el Sol y las otras estrellas». Y, a lo largo de esos casi mil años, hemos visto cómo las personas de su época permitieron y resistieron los sistemas opresivos, cómo crearon belleza y engendraron terror, cómo atravesaron y levantaron fronteras, cómo se comprometieron con su tiempo como seres humanos plenos y complejos. Amaron, odiaron, comieron y durmieron, lloraron y rieron, protegieron y mataron. Vivían en color. *Las Edades Brillantes*, esperamos, nos permiten ver toda la belleza y todo el horror. El camino para salir de la oscuridad es la iluminación: el modo en que un mosaico puede centellear a la luz de las velas o la sangre puede brillar en la calle. El pasado, si acaso, nos muestra mundos posibles, tanto los caminos que se recorrieron como los que no. Esperamos una narrativa sobre el pasado medieval mejor iluminada, aunque no siempre más feliz; una que haga más visibles tanto las realidades como las posibilidades y nos revele también más caminos para nuestro propio mundo moderno.

Que *Las Edades Brillantes* puedan alumbrar nuestro camino de ahora en adelante.

Agradecimientos

Las deudas que tenemos en este libro son demasiado numerosas para enumerarlas todas.

En primer lugar, debemos dar las gracias a nuestro agente, William Callahan, y a nuestra brillante editora en Harper, Sarah Haugen. Ambos nos han ayudado a que este trabajo haya resultado mucho mejor de lo que en un principio teníamos en mente. En ese sentido, damos las gracias también (por orden alfabético) a Roland Betancourt, Cecilia Gaposchkin, Monica H. Green, Colleen Ho, Ruth Karras, Nicole Lopez-Jantzen, Daniel Melleno, James T. Palmer, S. J. Pearce, Mary Rambaran-Olm, Andy Romig, Jay Rubenstein, Rachel Schine, Andrea Sterk, Tonia Triggiano y Brett Whalen, que leyeron capítulos concretos y nos brindaron comentarios y sugerencias durante el proceso de redacción. Los errores y omisiones, por supuesto, son solo nuestros.

Lecturas complementarias

Con demasiada frecuencia, se considera que el trabajo en el campo de las humanidades es una actividad solitaria; que es cuestión sobre todo de eruditos que permanecen sumidos en el aislamiento, sentados con sus libros mohosos, reflexionando sobre cosas profundas. Como *Las Edades Brillantes* se compuso, en su mayor parte, en mitad de una pandemia, nos sentamos a solas con nuestros libros mohosos, iluminados por la tenue luz de nuestras pantallas de ordenador, así que lo anterior es bastante cierto en el caso del proceso de escritura de esta obra. No obstante, este libro debe mucho a la estimulante erudición que sigue generando el estudio del mundo medieval. La Edad Media europea ha sido objeto de crónicas desde su propia época, aunque la concepción de esa etapa como un periodo con entidad no se concretaría hasta a finales del siglo XIV y se cimentaría luego entre los académicos modernos en el siglo XIX. Pero en los últimos años algo significativo ha cambiado en la forma de abordar el pasado: los estudiosos tratan de poner en práctica nuevos (y mejores) enfoques más honestos con las personas, los lugares y los acontecimientos que investigamos de manera colectiva.

A menudo, las obras que mencionamos en relación con un capítulo arrojan también luz sobre otros, pero, en aras de la concisión, las hemos enumerado solo una vez. Por otra parte, para entender la Edad Media europea, es necesario conocer las tradiciones de los estudiosos de muchos países y en muchas, muchas lenguas, a pesar de lo cual hemos decidido citar aquí solo los títulos en inglés y limitar nuestras sugerencias a los más accesibles.

Nuestra relación de lecturas adicionales pretende ayudar al lector a sumergirse en un vasto océano de textos. Las corrientes de esas aguas nos han reconfortado y aterrorizado, a veces han resultado cálidas y otras heladas, pero sus misterios siempre nos han fascinado. Lo que proponemos a continuación no es más que el comienzo de un viaje.

Introducción

Cada tema tratado en este libro es una madriguera, un hipervínculo, un portal que se abre a décadas o siglos de estudio y conversación. La Edad Media europea es inmensa, va incluso más allá de los más de mil años de su supuesta existencia. Para obtener una visión general de la idea que tenemos sobre aquel periodo —también del sentido de la propia expresión «Edad Media»—, pueden leer a Wallace K. Ferguson, *The Renaissance in Historical Thought: Five Centuries of Interpretation* (Houghton Mifflin, 1948), Patrick Geary, *The Myth of Nations: The Medieval Origins of Europe* (Princeton University Press, 2003), o John Arnold, *What Is Medieval History?* (Polity, 2008). En este ámbito, es importante la comprensión de cómo el poder limita la forma en que dividimos el pasado y cómo pensamos sobre nuestras fuentes; para todo ello, véase Michel-Rolph Trouillot, *Silencing the Past: Power and the Production of History* (Beacon Press, 1995). Sobre la difusión del coco medieval, véase Kathleen Kennedy, «Gripping It by the Husk: The Medieval English Coconut», *The Medieval Globe 3:1* (2017), artículo n.º 2. Recientemente, algunas investigaciones sobresalientes se han hecho más accesibles gracias a una creciente ética en lo que se refiere al compromiso público y, en ese sentido, destacan blogs como *InTheMedievalMiddle.com*; «White Nationalism and the Ethics of Medieval Studies», de Sierra Lomuto (5 de diciembre de 2016), es un ejemplo importante de este tipo de trabajos que han marcado el tono del debate en los últimos años.

Capítulo 1

Judith Herrin, *Rávena: Capital of Empire, Crucible of Europe* (Princeton University Press, 2020), es autora del más reciente de los libros que han desentrañado la historia de esa ciudad de vital importancia en la que comenzamos nuestra historia, aunque hay muchos otros, como el de Deborah Mauskopf Deliyannis, *Ravenna in Late Antiquity* (Cambridge University Press, 2010). La propia Gala Placidia ha atraído, de manera comprensible, una notable atención académica, y hay mucho que investigar para abarcar en su totalidad el alcance de su increíble vida. Tal vez se pueda empezar con el libro de Hagith Sivan, *Galla Placidia: The Last Roman Empress* (Oxford University Press, 2011), o con Joyce E. Salisbury y su *Rome's Christian Empress: Galla Placidia Rules at the Twilight of the Empire* (Johns Hopkins University Press, 2015); pero, para una visión general de la situación de las mujeres en la Roma de la Antigüedad tardía, véase la obra de Julia Hillner, «A Woman's Place: Imperial Women in Late Antique Rome», en *Antiquité Tardive: Revue internationale d'histoire et d'archéologie* 25 (2017), páginas 75-94. Sobre la magnificencia del mausoleo de Rávena, véase Gillian Mackie, *Early Christian Chapels in the West: Decoration, Function and Patronage* (University of Toronto Press, 2003); pero, sobre todo, por la atención que presta a aquel cielo azul, a la idea de que funciona como un caleidoscopio, véase Ellen Swift y Anne Alwis, «The Role of Late Antique Art in Early Christian Worship: A Reconsideration of the Iconography of the 'Starry Sky' in the 'Mausoleum' of Galla Placidia», en *Papers of the British School at Rome* 78 (2010), páginas 193-217. Si quieren sumergirse en las fuentes primarias propiamente dichas, una decisión que siempre recomendamos encarecidamente, empiecen por Jordanes, *The Gothic History*, traducido por C. Mierow (Oxford University Press, 1915).

Capítulo 2

Una sólida discusión sobre el intento de Teodorico de reconquistar Roma puede encontrarse en el libro de Jonathan J. Arnold, *Theoderic and the Roman Imperial Restoration* (Cambridge University Press, 2014). *Procopius and the Sixth Century*, de Averil Cameron (Routledge, 1996), ofrece una completa vía de introducción al mundo del historiador y de los monarcas a los que sirvió, aunque se pueden encontrar análisis más especializados en artículos académicos como el de Henning Börm, «Procopius, His Predecessors, and the Genesis of the Anecdota: Antimonarchic Discourse in Late Antique Historiography», en *Antimonarchic Discourse in Antiquity*, editado por el propio Henning Börm (Franz Steiner Verlag, 2015), páginas 305-46. Para una necesa-

ria reevaluación del papel crítico que desempeñó Teodora durante el siglo
VI bizantino, véase *Theodora: Actress, Empress, Saint,* de David Potter (Oxford
University Press, 2015); y, si se quiere profundizar en la continuada tradición
medieval de las carreras de carros, el deporte que estuvo a punto de derribar
el Imperio, se recomienda el libro de Fik Meijer, *Chariot Racing in the Roman
Empire* (Johns Hopkins University Press, 2010). Pero por encima de todo esto
se eleva Santa Sofía. Sobre este edificio en concreto, sugerimos leer a Bissera
V. Pentcheva y su *Hagia Sophia: Sound, Space, and Spirit in Byzantium* (Pennsylvania State University Press, 2017). Sobre el mundo arquitectónico de Santa
Sofía, consulten *Eastern Medieval Architecture: The Building Traditions of Byzantium and Neighboring Lands,* de Robert Ousterhout (Oxford University Press,
2019). Y, de nuevo, encarecidamente, animamos a leer las fuentes primarias.
El propio Procopio siempre entretiene, así que vean sus obras recopiladas,
traducidas dentro de la serie «Loeb Classical Library». Su *Historia secreta,*
traducida por Peter Sarris (Penguin, 2007), también está disponible.

Capítulo 3

Los acontecimientos sucedidos en Arabia durante el siglo VII que
cambiaron el mundo han inspirado, como es lógico, una literatura tan amplia
como cualquier otro gran tema de la historia de la humanidad. Para empezar
con la figura que estuvo en el centro de esos acontecimientos, sugerimos
leer a Kecia Ali, *The Lives of Muhammad* (Harvard University Press, 2014).
También es importante detenernos en el movimiento religioso, cultural y
político que inició Mahoma, así como en su desarrollo durante los años
inmediatamente posteriores a su muerte, y para ello véase *Muhammad and
the Believers: At the Origins of Islam,* de Fred M. Donner (Harvard University
Press, 2012). Hay muchas obras que detallan cómo los creyentes salieron
con rapidez de la península arábiga, extendiéndose por el mundo mediterráneo y más allá, encontrando (y derrotando) a Bizancio y Persia, pero el
lector debe tener cuidado con la polémica moderna que se hace pasar por
historia. Una introducción general como la de Hugh Kennedy, *The Great*

Arab Conquests: How the Spread of Islam Changed the World We Live In (Da Capo, 2008), ofrece una buena visión general del periodo, mientras que el alcance total de la expansión puede captarse en trabajos académicos más especializados, como el de Michael Flecker, «A Ninth-Century Arab or Indian Shipwreck in Indonesian Waters», *International Journal of Nautical Archaeology* 29 (2000), páginas 199-217. Los detalles del encuentro con Bizancio y el Patriarca Sophronios, fascinan con razón, y se pueden encontrar referencias en la obra de Jacob Lassner *Medieval Jerusalem: Forging an Islamic City in Spaces Sacred to Christians and Jews* (University of Michigan Press, 2017); o en la colección de ensayos *Byzantium and Islam*, editada por Helen C. Evans y Brandie Ratliff (Yale University Press, 2012); o con mucho más detalle en artículos como el de Daniel Sahas, «The Face to Face Encounter Between Patriarch Sophronius of Jerusalem and the Caliph ʿUmar Ibn Al-Khaṭṭāb: Friends or Foes?», en *The Encounter of Eastern Christianity with Early Islam*, editado por Emmanouela Grypeou y Mark N. Swanson (Brill, 2006), páginas 33-44.

Capítulo 4

Los dos hilos principales que se entretejen en este capítulo son, el primero sobre Italia y la continuación de la ciudad de Roma a principios de la Edad Media, y el segundo las relaciones entre las mujeres de la élite y los líderes eclesiásticos (e historiadores) de la época. En cuanto a Italia, véase Chris Wickham, *Early Medieval Italy: Central Power and Local Society 400-1000* (University of Michigan Press, 1989); también, Christina La Rocca: *Italy in the Early Middle Ages, 476-1000* (Oxford University Press, 2002). En esa península y en esa ciudad se asentaba el naciente papado, con Gregorio Magno en su centro. Sobre él existen numerosas biografías. Una reciente es la de George E. Demacopoulos, *Gregory the Great: Ascetic, Pastor, and First Man of Rome* (University of Notre Dame Press, 2015). Pero, como nos esforzamos en mostrar en ese capítulo, si de verdad queremos saber más sobre el mundo medieval europeo temprano, los hombres son solo una parte de la historia, la mitad del cuadro. Acerca del papel central que desempeñaron las mujeres, sugerimos obras como la de Jennifer C. Edwards, *Superior Women: Medieval Female Authority in Poitiers' Abbey of Sainte- Croix* (Oxford University Press, 2019), y la de E. T. Dailey, *Queens, Consorts, Concubines: Gregory of Tours and Women of the Merovingian Elite* (Brill, 2015); así como artículos más especializados, tales como el de Ross Balzaretti, «Theodelinda, "Most Glorious Queen": Gender and Power in Lombard Italy», *Medieval History Journal 2* (1999), páginas 183-207, y el de Walter J. Wilkins, «*Submitting the Neck of Your Mind: Gregory the Great and Women of Power*», *Catholic Historical Review* 77 (1991), páginas 583-94. Si se quiere volver a las fuentes mismas, las obras de los dos Gregorios (de Tours y Magno) están casi todas disponibles en buenas traducciones *online*. También es accesible *A History of the Franks*, de Gregorio de Tours, traducido por Lewis Thorpe (Penguin, 1976).

Capítulo 5

Pese a que el poema *Beowulf* ocupa un lugar preponderante en la imaginación popular cuando se piensa en la Inglaterra altomedieval, y con razón, esperamos que este capítulo haya mostrado una visión más amplia de cuanto aconteció en dicho lugar y en ese periodo. Aun así, hay que leer *Beowulf*. Disfrutamos del *Beowulf* traducido por Seamus Heaney (W. W. Norton, 2001), así como de otra traducción muy reciente que se ajusta a la forma en que tratamos la historia aquí: *Beowulf*, de Maria Dahvana Headley (FSG, 2020). Aunque la Cruz de Ruthwell sea solo un monumento, es magnífico, y su estudio podría comenzar con Eamonn Ó Carragáin, *Ritual and Rood: Liturgical Images and the Old English Poems of the Dream of the Rood Tradition* (University of Toronto Press, 2005), si bien nuestro análisis también debe mucho a la perspicaz erudición de «Weaving Words on the Ruthwell Cross», de Catherine E. Karkov, incluido en *Textiles, Text, Intertext: Essays in Honour of Gale R. Owen-Crocker*, editado por Maren Clegg Hyer, Jill Frederick, *et al.* (Boydell & Brewer, 2016), páginas 183-98. También, sobre el arte europeo medieval en general, Herbert L. Kessler y su *Seeing Medieval Art* (University of Toronto Press, 2004) es brillante. Las mujeres desempeñan un papel importante en la génesis de este y casi todos los capítulos, y con razón. Para más información sobre las reinas, véase Theresa Earenfight, *Queenship in Medieval Europe* (Palgrave, 2013). Sobre las religiosas, *Veiled Women: The Disappearance of Nuns from Anglo-Saxon England*, 2 vols. (Routledge, 2000) de Sarah Foot,; y, también, sobre la fascinante líder de Whitby, véase Patrick J. Wormald y su «Hilda, Saint and Scholar», en *The Times of Bede: Studies in Early English Christian Society and Its Historian*, editado por Patrick Wormald y Stephen Baxter (Wiley, 2006), páginas 267-76. La mayor parte de la obra de Beda está disponible en Internet, pero su título más famoso es *Ecclesiastical History of the English People*, traducida por Leo Sherley- Price (Penguin, 1990). Por último, es importante destacar que la idea de la Gran Bretaña altomedieval como una encrucijada, un lugar en la periferia pero interconectado con muchos otros lugares, ha sido objeto de un intenso estudio en los últimos años. Véase, en general, para una cultura que evolucionó y se adaptó dentro de un mundo más amplio, *The Emergence of the English*, de Susan Oosthuizen (ARC Humanities Press, 2019); así como el trabajo de la doctora Caitlin Green, recogido en www.caitlingreen.org. Para profundizar en este tema, recomendamos a Mary Rambaran- Olm y Erik Wade, con su obra *Race in Early Medieval England* (Cambridge Elements, 2021); pero también hay que tener en cuenta estudios locales como el de S. E. Groves *et al.*, «Mobility Histories of 7th-9th Century AD People Buried at Early Medieval Bamburgh, Northumberland, England», en *American Journal of Physical Anthropology* 150 (2013), páginas 462-76.

Capítulo 6

La historia del elefante de Carlomagno, Abul-Abass, sigue deleitando y ha sido recientemente expuesta en detalle en el estudio de Paul M. Cobb, «Coronidis Loco: On the Meaning of Elephants, from Baghdad to Aachen», en *Interfaith Relationships and Perceptions of the Other in the Medieval Mediterranean: Essays in Memory of Olivia Remie Constable*, editado por Robin Vose *et al.* (Palgrave, 2021); y se puede leer más sobre las connotaciones ideológicas de su llegada a Aquisgrán en *Charlemagne's Mustache and Other Cultural Clusters of a Dark Age*, de Paul Edward Dutton (Palgrave, 2004). Si se quiere dar un paso atrás para obtener una visión general del periodo en su conjunto, el mejor lugar para empezar es, en estos momentos, *The Caroligian World*, de Marios Costambeys, Matthew Innes y Simon MacLean (Cambridge University Press, 2011), así como las fuentes primarias recopiladas y traducidas por Paul Edward Dutton en *Carolingian Civilization: A Reader* (University of Toronto Press, 2004), y el texto completo de los *Anales Reales Francos*, en *Carolingian Chronicles*, traducido por Bernhard Walter Scholz (University of Michigan Press, 1970). Para saber más sobre el propio Carlomagno, disponemos en estos momentos del magistral e imprescindible trabajo de Janet L. Nelson, *King and Emperor: A New Life of Charlemagne* (University of California Press, 2019); asimismo, sobre la vida posterior y la leyenda del emperador, *An Empire of Memory The Legend of Charlemagne, the Franks, and Jerusalem Before the First Crusade*, de Matthew Gabriele (Oxford University Press, 2011). La mejor manera de saber más sobre Dhuoda es leerla a ella misma: véase *Dhuoda, Handbook for William: A Carolingian Woman's Counsel for Her Son*, traducido por Carol Neel (Catholic University of America Press, 1999). Valerie L. Garver en *Women and Aristocratic Culture in the Carolingian World* (Cornell University Press, 2012) y Andrew J. Romig con *Be a Perfect Man: Christian Masculinity and the Carolingian Aristocracy* (University of Pennsylvania Press, 2017) también hacen un gran trabajo para ayudarnos a entender tanto a la aristócrata como el periodo en su conjunto.

Capítulo 7

Disponemos de gran número de libros sobre los nórdicos y su legado, muchos de ellos aparecidos en los últimos años. Entre ellos, destacan el de Neil Price, *Children of Ash and Elm: A History of the Vikings* (Basic Books, 2020), y el de Anders Winroth, *The Age of the Vikings* (Princeton University Press, 2014), que, aunque tiene unos años más, sigue siendo muy bueno. También es importante recordar que no solo había hombres en el mundo vikingo;

para ello hay que consultar el nuevo libro de Jóhanna Katrín Friðriksdóttir, *Valkyrie: The Women of the Viking World* (Bloomsbury, 2020). Para conocer el alcance de sus viajes a Asia, véanse obras como la de Peter Frankopan, *The Silk Roads: A New History of the World* (Knopf, 2016), y también la de Marianne Vedeler, *Silk for the Vikings* (Oxbow Books, 2014). Una de las principales razones por las que los vikingos viajaban era para esclavizar a la gente. Eran una sociedad esclavista y no deberíamos olvidarlo nunca. Para más información sobre ese aspecto, véase *Slavery and Society in Medieval Scandinavia*, de Ruth Karras (Yale University Press, 1988), así como, más recientemente y con un enfoque más general, *Slavery After Rome, 500-1100* de Alice Rio (Oxford University Press, 2017). Se conservan muchas fuentes primarias de la época, aunque a menudo, por desgracia, son muy posteriores a los acontecimientos que describen. Muchos de esos textos han sido publicados en Penguin Classics. Entre ellos, se puede elegir *Las sagas de Vinlandia*, traducidas por Keneva Kunz (Penguin, 2008), o *Snorri Sturluson, la saga del rey Harald*, traducida por Magnus Magnusson y Hermann Pálsson (Penguin, 1976). Para equilibrarlos, tal vez haya que recurrir a Ibn Fadlan en *Ibn Fadlan and the Land of Darkness: Arab Travellers in the Far North*, traducido por Paul Lunde y Caroline Stone (Penguin, 2012).

Capítulo 8

El cambio de milenio en Europa, la época de los «terrores del año 1000» y de la «revolución feudal», suele quedar en tierra de nadie para los estudiosos en los últimos tiempos, centrándose la atención (al menos en el mundo anglosajón) en los carolingios de antes y en las cruzadas de después. Todavía queda mucho por explorar sobre este periodo. Nuestro capítulo considera los cambios religiosos y políticos interrelacionados. Si quieren saber más sobre la aristocracia, empiecen por Dominique Barthélemy y *The Serf, the Knight, and the Historian*, traducido por Graham Robert Edwards (Cornell University Press, 2009), o por Constance Brittain Bouchard y *Strong of Body, Brave & Noble: Chivalry and Society in Medieval France* (Cornell University Press, 1998). Para más información sobre la conexión entre los cambios religiosos y los políticos, tenemos *War and the Making of Medieval Monastic Culture* de Katherine Allen Smith (Boydell & Brewer, 2013), es excepcional; y el breve trabajo de Geoffrey Koziol, *The Peace of God* (Arc Humanities Press, 2018), es una recomendable introducción. Para más información sobre la devoción religiosa medieval a los santos, sigue siendo esencial Peter Brown con *The Cult of the Saints: Its Rise and Function in Latin Christianity* (University of Chicago Press, 2014). La construcción de castillos es un hecho importante también en este periodo, y nos beneficiamos del trabajo de Charles Coulson, *Castles in Medieval Society: Fortresses in England, France, and Ireland in the Central Middle Ages* (Oxford University Press, 2003). Para una reevaluación del significado de la expectativa apocalíptica en la temprana Edad Media europea, los ensayos contenidos en *Apocalypse and Reform from Late Antiquity to the Middle Ages*, editado por Matthew Gabriele y James T. Palmer (Routledge, 2018), son bastante buenos. Pero lean las fuentes; a pesar de que el periodo alrededor del año 1000 es el estereotipo de la más oscura de las Edades Oscuras, hay muchas. Centramos nuestra mirada en Odo de Cluny y *La Vida de San Geraldo de Aurillac*, traducida por Gerard Sitwell; en *Soldiers of Christ: Saints and Saints' Lives from Late Antiquity and the Early Middle Ages*, editado por Thomas F. X. Noble y Thomas Head (Pennsylvania State University Press, 1995), 293-362; y *El Libro de los Milagros de Santa Foy*, de Bernardo de Angers, en *The Book of Sainte Foy*, traducido por Pamela Sheingorn (University of Pennsylvania Press, 1995).

Capítulo 9

Es probable que las Cruzadas hayan generado más escritos que cualquier otro acontecimiento de la historia europea medieval. La mayoría de las fuentes primarias están traducidas. Los extractos de las fuentes latinas se recogen en el libro, de fácil acceso, de Edward Peters, *The First Crusade: «The Chronicle of Fulcher of Chartres» and Other Source Materials* (University of Pennsylvania Press, 1998); y el relato latino más copiado puede encontrarse en *Robert the Monk, History of the First Crusade*, traducido por Carol Sweetenham (Ashgate, 2005). Importantes para los acontecimientos, pero escritas mucho antes, son las obras de Agustín de Hipona, especialmente su gigantesca *Ciudad de Dios*, traducida por Henry Bettenson (Penguin, 2004). Afortunadamente, ahora se están traduciendo y poniendo a nuestra disposición fuentes en otras lenguas distintas del latín y las lenguas vernáculas europeas. Para una perspectiva bizantina, no hay nada mejor que Anna Comnena y *La Alexiada*, traducido por E. R. A. Sewter (Penguin, 2009); y para una árabe siria, tenemos a Osama ibn Munqidh y *The Book of Contemplation: Islam and the Crusades*, traducido por Paul M. Cobb (Penguin, 2008). En cuanto a eruditos modernos, los angloparlantes tienen mucho donde elegir. Empiecen, por supuesto, con el breve y perspicaz *The Crusades: An Epitome* de Susanna A. Throop (Kismet Press, 2018), y el imprescindible *The Race for Paradise: An Islamic History of the Crusades*, de Paul M. Cobb (Oxford University Press, 2016). En lo tocante a los inicios del movimiento, destaca la obra de Jay Rubenstein, *Armies of Heaven: The First Crusade and the Quest for the Apocalypse* (Basic Books, 2011); en tanto que los sutiles entresijos de la guerra santa cristiana han sido desgranados por estudiosos tales como Elizabeth Lapina en *Warfare and the Miraculous in the Chronicles of the First Crusade* (Pennsylvania State University Press, 2015); Beth C. Spacey con *The Miraculous and the Writing of Crusade Narrative* (Boydell & Brewer, 2020); y Katherine Allen Smith con *The Bible and Crusade Narrative in the Twelfth Century* (Boydell & Brewer, 2020).

Capítulo 10

Para más información sobre el viaje al sur de Pedro de Cluny y la traducción del Corán al latín, la obra capital es *Reading the Qur'an in Latin Christendom, 1140-1560*, de Thomas E. Burman (University of Pennsylvania Press, 2009); y también la de Dominique Iogna-Prat, *Order and Exclusion: Cluny and Christendom Face Heresy, Judaism, and Islam (1000-1150)*, traducida por Graham Robert Edwards (Cornell University Press, 2003). Para una visión más general de la España multirreligiosa, véase María Rosa Menocal, *The Ornament of the World: How Muslims, Jews and Christians Created a Culture of Tolerance in Medieval Spain* (Back Bay Books, 2003); así como Jerrilynn D. Dodds, María Rosa Menocal y Abigail Krasner Balbale, *The Arts of Intimacy: Christians, Jews, and Muslims in the Making of Castilian Culture* (Yale University Press, 2009); y, más recientemente, el libro de Brian A. Catlos, *Kingdoms of Faith: A New History of Islamic Spain* (Basic Books, 2018). *The Mercenary Mediterranean: Sovereignty, Religion, and Violence in the Medieval Crown of Aragon*, de Hussein Fancy (University of Chicago Press, 2018), aborda justamente estos temas con un alcance más reducido, pero contiene algunas observaciones importantes sobre cómo las concepciones modernas de la religión se han proyectado hacia atrás en el pasado medieval. En este sentido, no trata de la Europa medieval específicamente, pero es importante para el debate el libro de Tomoko Masuzawa, *The Invention of World Religions, or How European Universalism Was Preserved in the Language of Pluralism* (University of Chicago Press, 2005). Lo que está en juego en este debate, en su conjunto, lo examinan muy bien Alejandro García-Sanjuán en «Rechazar al-Ándalus, exaltar la Reconquista: la memoria histórica en la España contemporánea», *Journal of Medieval Iberian Studies* 10 (2018), páginas 127-45; y S. J. Pearce, en «The Myth of the Myth of the Andalusian Paradise: The Extreme Right and the American Revision of the History and Historiography of Medieval Spain», en *Far- Right Revisionism and the End of History: Alt/ Histories*, editado por Louie Dean Valencia-García (Routledge, 2020), páginas 29-68. Finalmente, una excelente colección de fuentes primarias de las tres tradiciones religiosas de la España medieval está contenida en *Medieval Iberia: Readings from Christian, Muslim, and Jewish Sources*, editado por Olivia Remie Constable (University of Pennsylvania Press, 2011).

Capítulo 11

La vida del gran Rambam (Moisés Maimónides) ha inspirado numerosas biografías, entre ellas la relativamente reciente de Sarah Stroumsa, *Maimonides in His World: Portrait of a Mediterranean Thinker* (Princeton University Press, 2009), y la de Joel L. Kraemer, Maimonides: *The Life and World of One of Civilization's Greatest Minds* (Doubleday, 2010). Lo mismo podría decirse de la otra figura central de este capítulo, el sultán Saladino. *The Life and Legend of the Sultan Saladin*, de Jonathan Phillips (Yale University Press, 2019), es una excelente biografía y muy reciente; y también recomendamos, para su época en Egipto, el libro de Ya'acov Lev, *Saladin in Egypt* (Brill, 1998). Las fuerzas sociales y políticas más amplias que agitaron la vida de Maimónides, empujándolo desde la península ibérica, a través del norte de África y finalmente a Egipto, son fascinantes en sí mismas. Para más información al respecto, véase Amira K. Bennison y su *The Almoravid and Almohad Empires* (Edinburgh University Press, 2016), así como, más concretamente, sobre la cuestión de la conversión en este periodo, Maribel Fierro, *Again on Forced Conversion in the Almohad Period, Forced Conversion in Christianity, Judaism, and Islam*, editado por Mercedes García-Arenal y Yonatan Glazer-Eytan (Brill, 2019), páginas 111-32. También son interesantes los contactos (principalmente comerciales) que unían el norte de África con el sur de Asia en este periodo. Sobre todo ello, véase *India Traders of the Middle Ages*, de Shelomo Dov Goitein y Mordechai Friedman (Brill, 2007). Y, por supuesto, hay que leer al propio Maimónides: *Guía de los Perplejos*, traducida al inglés por Chaim Rabin (Hackett, 1952).

Capítulo 12

No podemos transmitir la alegría y el placer que supone leer a Marie de Francia, así que deberían hacerlo ustedes mismos: *Lais*, traducido por Keith Busby (Penguin, 1999). Las visiones de Hildegarda también son maravillosas. Véase *Hildegard of Bingen, Selected Writings*, traducido por Mark Atherton (Penguin, 2001). Y, como era de esperar, hay un montón de análisis realmente buenos sobre la obra de ambas como, por ejemplo, el de Geoff Rector, «Marie de France, the Psalms, and the Construction of Romance Authorship», en *Thinking Medieval Romance*, editado por Katherine C. Little y

Nicola McDonald (Oxford University Press, 2018), páginas 114-33; así como los diversos ensayos recogidos en *A Companion to Marie de France*, editado por Logan E. Whalen (Brill, 2011); y el trabajo de Sharon Kinoshita y Peggy McCracken, *Marie de France: A Critical Companion* (D. S. Brewer, 2014). Sobre Hildegarda, véanse obras como la de Sabina Flanagan, *Hildegard of Bingen: A Visionary Life* (Routledge, 1998), y *A Companion to Hildegard of Bingen*, editado por Beverly Mayne Kienzle, Debra L. Stoudt y George Ferzoco (Brill, 2013). De las tres mujeres en torno a las que gira este capítulo, Leonor de Aquitania es probablemente la más famosa, pero también la que, curiosamente, menos conocemos y la que adolece una plétora de biografías mediocres. Sobre su vida, sugerimos *Leonor de Aquitania: Lord and Lady*, editado por Bonnie Wheeler y John C. Parsons (Palgrave, 2003), y *Eleanor of Aquitaine: Queen of France, Queen of England*, de Ralph V. Turner (Yale University Press, 2011). En relación con la leyenda de Arturo, nos beneficiamos del trabajo de Martin Aurell, «Henry II and Arthurian Legend», en *Henry II: New Interpretations*, editado por Christopher Harper-Brill y Nicholas Vincent (Boydell & Brewer, 2007), páginas 362-94. Por último, se puede encontrar una buena revisión de la tesis de Haskins en la obra de John Cotts *Europe's Long Twelfth Century: Order, Anxiety, and Adaptation* (Palgrave, 2012); y para pensar en los «renacimientos», en general, tenemos el trabajo de Joan Kelly-Gadol, «Did Women Have a Renaissance?», en *Women, History, and Theory: The Essays of Joan Kelly* (University of Chicago Press, 1984), páginas 175-201.

Capítulo 13

Este capítulo se centra en el surgimiento del papado como institución, y gira en torno a la carrera de una figura en concreto: Inocencio III. No hay mejor introducción a esta institución en la Edad Media que el trabajo de Brett Edward Whalen, *The Medieval Papacy* (Palgrave, 2014). Sobre el propio Inocencio, véase John C. Moore, *Pope Innocent III (1160/61-1216): To Root Up and to Plant* (University of Notre Dame Press, 2009). Las cruzadas, como hemos visto, dominaban el mundo papal en esta época. Para las expediciones hacia el este contra los musulmanes y los bizantinos, véase Jessalynn Bird y su *Papacy, Crusade, and Christian-Muslim Relations* (Amsterdam University Press, 2018), así como el trabajo de David M. Perry, *Sacred Plunder: Venice and the Aftermath of the Fourth Crusade* (Pennsylvania State University Press, 2015). Pero entonces Europa se volcó en sí misma y comenzó a consumirse por la preocupación por la herejía. La obra de R. I. Moore es esencial y concluyente en este campo. Su libro más reciente es *The War on Heresy* (Belknap Press, 2014). También se pueden consultar introducciones generales a la herejía medieval, tales como la de Christine Caldwell Ames, *Medieval Heresies: Christianity, Judaism, and Islam* (Cambridge University Press, 2015), y la de Jennifer Kolpacoff Deane, *A History of Medieval Heresy and Inquisition* (Rowman & Littlefield, 2011). Hay muchos libros sobre los albigenses; en su mayoría, explotan teorías conspirativas y tonterías *new age*. Para evitarse todo eso, busquen el título de Mark Gregory Pegg, *A Most Holy War: The Albigensian Crusade and the Battle for Christendom* (Oxford University Press, 2009).

Capítulo 14

La increíble, casi demasiado increíble, historia del santo perro Guinefort fue abordada por primera vez por Jean- Claude Schmitt en *The Holy Greyhound: Guinefort, Healer of Children Since the Thirteenth Century*, traducido por Martin Thom (Cambridge University Press, 2009). La efervescencia intelectual de París durante el siglo XIII merecería un libro aparte. Busque el de Cecilia Gaposchkin —que se publicará próximamente—. Sobre los brillantes edificios de la ciudad y sus alrededores, se pueden leer las teorías del propio Suger sobre la luz y su iglesia en *Suger of Saint Denis, On the Abbey Church of St- Denis and Its Art Treasures*, traducido por Erwin Panofsky (Princeton University Press, 1979). Sobre la Sainte-Chapelle y su relación con el rey Luis IX, véase Meredith Cohen, *The Sainte Chapelle and the Construction of Sacral Monarchy: Royal Architecture in Thirteenth-Century Paris* (Cambridge University Press, 2014); y el trabajo de Alyce A. Jordan, *Visualizing Kingship in the Windows of the Sainte-Chapelle* (Brepols, 2002). En cuanto a la rivalidad entre las iglesias de la Île-de-la-Cité, ver Rebecca A. Baltzer, «Notre-Dame and the Challenge of the Sainte Chapelle in Thirteenth-Century Paris», en *Chant, Liturgy, and the Inheritance of Rome: Essays in Honour of Joseph Dyer*, editado por Daniel J. DiCenso y Rebecca Maloy (Boydell & Brewer, 2017), páginas 489-524. Pero las brillantes vidrieras no eran la única luz de la ciudad, como hemos visto. También había fuego. Sobre la persecución de las comunidades minoritarias, especialmente los judíos de Europa, durante este periodo, véase sobre todo David Nirenberg, *Communities of Violence: Persecution of Minorities in the Middle Ages* (Princeton University Press, 2015). Sobre Francia específicamente, contamos con el libro de William Chester Jordan, *The French Monarchy and the Jews: From Philip Augustus to the Last Capetians* (University of Pennsylvania Press, 1989); y hay que leer las propias fuentes en *The Trial of the Talmud: París, 1240*, traducido por John Friedman y Jean Connell Hoff (Pontificio Instituto de Estudios Medievales, 2012). Sobre los que llevaron a cabo la persecución y sobre la creación de la Inquisición, véase James B. Given, *Inquisition and Medieval Society: Power, Discipline, and Resistance in Languedoc* (Cornell University Press, 2001). Sobre el nacimiento de la universidad medieval y la cultura intelectual que abrió las mentes y aplastó la disidencia, comience con Ian P. Wei en *Intellectual Culture in Medieval Paris: Theologians and the University, c. 1100-1330* (Cambridge University Press, 2012).

Capítulo 15

Los movimientos a través de la estepa, entre Europa y Asia, son tal vez de los más congruentes de toda la Edad Media. A menudo, las discusiones sobre ese persistente encuentro a través de los siglos se centran en el contacto religioso, primero en el Oriente Medio moderno. Sobre esto, tenemos el excepcional trabajo de Christopher MacEvitt, *The Crusades and the Christian World of the East: Rough Tolerance* (University of Pennsylvania Press, 2009). Cuando ese encuentro se prolongó al interior de Asia, sobre todo en los siglos XIII y XIV, involucró a los frailes. Sigue siéndonos aquí útil Christopher Dawson con *Mission to Asia* (University of Toronto Press, 1980); y se puede leer uno de los diarios de los frailes gracias a William de Rubruck en *The Mission of Friar William of Rubruck: His Journey to the Court of the Great Khan Möngke, 1253-1255*, traducido por Peter Jackson (Hackett, 2009). Pero trabajos más recientes, atentos a las cuestiones de raza, nos han hecho repensar la forma de hablar de este periodo. Véase Shirin Azizeh Khanmohamadi, *In the Light of Another's Word: European Ethnography in the Middle Ages* (University of Pennsylvania Press, 2013); así como Sierra Lomuto, «Race and Vulnerability: Mongols in Thirteenth-Century Ethnographic Travel Writing», en *Rethinking Medieval Margins and Marginality*, editado por Anne E. Zimo *et al.* (Routledge, 2020), páginas 27-42. Es de vital importancia que, como hemos intentado mostrar en este capítulo, nos aseguremos de pensar en los mongoles y otros grupos a lo largo de la Ruta de la Seda como sujetos y no solo como objetos. Para ello, tenemos obras como la de Richard Foltz, *Religions of the Silk Road* (St. Martin's Press, 1999), y la de Jack Weatherford, *The Secret History of the Mongol Queens: How the Daughters of Genghis Khan Rescued His Empire* (Broadway, 2011), así como artículos más especializados que señalan las expansivas conexiones que estableció el imperio, tales como el de Hosung Shim, «The Postal Roads of the Great Khans in Central Asia under the Mongol-Yuan Empire», en *Journal of Song-Yuan Studies* 44 (2014), páginas 405-69.

Capítulo 16

Contamos con muchas recopilaciones, completas y exhaustivas, de fuentes que mejoran nuestra comprensión sobre la peste negra, tanto en Europa como en el Mediterráneo. Dos de estos libros son *The Black Death*, editado por Rosemary Horrox (Manchester University Press, 1994), y el de John Aberth, *The Black Death: The Great Mortality of 1348-1350: A Brief History with Documents* (Bedford St. Martins, 2005). David Herlihy, en *The Black Death and the Transformation of the West* (Harvard University Press, 1997), intenta reflexionar sobre las transformaciones que conllevó la peste. Sin embargo, sus conclusiones deben ser tratadas con cautela, ya que nuevas investigaciones han demostrado que varias de sus hipótesis debieran revisarse. Más recientemente, Bruce M. S. Campbell, en *The Great Transition: Climate, Disease and Society in the Late Medieval World* (Cambridge University Press, 2016), ha intentado hacer algo similar y pensar en las alteraciones de gran alcance provocadas no solo por la peste, sino por un cambio climático significativo a finales de la Europa medieval. Pero, si uno quiere entender la peste negra en sí misma, es absolutamente necesario comenzar con el trabajo de Monica H. Green. Su reciente ensayo «The Four Black Deaths», en *American Historical Review* 125 (2020), páginas 1601-31, ha cambiado nuestra forma de pensar sobre todo ello. Además, la colección de ensayos en *Pandemic Disease in the Medieval World: Rethinking the Black Death*, editado por Monica H. Green (Arc Humanities Press, 2015), constituyó el primer paso para demostrar cuán global fue realmente la segunda pandemia de la peste. El ensayo en esa colección de Robert Hymes, «Epilogue: A Hypothesis on the East Asian Beginnings of the Yersinia pestis Polytomy», páginas 285-308, es especialmente importante para mostrar los orígenes de la epidemia, así como la necesidad de la interdisciplinariedad en la investigación de este tema. Gérard Chouin, con «Reflections on Plague in African History (14th-19th c.)», *Afriques* 9 (2018), también muestra por qué África debe formar parte de esta discusión. Por último, al hablar de la enfermedad, no podemos olvidar que los medievales eran seres humanos, con cuerpos que sufrían. Para hacerse una idea de cómo los europeos de la época pensaban sobre ellos mismos, véase Jack Hartnell y su *Medieval Bodies: Life and Death in the Middle Ages* (W. W. Norton, 2019).

Capítulo 17

Todo el mundo debería leer a Dante. Una de las traducciones más fáciles de conseguir es *Dante Aligheri, The Divine Comedy*, traducida por Mark Musa (Penguin, 2014). La época de Dante, tanto en Florencia como en Rávena, aparte de sus escritos, es rica y excepcional, y cobra vida con intensidad en el libro de John Took, *Dante* (Princeton University Press, 2020). Se podría uno pasar toda la vida leyendo comentarios sobre Dante, pero, en inglés y sobre el tema concreto de Rávena, cabe recurrir a Rachel Jacoff y su «Sacrifice and Empire: Thematic Analogies in San Vitale and the Paradiso», en *Renaissance Studies in Honour of Craig Hugh Smyth* (Giunti Barbéra, 1985), volumen 1, páginas 317-32; o más ampliamente, sobre los mosaicos y el arte bizantino, a E. D. Karampetsos: *Dante and Byzantium* (Somerset Hall Press, 2009), especialmente para una discusión inicial del mosaico del emperador Justiniano. En cuanto a la Florencia natal de Dante, el punto central de tantos estudios sobre el arte y el llamado Renacimiento italiano, hay que consultar obras como la de John Najemy, *A History of Florence* (Wiley- Blackwell, 2008); o trabajos más especializados como el de Franklin K. B. Toker, «Florence Cathedral: The Design Stage», *Art Bulletin* 60 (1978), páginas 214-31. Hubo, por supuesto, otras ciudades importantes en la península italiana durante la Baja Edad Media, y la efervescencia provocada por sus rivalidades es motivo de comprensible, e interminable, fascinación. Por ejemplo, sobre Venecia, véase a Deborah Howard, *Venice and the East* (Yale University Press, 2000); o para una visión general se puede empezar con Trevor Dean y Daniel Philip Waley, *The Italian City Republics* (Routledge, 2013); sobre la vida económica y social de esas ciudades, tenemos a Sheilagh Ogilvie, con *Institutions and European Trade: Merchant Guilds 1000-1800* (Cambridge University Press, 2011). Pero como mencionamos en el capítulo, siempre deberíamos pensar en las ciudades como parte del paisaje medieval, y no hay mejor lugar para hacerse una idea de ellas que las reflexiones de Miri Rubin en *Cities of Strangers: Making Lives in Medieval Europe* (Cambridge University Press, 2020).

Epílogo

Sobre el fascinante debate entre el fraile Bartolomé de las Casas y el humanista Sepúlveda —quizá marcando el final de las Edades Brillantes— hay muchas obras que merecen nuestro tiempo, entre ellas la de Anthony Pagden, *The Fall of Natural Man: The American Indian and the Origins of Comparative Ethnology* (Cambridge University Press, 1982), y la de Lewis Hanke, *All Mankind Is One: A Study of the Disputation Between Bartolomé de las Casas and Juan Ginés de Sepúlveda in 1550 on the Intellectual and Religious Capacity of the American Indians* (Northern Illinois University Press, 1994); así como, más recientemente, la excelente de Rolena Adorno, *Polemics of Possession in Colonial Spanish American Narrative* (Yale University Press, 2007). Ese debate, sin embargo, no estableció un periodo temporal «medio». Para ello, sin duda, debemos bastante a Petrarca y al antiguo pero perspicaz ensayo de Theodore E. Mommsen, «Petrarch's Conception of the "Dark Ages", *Speculum* 17 (1942), páginas 226-42, que sigue siendo útil. También es importante aquí el trabajo de los historiadores del siglo XIX, particularmente Jacob Burckhardt, con *The Civilization of the Renaissance in Italy*, traducido por S. G. C. Middlemore (Penguin, 1990). Burckhardt sigue siendo útil, ya que demuestra cómo nuestra concepción de la Edad Media determina la forma en que pensamos sobre el periodo. Estudiar esas ideas, especialmente en el siglo XXI, puede ser tan importante como estudiar el periodo en sí. Por fortuna, resulta asombroso el magnífico trabajo que se está realizando en este sentido. Para obtener una visión general, comience con obras como la de David Matthews, *Medievalism: A Critical History* (Boydell & Brewer, 2015); o la de Andrew B. R. Elliott, *Medievalism, Politics, and Mass Media: Appropriating the Middle Ages in the Twenty-First Century* (D. S. Brewer, 2017); o los ensayos recogidos en *Medievalisms in the Postcolonial World: The Idea of «the Middle Ages» Outside Europe*, editado por Kathleen Davis y Nadia Altschul (Johns Hopkins University Press, 2010). Por último, la cuestión de la raza en la Edad Media, así como el legado de esa idea, a partir de cómo ha sufrido determinada apropiación y ha sido desplegada, está recibiendo por fin la atención académica más amplia que merece. Véase, por ejemplo, Geraldine Heng, *The Invention of Race in the European Middle Ages* (Cambridge University Press, 2018), y Cord J. Whitaker, *Black Metaphors: How Modern Racism Emerged from Medieval Race-Thinking* (University of Pennsylvania Press, 2019). Al cabo, la humanidad y el horror de las Edades Brillantes nos incumben a todos. Examinar el pasado medieval tal y como ha sido analizado por los negros americanos —Matthew X. Vernon, *The Black Middle Ages: Race and the Construction of the Middle Ages* (Palgrave, 2018)— nos muestra mundos posibles, un objetivo absolutamente en consonancia con lo que hemos pretendido en *Las Edades Brillantes*.

Índice temático

Abdallah Ibn Khurradadhbih, 132

Abū 'Ubaydah' Āmir ibn 'Abdillāh ibn al- Jarāh, 70

Abul-Abass, 108

Academia de Atenas, 54

Adaloaldo, 82

Ademar de Chabannes, 155

Adriano, emperador, 92, 93, 104, 172, 226

Adrianópolis, batalla de, 31, 226

Aelfwald, rey de Anglia Oriental, 98, 101

Aethelbald, rey de Mercia, 98

Aethelbert, rey de Kent, 102

África del Norte, 62
    convivencia interreligiosa en, 73
    difusión de las ideas desde, 89
    Luis IX y la guerra santa en, 262, 263

Véase también Egipto

Agilulfo, duque lombardo, 82

Agnolo di Tura, 267, 268, 274

Agustín de Hipona, 25, 149, 161, 220
    Ciudad de Dios, 25
    conpelle intrare, 221, 222
    cultura intelectual europea y, 161
    teoría de la «guerra justa», 149, 161, 221

Alarico, general visigodo, 31, 32, 38
    saqueo de Roma (410), 13, 31

Alcuino, 101

Aldhelm, clérigo y erudito británico, 92

Alejandría, 76, 78, 186, 193

Alepo, 46, 193, 210, 272

Alfonso VI, rey de León y Castilla, 177-179

Alfredo el Grande, rey de Wessex, 128

América del Norte, 124, 125, 136

Véase también Nuevo Mundo

Amiano Marcelino, 31

amor romántico, eros, 203

historia de Guigemar, 201-204

Ovidio y el, 203

Anales Reales Francos (ARF), 108

Anastasio I, emperador bizantino, 48

Andrés de Fleury, 154

Anécdotas (Procopio), 50, 56

Anthemios de Tralles, 51

Antioquía, 62, 76, 162, 210

apocalipsis, 159, 160, 163, 225, 226, 229, 280, 305

y la peste negra, 280, 305

Apocalipsis, libro del, 117, 158, 159, 225, 229

Aquino, Tomás, 182, 183, 198, 214

y Aristóteles, 198

prohibición de las obras de, 182, 183

Summa Theologiae, 182

Aquisgrán, 107, 109, 115, 117, 161, 167, 177

arábiga, península, 62, 64, 73, 186, 271, 279

culturas religiosas y políticas del *haram* en, 63, 64

Aristóteles, 16, 54, 170, 182, 183, 186-188, 195, 198, 205, 223, 291, 295, 296, 301

arrianismo, 78, 79, 84

arte y arquitectura medievales, 105, 233, 239

Arturo y los caballeros de la Mesa Redonda, 205, 207, 208

ascetismo, 87, 251

Assassin's Creed (videojuego), 20

Ataúlfo, rey visigodo, 32-34

Atila el Huno, 85, 142

ávaros de Panonia, 111, 112

ayubí, dinastía, 258, 262

Bagdad, 38, 69, 73, 104, 107, 119, 130, 132, 167, 176, 186, 192, 196, 198, 253, 256, 264, 265, 271, 285

Califato abasí y, 73, 132, 138

comercio, 253, 254

conquista mongola y, 249, 251, 252, 255

Baibars al-Bunduqdar, 263, 264

Baltzer, Rebecca, 241

Bath y Wells, Inglaterra, 288

Batu Khan, 260

Beda (Beda el Venerable), 94, 97-99

Historia eclesiástica del pueblo inglés, 97

Belisario, 40-42, 44, 45, 50, 51, 56, 77

Benito de Nursia, san, 87, 88, 152

regla de, 87-89, 152

Beowulf (anónimo), 100, 101

Bernardo de Angers, 144, 146, 150, 153

    Libro de santa Foy, 144, 145, 147, 148, 150

Bernardo de Chartres, 199

Bernardo de Claraval, 205, 206, 213, 239

Bernardo de Septimania, 109, 121

Bertha, reina de Kent, 102

Béziers, 218, 219, 222, 230, 231

Blanca de Castilla, reina, 243

Boccaccio, Giovanni, *Decamerón*, 274

Bourges, arzobispo de, 154, 155

Canuto, rey de Inglaterra y Dinamarca, 137

Carlomagno, emperador, 44, 104, 107-109, 111-120, 122, 142, 144, 147, 151, 161, 165, 177, 208, 213

    Harun al-Rashid y, 108

    palacio de Aquisgrán, 107, 109, 117, 118, 161

Carlos el Calvo, emperador, 119-122

Carlos el Simple, rey, 129

Carlos el Temerario, duque de Borgoña, 179

Casas, Bartolomé de las, 295-297

    castellum, 146

Castilla, reino, 175, 177, 178, 210, 295

    Alfonso VI, rey de, 176, 180

    debate de Sepúlveda en Valladolid, 295-297

Blanca de, reina, 243

Celestino III, papa, 223

Chauliac, Guy de, la *Gran Cirugía*, 273

China, 73, 85, 130, 252-255, 258, 265, 271-273, 278, 279

    dinastía Jin, 254

    Marco Polo y, 253, 265

Chinggis (Genghis) Khan, 254, 255, 257, 259, 260, 265

Chrétien de Troyes, 208

ciencia, 94, 192, 196, 199, 212, 244, 270, 272

    Anthemios e Isidoro, 51

    mito de que la Edad Media careció de ella, 272

Ciudad de Dios (Agustín), 25, 29

civilización occidental, 17, 20, 303

Clemente VI, papa, 277

Clodoveo, rey de los francos, 85

Clotilde, princesa borgoñona, 85, 86

Concilio de Nicea, 13

Concilio de Troyes, 170

Conques, Francia, 146

    monasterio de, 143, 145, 147, 148, 150, 151

Conrado III, emperador, 213

Constancio III, emperador, 34

Constantino el Grande, 43, 61, 85, 116, 118, 246

    mapa en mosaico en la iglesia de San Jorge, 61

    reconstrucción de Jerusalén, 68

Constantinopla (Bizancio), 21, 23, 26-28, 33, 34, 37, 39-47, 50, 51, 53, 55, 57, 58, 62, 65-68, 76, 77, 79-81, 89, 93, 98, 113, 114, 123, 124, 130, 131, 137, 138, 162, 164, 186, 193, 198, 218, 220, 222, 224, 230, 231, 234, 245, 246, 249, 253, 257, 264, 265, 279, 285

Santa Sofía, 51-54, 137

saqueo de (1204), 220

Véase también Imperio bizantino

Constanza, reina de León, 179

Corán, el, 169-171, 187

Córdoba, 69, 173, 177, 182, 185, 187-189, 191, 196

corona de espinas, 234, 245, 246, 249

Cosroes II, emperador de Persia, 67

cristianismo

adopcionismo, 177

antijudaísmo y, 61, 277

arrianismo, 78, 79, 84

cánones del Concilio de Letrán, 235, 276

IV Concilio de Letrán, 235, 275, 276

Controversia de la Investidura, 222

flagelantes, 275, 276

iconoclastia, 114

ortodoxia bizantina, 65

regla de Benito, 87, 88

Véase también herejes o herejía; guerra santa; monjes y monacato; papado;

Roma; papas y figuras religiosas específicas

Crónica anglosajona, 127

Crusader Kings (videojuego), 20

Cruzadas, 205

Cruzada contra los albigenses, 230

Cuarta Cruzada, 218, 219

Primera Cruzada, 162, 205, 220

Tercera Cruzada de Ricardo I, 303

Cuthbert, san, 123

Damasco, 61, 68, 176, 210

Califato omeya en, 68, 176

iglesia de San Juan en, 62, 82

Daniel el Estilita, 47, 48

Dante Alighieri, 14-16, 18, 284, 290-293, 297, 299, 306

Divina comedia, 14, 284, 290-292

en Rávena, 14

Decamerón (Boccaccio), 274

Dhuoda, Manual, 120-122

Diálogos (Gregorio I), 81, 88

Dinamarca y los daneses, 107, 108, 120, 128, 129, 137

Canuto, rey de Inglaterra y, 137

Piedras de Jelling, 129

Divina comedia (Dante), 14, 284, 290-292

búsqueda de la luz (luce etterna), 291, 292

Infierno, 14, 292

Paraíso, 14, 292, 293

Purgatorio, 14

referencia a las estrellas, 14, 291, 292

Domingo de Guzmán, 230

dominicos, 230, 234, 235, 275, 276
  como «sabuesos del Señor», 235
  flagelantes y, 275, 276
  predicación contra los herejes, 230

Donner, Fred, 61

Durr, Shajar al-, 262, 263, 266

Eadbald de Kent, rey, 102, 103

Ecgburh, abadesa de Repton, 101

Edad Media
  comienzo de la, 13, 23-25
  fin de la, 13-16
  «medieval», 17, 20, 21, 288, 295
  no cristianos y no blancos, 206
  nuevo saber griego, 295
  representación de la, por Haskins, 204-206
  Véase también Edades Brillantes; Edades Oscuras; temas específicos

Edades Brillantes, 14, 18, 19, 21, 60, 102, 143, 165, 181, 186, 195, 199, 240, 261, 269, 284, 291, 297, 301
  continuidad de los clásicos romanos y los Padres de la Iglesia, 228
  eclipse de las, 297
  final de las, 284
  juicios de valor en la investigación del pasado, 302
  Véase también Edad Media

Edades Oscuras, 13, 19, 21, 25, 50, 102, 104, 142, 166, 272, 295, 298, 301, 302, 305, 306
  cierre de la Academia de Atenas, 54

  como mito, 13
  estereotipos de las, 102, 302
  mito de la falta de ciencia, 272
  Petrarca y las, 297, 298, 302

educación medieval
  Aristóteles y la, 182, 183, 198, 205, 223
  creación de la universitas, 223, 243, 244
  de las mujeres, 212, 213, 242
  escuela catedralicia de Notre-Dame, 242
  escuela de griego y latín, 92
  escuelas catedralicias, 242, 244
  Universidad de Oxford, 244
  Universidad de París, 182, 198, 228, 243, 274
  Universidad de Toulouse, 198
  universidad más antigua, en Bolonia, 223

Egipto, 46, 66, 67, 95, 98, 165, 185, 186, 193, 194, 198, 217, 224, 249, 256, 258, 260-263, 279
  asedio de Damieta, 249, 262, 263
  campaña de Luis IX en, 262, 263
  dinastía ayubí en, 258, 262
  gobierno mameluco, 263

El Cairo, 69, 185-187, 193, 198, 262, 264, 274

Emma, reina de Kent, 102

Enrique II, rey de Inglaterra, 205-211, 213
  matrimonio con Leonor de Aquitania, 210

Enrique V, emperador, 289

Eriksson, Leif, 135

Escandinavia, 100, 126, 128, 131, 138
culturas sincréticas y, 126

esclavitud, 63, 105, 133, 134, 253, 264, 266, 300
diferencia racial y alteridad, 300
Mona Lisa y, 299

España, 23, 139, 174, 175, 186-189, 196, 198, 244, 264, 272, 279, 295
batalla de Guadalete, 173
como al-Ándalus, 173, 175-177, 189, 190, 192
como Hispania, 12, 34, 35, 72, 77, 84, 171-173, 175
conceptualizaciones modernas de, 174, 175
cristianos mozárabes en, 170, 178, 180, 181
Crónica (del año 754), 173
fascistas de Franco y, 174
Gala Placidia y su esposo en, 34
judíos masacrados en Tárrega, 277, 278
Reconquista, 174, 175, 180
reino visigodo, 172, 176
Véase también ciudades concretas

Estados Unidos, 20, 304
constructo de la herencia «anglo-sajona», 304
supremacía blanca y los, 304

Estilicón, 31-33

Europa, 15-19, 26, 30, 31, 36, 44, 46, 60, 62, 68, 74, 76, 84, 85, 106-108, 110, 112, 114, 124, 125, 130, 142, 148, 155, 156, 161, 169, 171, 172, 188, 196, 204-206, 211, 212, 215, 223, 226, 234-237, 242, 244, 252, 253, 256, 258-261, 270, 271, 273, 275-277, 279, 280, 284, 285, 287, 291, 296, 300, 302-304
batalla de Tours, 172
«civilización occidental» y, 17, 20, 303
dinastía capeta, 179, 237
dinastía carolingia, 108-110, 122, 127, 138
etnocentrismo y, 259
hambruna del 370, 30
imperialismo y, 304
lugar en los sistemas globales, 19
Renacimiento del siglo XII, 204
utilización del pasado medieval para justificar ambiciones coloniales y políticas, 303
Véase también Francia; España; Italia; ciudades específicas; reyes; regiones

Eutiquio de Alejandría, 71, 72

Farabi, Abu Nasr al-, 196

Federico I, emperador, 44, 224

Federico II, emperador, 181, 212, 213, 303

Felipe I, rey de Francia, 237

Felipe II Augusto, rey de Francia, 224, 230, 243

Félix, *Vida de Guthlac*, 98, 99, 101

Feroe, islas, 136

feudalismo, 19

flagelantes, 275, 276

Flavio Aecio, 35, 85

Florencia, 14, 283, 284, 289, 290, 298
historia de la catedral florentina, 284, 290

Ordenanzas de Justicia, 283

Secondo popolo, 283

Fontenoy, batalla de, 119-121, 151

Foy, santa (santa Fe), 143-147, 151-155

Francia, 23, 32, 36, 87, 89, 109, 116, 119, 121, 130, 138, 141-143, 147, 153, 154, 162, 169, 172, 179, 186, 192, 194, 206, 218, 219, 224, 226, 227, 230, 233-237, 244, 245, 247, 248, 252, 253, 262, 264, 272, 274, 276, 278

«*buenos cristianos*» en, 156, 218, 228, 229, 231

castellum, 146

cátaros y herejía en, 226-228, 230, 231, 234, 235, 245

historia de San Gerbert, 141-145

Véase también dinastía carolingia; francos

Francia, Marie de, 206

Guigemar, 206

Lais, 206, 211

lay de *Lanval*, 206-209, 211

franciscanos, 234, 251, 252, 260, 276

Guillermo de Rubruck, 253

misión con los mongoles, 251, 252

predicación contra los herejes, 234, 251, 276

Francisco de Asís, 234, 239

Franco, Francisco, 174

francos, 36, 84, 85, 108, 110-114, 116-122, 125, 151, 155, 157, 159-161, 164-168, 172, 222, 239, 255

Freydís (hermana de Leif Eriksson), 124, 135, 136

frisones, 104

Gala Placidia, 11, 12, 14, 15, 21, 23-26, 28, 31-33, 35, 37-39, 42, 44, 100, 172, 293, 306

Galia, 36, 87

Galicia, 178

Geoffrey de Monmouth, 208

Geraldo de Aurillac, san, 144, 149-151

Gerbert, san, 141-145

Ghazali, al- (Algazel), 182

Gibbon, Edward, *Historia de la decadencia y caída del Imperio romano*, 25, 37

godos/visigodos, 11, 28, 30-33, 77, 78, 84, 87, 100, 172-174, 176, 177, 179

batalla de Adrianópolis, 31, 226

saqueo de Roma (410), 13, 31

tregua de Valia con Roma, 34

Gran Bretaña, 15, 89-96, 98, 99, 102, 104, 127-130, 148, 208, 212, 241, 301

«la anarquía», 208

Canterbury, 92

Canuto, rey de, y Dinamarca, 137

Carta Magna y autoridad real, 245

cementerio de la peste, Londres, 269, 278

Codex Amiatinus, 104

Crónica anglosajona, 127

Cruz de Ruthwell, 95, 97-99, 101, 129

Cruz de Wilton, 93

entierro de barcos en Sutton Hoo, 93

epopeya de Beowulf, 100-102

moneda del rey Offa, itinerario de la, 103, 104

saqueo vikingo de Lindisfarne, 127

Sínodo de Whitby, 103

Teodoro de Canterbury y, 92

Véanse también gobernantes específicos

Gran Cirugía (Guy de Chauliac), 273

Granada, 177

Green, Monica H., 270

Gregorio de Tours, 75, 85, 86

Gregorio I el Grande, 76, 88, 96, 102, 114, 275

Diálogos, 81, 88

Regla de cuidado pastoral, 80

Vida de Benito, 88

Gregorio IX, papa, 234, 235

Groenlandia, 135, 136, 139

guerra santa (guerra religiosa), 66, 157, 158, 160, 164, 165, 168, 171, 193, 223, 230, 231, 234, 249

asedio de Béziers, 218, 219, 222, 229

ataque a Constantinopla, 231

IV Concilio de Letrán y, 235, 275, 276

conpelle intrare de Agustín y la herejía, 221, 222

rechazo de la teoría del «choque de civilizaciones», 60, 158, 166, 173

Guía de los perplejos (Maimónides), 187, 197

Guillermo de Nangis, 281

Guillermo de Rubruck, 253

Guillermo el Conquistador, 138

Guillermo II, káiser, 303

Guinefort, san, el «galgo santo», 227, 228, 259

Guthlac de Crowland, san, 98, 99, 101, 102, 148, 151

Guy, abad de Les-Vaux-de-Cernay, 217, 219

Güyük Khan, 261

Harald *Diente Azul*, rey de Dinamarca y Noruega, 129

Harald Hardarada, 124, 126, 137, 138

haram, 63, 64

Harold II Godwinson, rey de Inglaterra, 138

Harun al-Rashid, califa, 108

Hasdai ibn Shaprut, 177

Haskins, Charles Homer, 204-206

Heng, Geraldine, 300

Heraclio, emperador, 66-68

Hilda, abadesa de Whitby, 103

Hildegarda de Bingen, 206, 211-215

carta a Bernardo de Claraval, 206, 213

carta a Enrique II, 205, 213

Historia de la decadencia y caída del Imperio romano (Gibbon), 25

Historia de la guerra de Italia (Procopio), 41

Historia eclesiástica del pueblo inglés (Beda), 97

Ibn 'Abd al-Hakam, 173

Ibn Alī Al-Maqrīzī, 274

Ibn Ezra, Abraham, 191

Ibn Fadlan, 132-134

Ibn Khātima, 272

Ibn Rushd (Averroes), 181, 182, 195

«nuevo» Aristóteles, 182

Ibn Sina (Avicena), 182, 195

comentarios sobre Aristóteles, 195

Ibn Tibbon, Judá, 116, 196

Ibn Tumart, Abu Abd Allah Muhammad, 188-191, 195

Ilustración, 60, 302

Imperio almohade, 188

Imperio almorávide, 188

Imperio bizantino (Imperio romano de Oriente), 39, 45, 165

Véase también Constantinopla

Imperio otomano, 16

Imperio persa, 55, 65

Conflicto con los bizantinos, 55

Imperio sasánida y, 93

judíos y cristianos en el, 65

zoroastrismo, 63-65

Imperio romano, 26, 29, 31, 34, 36, 41, 42, 44, 45, 47, 54, 67, 150

Occidente, 11, 26, 27, 35

Oriente (véase Imperio bizantino; Constantinopla)

Véase también Italia; Roma

Inglaterra. Véase Gran Bretaña

Inocencio III, papa, 217, 219, 223, 225-235

Mateo 13:24-30 y, 229

Inocencio IV, papa, 260

Inquisición, 235, 295

Isidoro de Mileto, 51

Islandia, 131, 136, 139, 288

Italia, 11, 14, 16, 23, 27, 28, 31, 32, 34, 37, 39-42, 44, 47, 76, 77, 79, 81, 87, 91, 100, 114, 120, 138, 142, 162, 169, 186, 192, 205, 234, 244, 287, 298, 299

Véase también Florencia; Roma; ciudades específicas

Jázaros, 123, 131, 132

Jerónimo, san, Padre de la Iglesia, 28, 30, 142

Joaquín de Fiore, 225

Jordanes, *Historia de los godos* por, 33

Juan, rey de Inglaterra, 210

Juan de Plano Carpini, fraile, 260, 263

judaísmo y los judíos, 58, 60, 61, 63, 69, 70, 131, 188, 192, 236

expulsión de Francia, 262

Véase también Maimónides, Moisés

Juego de tronos (serie de HBO), 20

Justiniano, emperador, 14, 39-42, 44, 45, 48-51, 54-58, 61, 65, 77, 116-118, 269

Código de, 116-118

Procopio sobre, 50, 56

Justino I, emperador, 48

Justino II, emperador, 86

Jutta, en Disibodenberg, 211, 212

Karakorum, 249, 252, 259, 263, 264
Kelly, Joan, 205
Kerbogha, Atabeg de Mosul, 163
Kessler, Herbert, 105
Khawarizmi, al-, 170
Khwarazm (sultanato persa), 255, 256
Kiev, 123, 124, 137, 260
Kim, Dorothy, 300
Kublai Khan, 253, 265

La Meca, 58, 64, 65, 69, 70, 167, 279
Lanval, 206-209, 211
León, reino, 178
    Alfonso VI y, 176, 180
    monasterio de Sahagún, 179
León I, papa, 27
León III, papa, 115
León y Castilla, reino, 169
Leonardo da Vinci, Mona Lisa, 299
Leonor de Aquitania, 205-211, 238
    leyenda negra de, 209-211
    hijos de, 205-209
    matrimonio con Enrique II, 206
    matrimonio con Luis VII, 238
Levitaso, Abuteus, 181
ley
    Carlomagno y la, 109, 112, 116
    Código de Justiniano, 116-118

«pacto de Omar», 72
Libro de la contemplación (Osama), 167
Libro de santa Foy (Bernardo), 144, 145, 147, 148, 150
    historia del antiguo monje Gimon, 148
    historias de Rainon y Pons, 148
Lisboa, 188
lombardos, 44, 77-80, 82, 84, 90, 110, 111, 114
Lomuto, Sierra, 259, 300
Londres, 288
    cementerio de la peste, 269, 278
Lotario I, emperador, 119, 120
Luis VI, rey de Francia, 209, 237, 238, 262
    Suger, abad de Saint-Denis y, 238
Luis VII, rey de Francia, 209
Luis IX, rey de Francia, 233, 235, 243, 245, 247, 251, 261, 263
    como christianissimus rex, 247
    confiscación de bienes judíos, 214
    mongoles y, 261
    persecución de los judíos y el Talmud, 261
Luis el Germánico, 119, 120
Luis el Piadoso, emperador, 109, 119, 121

magiares, 142, 146
Mahoma, 58, 59, 64, 65, 69-71
    Monte del Templo y, 70

viaje nocturno a Jerusalén, 70

Maimónides, Moisés, 182, 187-189, 192-199

conversión al Islam y, 192, 193

en Egipto, 193-195

Guía de los Perplejos, 187, 197

huida de España, 192

lenguaje de, 192

líder de la comunidad judía, 194

muerte de su hermano David, 186

práctica de la medicina por parte de, 194

rescate de cautivos judíos, 194

Malik, sultán al-, 262

mamelucos, 263-265

Mamum, al-, 177, 178

Manual (Dhuoda), 120-122

Maquiavelo, Nicolás, 299

Marrakech, 188

Marruecos, 185, 188, 189, 193

Martín de Tours, san, 149

Mauricio, emperador, 81

Medina (antes Yathrib), 59, 64, 69

Meir de Rothenberg, rabino, 236

Melito, como misionero en Gran Bretaña, 90, 91

Miguel Escoto, 181

Milán, 27, 82, 83

Möngke Khan, 251, 253, 264

mongoles, 249, 251-253, 255-261, 263-265, 271, 279, 300

Chinggis (Gengis) Khan, 254, 255, 257, 259, 260, 265

Confederación Mongola, 254

conquista del noroeste de China, 255

conversión al islam y los, 251

culto a Tengri, 257

derrota ante los mamelucos, 264

identidad panmongola y, 255

imperio de los, 252, 264, 279

lenguaje de los, 261

matrimonio con familias gobernantes locales, 265

misión de Inocencio IV a los, 260, 261

peste negra y los, 271, 279

Ruta de la Seda y comercio, 255, 257

viajes de los frailes franciscanos hasta los, 260, 261

monjes y monacato

abadesa Hilda, 103

Gregorio I el Grande y, 76, 77, 102

Guthlac, 98, 99, 101, 102, 148, 151

Hildegarda de Bingen y, 206, 211-215

Luis VI y Suger, 237, 238

monasterio de Canterbury, 92

monasterio de Cluny, 149, 169, 171, 179, 181, 198, 228

monasterio de Conques y santa Foy, 143, 145-148, 150, 151

monasterio de Fleury-sur-Loire, 152, 237

monasterio de Les-Vaux-de-Cernay, 217-219, 221

monasterio de Sahagún, 179

monasterio de Saint-Denis, 237, 238, 240, 248

monasterio mixto en Repton, 98, 101

monasterio mixto en Whitby, 103

Narrativa (Ibn 'Abd al-Hakam), 173

Navarra, reino de, 175, 177, 178

Nennius, monje de Gales, 208

nestorianos, 65, 257, 258, 261
como cristianismo asiático dominante, 258
en Asia, 65, 261
imperio mongol y los, 257
naturaleza de María y Jesús y los, 257
Rabban (o «maestro») Bar Swama y la alianza mongola, 265, 266

Nithard, *Historias* de Nithard, 122

Normandía, 129, 130, 137, 138, 210, 237
«la anarquía» y, 208

Noruega, 124, 129, 136-138, 305
batalla de Stiklestad, 137
Harald Hardarada, rey, 124, 126, 137, 138
Olaf II y la unificación, 137

Nueva Jerusalén, 47, 61, 160, 246

Nuevas crónicas de Florencia, 283

Nuevo Mundo, 295
colonización española del, 295, 296
debate sobre la humanidad de los nativos del, 295-297

Odo de Cluny, 149, 150, 152
Vida de Geraldo de Aurillac, 149, 150

Odoacro (Flavio Odoacro), 25

Offa, rey de Mercia, 103, 104, 119

Ögedei Khan, 259-261

Olaf II Haraldsson, rey de Noruega (más tarde San Olaf), 137

Omar ibn al-Jattab, 59, 60, 61, 68-72
iglesia del Santo Sepulcro y, 71
conquista de Jerusalén, 68-71
marco de convivencia y, 72, 73

Orosio, 29

Osama ibn Munqidh, 167, 168, 171
Libro de la contemplación, 167

ostrogodos, 39, 40, 77, 79

Ovidio, 202, 203

Pablo el Diácono, 82

Palermo, 181

París, 144, 187, 198, 210, 223, 233, 237, 238, 242, 249, 264, 268, 281, 288
arquitectura de Suger y, 238, 239
catedral de Notre-Dame, 223, 233, 234, 236, 240-242, 244-246
como centro de poder, 237, 240, 245
conexión con Jerusalén, 200
corona de espinas llevada a, 245, 246
escuela catedralicia de Notre-Dame, 223, 242, 244
judíos en, 235, 236
obispo de, 182, 183, 240, 241, 244, 247, 248
Palais de la Cité, 245
quema del Talmud, 234-237, 248, 261

represión de las ideas en, 198

Sainte-Chapelle, 233, 234

siglo XIII, arquitectura y el poder, la realeza y el lugar, 233, 234, 240

Universidad de París, 182, 198, 228, 235, 243, 244, 274

Paris, Matthew, 244

Pedro, monje de Les-Vaux-de-Cernay, 218-220

Pedro el Apóstol, 28, 76, 115

Pedro el Venerable, 169-171

adquisición del Corán, 169-171

Pelagio II, obispo de Roma, 76

Pentcheva, Bissera, 53

Peste de Justiniano, 77, 269

Peste negra (*Yersinia pestis*, peste bubónica), 15, 16, 136, 266-281, 306

como segunda pandemia de peste, 269, 279

COVID-19 y, 306

judíos como chivos expiatorios de la, 276, 279

orígenes de la, 267-271

Petrarca, 297-299, 302

Piedras de Jelling, Dinamarca, 129

Pipino el Breve, 108-111, 114

piratas, 142

Polo, Marco, 253, 265, 266

Preste Juan, 259, 263

Procopio, 41, 50-52, 55-57

Pulcheria, 27

Qádir, al-, 178

Quraysh, clan, 64, 70

Rabban (o «maestro») Bar Swama, 265, 266

Radegunda de Poitiers, 86-89

Rávena, 11, 14, 23, 24, 26, 27, 34-42, 44, 47, 54, 57, 76, 77, 80, 85, 117, 284, 292, 293, 306

asedio de Belisario, 39-41

basílica de San Vitale, 14, 44, 54, 117

como capital del Imperio romano de Occidente, 23, 24, 26, 27, 35

Dante en, 284, 292, 293

emperadores bizantinos, mosaico de, 14, 15, 44, 117

mausoleo de Gala Placidia, 11, 14, 23, 24, 36-38, 306

mosaicos e iglesias de, 14

obispo de, 80

reclamada por el Imperio romano de Oriente, 39

Raymond d'Aguiliers, 157, 158

Regla de cuidado pastoral (Gregorio I), 80

Renacimiento del siglo XII, 204-206

Renacimiento italiano, 15, 205, 284, 297-299, 303

Repton, monasterio en, 98, 101

Ricardo I, rey de Inglaterra, 210, 224, 303

Roberto II el Piadoso, rey de Francia, 237

Rodrigo, rey de los visigodos, 176

Roger de Ketton, 170, 214

Rollo, jefe de guerra noruego, 130, 138

Rómulo Augústulo, 13, 25

Rurik, fundador de Novgorod, 131

Rus y *rusiya*, 123, 125, 131-133, 260

    Asedio de Constantinopla, 131

    descripción de, 132, 133

    Ibn Fadlan viajando con, 132-134

    prácticas funerarias, 133

    príncipe Vladimir y el, 123

Rusticello, relato de Marco Polo, 265

Ruthwell, Cruz de, 95, 97-99, 101, 129

Saint-Denis, abadía de, 237, 238, 240, 248

Saint-Germigny-des-Prés (Francia), iglesia de, 116

Saladino, 186, 192-194, 223, 224, 258, 262, 291

    Maimónides y, 194

    recuperación de Jerusalén, 223, 224

Samuel ibn Nagrela, 177

San Jorge, Madaba, Jordania, iglesia de, 61

San Juan Bautista, Monza, catedral de, 82, 83

Sancho II, rey de Castilla, 178

santos y milagros

    como instructivo para los castellanos, 151, 152

    concilios de la Paz de Dios, 153, 156

    Gerbert y Guy, 143-145

    historia de santa Foy, 143-147, 153, 155

    historia sagrada y, 101, 160

    reliquias de, 36, 83, 150, 241

saqueo de Roma (410), 13, 25, 28-32, 38

saqueo de Roma (455), 39

Scivias (Hildegarda de Bingen), 212

Sepúlveda, Juan Ginés de, 295, 296

Sevilla, 81, 191

Sicilia, 124, 138, 139, 186, 210

Siena, 267

Sigerico, líder visigodo, 34

Simeón el Estilita, 46, 47

Simón de Montfort, 217-219, 221

Sínodo de Whitby, 103

Skye, isla de, 131

Sobre los edificios (Procopio), 52

Sofronio, patriarca, 59, 70-72

Sueño del crucifijo, El, 96

Suger, abad de Saint-Denis, 238, 239

Summa Theologiae (Aquino), 182

supremacistas blancos, 17, 92, 166, 167, 304

    disfrazados de cruzados, 304

    Edad Media y los, 17, 304, 305

    justificación de los, 92

    lucha entre el islam y los cristianos y los, 305

Sweyn *Barba Partida*, rey de Dinamarca, Noruega e Inglaterra, 129

Tarso, Turquía, 92

Tempier, Esteban, obispo de París, 183

templarios, 168, 171, 228, 304

Teodelinda, reina lombarda, 81-84, 89

  alianza con Gregorio I, 81, 82

  como regente de su hijo Adaloaldo, 82

  cristianismo y, 84

  final infeliz de, 83

  financiación y construcción de iglesias, 82

  gallina dorada con polluelos y, 83

Teodora, emperatriz, 14, 44, 45, 48-51, 54-57, 117

  aplastamiento de los disturbios de Nika por parte de, 50, 51

  historial como actriz, 49

  matrimonio con Justiniano, 49, 50

  muerte de, 57

  Procopio sobre, 50, 56, 57

Teodorico, rey de los ostrogodos, 39, 40

Teodoro de Canterbury, 92, 93

Teodosio I, emperador, 31, 116, 172

Teodosio II, emperador, 27, 35

Theotberga, 143, 144

Toledo, 169, 170, 172, 176, 177

  Alfonso VI y, 176-179

  arzobispo Elipando de, 177

  bajo el dominio islámico, 176, 177

  Bernardo, obispo de, 179, 180

  catedral de, 179, 181

  como capital del reino visigodo, 172, 176

  como centro de León y Castilla, 169

  como reino independiente, 176

  comunidad judía de, 177, 178

  conexión con Roma, papado, 180, 181

  cristianos en, 177, 180

  endurecimiento contra los no cristianos, 178, 179

  estudios de traducción en, 181

  relación con Cluny, 179, 181

  tratados árabes en, 170

  vínculos con el norte, 176, 177, 180

Tolosa, Francia, 227, 230

Tours, batalla de, 172

Tracia, 30, 48

Trajano, emperador de Roma, 172

tratados teológico-filosóficos, 194

Tudela, España, 186

Turanshah, sultán, 263

Turquía y los turcos, 15, 16, 67, 85, 92, 93, 162, 256, 261-264

  Shajar al-Durr y la alianza con los egipcios, 262, 263, 266

Urbano II, papa, 162, 164, 222

  discurso de Clermont (1095), 162, 164

Valente, emperador de Roma, 31

Valentiniano III, emperador, 26, 27, 34, 35, 48

Valia, líder visigodo, 34
vándalos, 39, 78
Vasari, Giorgio, 239
Venancio Fortunato, 86
Venecia, 14, 217, 253, 285
   arsenal, 14
   ciudad de Zara y, 217-219
Venette, Jean de, 268, 270, 280
Vera Cruz, 67, 86, 115, 246
Vernon, Matthew X., 304
Vicente, san, 12
Vida de Benito (Gregorio I), 88
Vida de Geraldo de Aurillac (Odo), 150
Vida de Guthlac (Félix), 98, 101
   dedicatoria al rey Aelfwald, 98, 101
Vida de san Daniel, 246
Viena, 16, 260
Vikingos (serie de *History Channel*), 20
vikingos, edad de los vikingos, 122, 124-139, 146, 167, 204, 285
   Califato abasí y los, 132, 138
   ciudades de los, 126
   construcción naval de los, 126
   conversión al cristianismo, 129, 130
   desaparición de los, 137-139
   en América del Norte, 134-137
   en Asia occidental y central, 130, 131
   en Gran Bretaña, 127-129
   en Normandía, Francia, 129, 130, 137, 138
   en Rusia, 138
   en Sicilia, 139
   Escandinavia y los, 126, 131
   guardia varenga, 137
   Islandia y los, 129, 131, 136, 139
   islas Feroe y, 136
   monedas califales encontradas en las tumbas, 131
   mujeres nórdicas, 134, 135
   normandos, 124, 125, 130, 138
   paridad de género y, 126, 134, 135
   práctica funerarias, 133
   término «vikingo», 124, 125
   tráfico de personas y esclavitud, 133, 134
   vestimenta de los, 126
Villani, Giovanni, *Nuevas crónicas de Florencia*, 283
Vitiges, rey de los ostrogodos, 41
Vladimir, príncipe de la Rus, 123

Wace, poeta, 208
Whitaker, Cord, 300
Wilfrid de York, san, 103

Yaroslav, gran príncipe de Kiev, 137, 138
Yemen, 192

Zacarías, papa, 109
Zara, 217-219, 224
Zenón, 48
zoroastrismo, 63, 65

Otros títulos de la colección

- *España en el mundo. Curiosidades para leer en familia.* Gestas de España

- *Infografías del Imperio español.* Miguel del Rey y Carlos Canales

- *La segunda columna.* Miguel Ángel Ferreiro Torrado

- *Sereno en el peligro.* Lorenzo Silva

- *El eslabón luminoso. Pervivencia de la realidad milenaria de la España musulmana.* Iñigo Bolinaga